영암 지역의 언어와 문화

영암 지역의 언어와 문화

이 진 숙

역락

방언을 채록하다 보면 모르는 단어도 나오고, 발음을 알아듣지 못하는 경우도 있다. 곧바로 물으면 화맥이 끊길 수 있기 때문에 메모해 두었다가 적당한 때를 기다려 재질문으로 보완한다. 한 번은 발음도 분명하고 모르는 단어도 없는데 의미전달이 안 되었다. "으:째서 눈폴아겠소::, 으:째 눈폴아겠소::."라는 제보자의 말에 '눈을 폴다? 왜 눈을 팔라고 했지?'를 반문하다가 인터뷰가 끝이 났다. 이 말의 의미는 전남서북부 방언을 이해하면서 풀렸다.

'눈폴아겠소'를 이해하지 못한 결정적인 이유는 '겠'의 해석에 있었다. 전남방언 화자들은 '-고 하(해)-'가 쓰이는 경우 'ㄴ ㅎ'을 탈락시켜 발음하는 경향이 있다. 즉 '왜 눈을 폴라고 했소?'로 해석하다 보니 앞 말과 뒤에 오는 말이 연결되지 않았던 것이다. 궁금증은 돌아오는 길 차안에서 풀렸다. '-겠-'은 'ㄴ ㅎ'가 탈락되어 형성된 것이 아니라 표준어 '-시었-'에 대응되는 말이었다. 순간 실소를 금할 수 없었다. '으째서 눈폴아겠소?'는 '왜 한눈을 파셨습니까?'를 의미한다.

우리 몸에는 과거로부터 축적된 그러나 더는 사용되지 않는 말들이 존재한다. '賣'를 뜻하는 '폴다'는 '폴'과 '폴짱'이 '팔'과 '팔짱'으로, '포리'와 '포래'를 각각 '파리'(蠅)와 '파래'(海草)로 바꾸어 쓰면서 이제는 몸으로 기록하는 말이 되었다. 유년의 기억 속에서 잊힌 말을 떠올리면서 기록이란 게 얼마나 중요한지 새삼 느낄 수 있었다.

이 책은 오랜 옛날 입에서 입으로 전해오면서 그 시대에 맞게 갈고 다듬어 온 생생한 영암지역 말을 학술적으로 조명하여 전사한 구술 자료집이다. 영암군은 지리적으로 영산강 줄기를 따라 형성된 하류 들녘에 자리한다. 그래서인지 영암지역어는 전남 남부와 북부의 방언적 특징을 두루 갖추고 있으며, 동서로는 지역적 편차를 줄이는 가교역할도 하고 있다. 언어연구자에게는 자료로서, 글쓴이에게는 글감을, 미래의 후손들에게는 조상들의 지혜를 배우는 장이 되었으면 한다.

끝으로 지난봄 내 집 문턱 드나들 듯이 오가며 여덟 분의 제보자들과 두터운 정분을 쌓았다. 한 분 한 분 떠올리며 이 자리를 빌려 감사의 말씀을 전한다.

2015년 9월 23일
이 진 숙

영암은 선사시대부터 사람들의 터전이 되어왔다. 장천리 선사주거지, 900여 기에 달하는 고인돌, 세형동검, 청동기 용범(국보 제231호) 등의 유물·유적 등이 곳곳에 그 흔적으로 남아 있다. 시종면 일대에는 대형옹관고분 100여 기가 분포되어 있는데, 이것은 영산강유역을 중심으로 삼한시대에는 마한의 독특한 문화를 형성하기도 하였다.

영암의 전체적 지형을 보면 동남부에 위치해 있는 지역은 비교적 높고, 영산강이 유입되는 서북부 지역은 대체로 낮은 구릉지대를 보인다. 역사적 사료에 의하면 마한은 영산강 주변의 구릉지를 중심으로 소국을 거느리고 있었다고 한다. 그리고 중심국인 월지국이 영암에 속하였을 것으로 추정되고 있다. 국내 최초의 시유도기(유약을 바른 도기)가 구림리 가마터에서 발견되었는데, 중심국인 월지국이 마한의 옹관고분 문화를 선도하였다고 할 수 있겠다. 이 가마터는 '돌정고개'라 불리는 구릉에 위치하여 월출산의 남쪽 자락에서 상대포(上臺浦)까지 낮은 구릉으로 이어진다. 옹관고분제조 기술은 옹기제조 기술로 이어지고 국내외의 강과 바닷길을 열어주는 계기가 된 것이다.

국토의 서남부를 적시며 흐르는 영산강 줄기는 비옥한 곡창지대를 형성하고 있는데 영암들녘에서 그 끝을 마무리하고 있다. 영산강은 장구한 세월을 흐르면서 상류·중류·하류 들녘에 영산강유역 농경문화를 뿌리내린 것이다. 그러나 영산강하굿둑의 구조개선 사업이 이루어지면서 영산강하구의 선동적인 삶은 바뀌어가고 있다. 영산강 하구 개펄이 메워지고 방조제가 건설되면서 토지이용도도 크게 영향을 받아 농경문화에서 산업문화로 탈바꿈하고 있다.

영산강하구에 대불국가산업단지(영암 테크노폴리스)와 대불항이 들어선 것이다. 현재 대불국가산업단지는 조선 산업단지라 불릴 정도로 조립, 금속 등 조선 관련 업체가 입주하여 서남권 산업단지 지원 부두로 운영되고 있다.

오랜 옛날 상대포가 각종 문물과 문화가 활발히 교류하는 국제 포구로 이름을 떨쳤듯이 21세기 영암은 영산강유역 경제 활성화뿐 아니라 국제 서해안 종합개발계획에 따라 산업기지 개발구역으로 발돋움하고 있다 하겠다.

일러두기

1. 구성

이 책은 3단으로 이루어진다.

　제1단은 음성(말소리)을 소리 나는 대로 연철 표기한 것이다. 말소리는 말마디 (어절)에 휴지를 두지 않고 말마디와 말마디를 연이어서 쓰는 경우가 많다. 문장은 말마디마다 띄어쓰기를 하는 것이 원칙이지만, 음성표기에서는 기식군을 반영하여 말마디보다 더 큰 단위로 전사하였다.

　영암지역어는 단모음 /e/와 /ɛ/가 /E/로 합류되었다. 국어의 경우 /E/를 나타낼 문자가 따로 존재하지 않는다. 이 책에서는 읽는 이를 고려하여 /e/는 '에'로 /ɛ/는 '애'로 대신 표기하였다. 단모음 /ü/와 /ö/는 지역적 차이를 보였다. 서호강을 경계로 영암의 동쪽은 단모음 /ü/와 /ö/가 존재하고 있으나, 이중모음 /wi/와 /wE/가 공존하여 나타나고 있었다. 반면 영암의 서쪽은 이중모음 /wi/와 /wE/로만 실현되고 있었다.

　제2단은 제1단의 음성형에 대한 기저형을 어간과 어미로 분철 표기한 것이다. 부연설명이 필요한 경우에는 해당 기저형에 각주를 달았다. 전사된 구술표현의 의미가 불분명한 경우에는 '(?)'로 표시하였다.

　제3단은 제2단에서 표기한 내용을 표준어로 대역한 것이다. 음성표기 된 문장을 표준어로 옮겨 적을 때는 직역하는 것을 원칙으로 하였다. 다만 문장의 흐름이 막히는 경우에는 문장 내에 적절한 단어를 삽입하여 괄호처리, 문장 또는 구의 위치를 바꾸었다. 또한 표준어에 대응되는 표현이 없는 경우 방언을 그대로 사용하였다.

2. 본문에 사용된 기호

조　　= 조사자
-떡　= 제보자

　　　　영암에서 사용되는 접미사 '-댁'은 '-떡'으로 나타난다. 처음 등장은 택호로 제시하였고 두 번째 등장부터는 접미사 '-떡'만 생략하였다.
　　　　또한 동일한 제보자에서 문단이 너무 길어지는 경우 문단을 나누어 주었다. 그러므로 제보자의 표시 없이 문단만 제시된 경우에는 윗 문단과 같은 제보자의 것으로 보아야 한다.

⊳	= 표준어 대역
∨	= 강세
:	= 짧은 장음
::	= 긴 장음
#	= 단어 내에서 앞 음절을 돋들리도록 끊어서 발음한 경우
R	= 상승조
H	= 하강조
°	= 된소리가 약하게 나는 경우
~	= 운율이 실린 경우
?	= 발음이 불분명한 경우
*	= 찾아보기에서 방언의 대응어가 표준어에 없는 경우

3. 주석

주석은 어간과 어미가 분철된 2단계를 중심으로 이루어졌으며 다음과 같은 경우 사용하였다.

- 전남이나 다른 지역의 방언형을 밝혀 적을 경우
- 직역을 하였으나 부연설명이 필요한 경우
- 문법적, 음운적 형태에 대한 해석이 필요한 경우

4. 제보자 정보 및 조사 기간

본문을 이루는 제보자는 총 여덟 분이며, 본문에서 택호를 사용하여 제보자간 구분하였다. 강진떡을 제외한 나머지 일곱 제보자는 모두 영암 내에서 3대 이상 살아오신 분들이다. 조사기간은 2014년 5월부터 2014년 8월까지이며 매주 월요일에 이루어졌다. 녹음된 구술 자료의 전사를 마친 후 '위, 외'의 단모음과 이중모음의 정확한 식별을 위하여, 조사 중간 중간 확인하였고, 그 외 필요한 최종 확인은 2014년 12월에 이루어졌다.

강진떡: 김제련(여, 84) 전남 영암군 덕진면 장등리
상천떡: 서정자(여, 81) 전남 영암군 덕진면 장등리
쉬엉떡: 임순복(여, 74) 전남 영암군 덕진면 장등리
이장떡: 김점자(여, 62) 전남 영암군 덕진면 장등리
전주떡: 최영자(여, 72) 전남 영암군 덕진면 장등리
평동떡: 이현임(여, 77) 전남 영암군 덕진면 장등리
금당떡: 박현남(여, 79) 전남 영암군 덕진면 영보리
길동떡: 마금임(여, 85) 전남 영암군 덕진면 영보리

‖ 차례 ‖

1 자연으로 빚은 것들

2 삶으로 빚은 것들

1 자연으로 빚은 것들

뽕잎 먹는 소리 비오는 소리

○

금당떡 뉘에알 한자미믄 반:자미믄 딱: 나오믄:, 거그서인자 나오드마뉘에가:.

뉘에알 한 잠이믄 반 잠이믄 딱 나오믄, 거그서 인자 나오드마 뉘에가.

▣ 누에알에서 한 잠이면 반 잠이면 누에가 나오더구먼.

조 처음부터 뽕잎을 먹나요.

금당 처:메도: 어레써도: 어:레서능가:늘게써:러주고. 쪼끔더 크믄 쪼:끔더 크게. 쪼끔더크믄 뉘에올라가:, 자믈세:잠자고 네:잠자고나므는: 뽕:이불온:, 온:노미로 주므닌자 비오는소리나더마:. 비온소리마이로 아사가삭: 여:러니머그니까.

첨에도 어렜어도 어레서는 가늘게 썰어주고. 쪼끔 더 크믄 쪼끔 더 크게. 쪼끔 더 크믄 뉘에 올라가, 잠을 세 잠자고 네 잠자고 나므는 뽕입울 온, 온 놈이로 주믄 인자 비오는 소리나더마. 비온 소리마이로 아삭 아삭 여런이[1] 먹으니까.

▣ 처음 어렸을 때는 (뽕잎을) 가늘게 썰어주고. 조금 더 크면 누에가 올라가. 잠을 세 잠자고 네 잠자고 나면 뽕잎을 온 장으로 주면 비오는 소리가 나. 여럿이 먹으니까 비오는 소리처럼 들려.

조 똥도 많이 싸데요.

금당 똥:도마니싸고:. 뉘에똥개레주고: 또: 새밥띠레주고 아이 그:저네 그르케해:

---

1) '여런이'는 '여럿'의 방언형이다.

반는디지그믄 무솨서: 모대:. 어머니가: 키울때는 나:도거드레드레써. 그란데요즈
믄 징그락꼬무석꼬.

　　똥도 만이 싸고. 뉘에똥 개레주고 또 새 밥 디레주고2) 아이 그 전에
　　그릏게 해봤는디 지금은 무솨서 못해. 어머니가 키울 때는 나도 거들
　　에 드렜어. 그란데 요즘은 징그랍고 무섭고.

▣ 똥도 많이 싸고. 누에 똥도 치워주고, 새 밥도 넣어주고 했는데, 지금
　은 무서워서 못해. 어머니가 키울 때는 나도 거들어드렸어. 그런데 지
　금은 징그럽고 무섭고.

상천떡3) 우리:킬:때게는 거:에레서는 사네서따:다가메기고:. 꾸지뽕, 꾸지뽕메게
서키어따:. 사네가서 뽕:따서, 꾸지뽕따:다가: 그래가꼬: 뉘에올릴파네: 참뽕메게
인자.

　　우리 킬 때에는 거 에레서는 산에서 따다가 멕이고. 꾸지뽕, 꾸지뽕 멕
　　에서 키었다.4) 산에 가서 뽕 따서, 꾸지뽕 따다가 그래갖고 뉘에 올릴
　　판에 참뽕 멕에 인자.

▣ 우리 키울 때는 어려서는 산에서 구지뽕 따다 먹였소. 섶에 올릴 즈음
　참뽕 잎을 먹여.

금당떡 사네가꾸지뽕이 음:마나마니써서? 이:러코커불믄 거시기참뽕메게, 바:테서
따:다가.

　　산에가 꾸지뽕이 은마나 많있어서? 이렇고 커불믄 거시기 참뽕 멕에,

---

2) '개레'는 '개리-(<가리-)+-어→개려→개레'의 과정을 거쳐 형성된 형태이다. 어간 '개
　리-'에 직접 대응되는 어간은 '가리-'이지만, 누에똥을 없애주는 일이므로 '치우-'로 해
　석한다. 또한 '디레'(디리-+-어)는 '누에 밥을 주는 과정'으로 '넣어주다'로 해석된다.
3) '상천떡'은 본문 구술기록의 주제보자이다. '상천'은 택호로 제보자의 고향을 이른다. 현
　재는 영암군 서호면 장천리로 변경되었다.
4) 영암지역어는 '때'(時) 뒤에 어간말음 'ㄱ'이 덧붙어 쓰이는 것이 특징이다.
　한편 제보자 상천떡은 종결어미 '-요, -소/오'가 나타날 자리에 '-다'가 쓰이는 예외적
　인 현상을 보여주기도 한다. 상천떡은 금당떡보다 연장자이지만 영암지역어에서는 나이
　에 상관없이 상대를 높여주는 하오체를 사용한다.

밭에서 따다가.

▶ 산에 구지뽕이 얼마나 많이 있어서? 커버리면 참뽕 먹여, 밭에서 따다
가

상천 오:메오메 저네능꾸지뽕 천지여:, 사네는.

오메오메 전에는 꾸지뽕 천지여, 산에는.

▶ 오메 전에는 산에 구지뽕이 천지였어.

보지란 딴딴 짓어라

○

금당 우리는 쫑물디링거또 어:디가 쪼:깐니쓰껀디:. 우리는 시어마니가디레가꼬주
드마:. 쫑:무를 디레겐능가 어쩬능가 벨:라도 조:케디레써.

우리는 쪽물 디린 것도 어디가 쪼깐 있으 건디. 우리는 시어마니가 디
레갖고 주드마. 쪽물을 디레겠는가5) 어쩠는가 벨라도 좋게 디렜어.

▶ 우리는 쪽물 드린 것도 어딘가 조금 있을 텐데. 시어머니가 쪽물을 드
리셨는가 유난히 좋게 드렸어.

상천 우리늠몰라. 자상앙거슴몰:라도 다드미여:서 공알땍땍 색깔땍때개:가꼬 다드
마이버써 하하하.

우리는 몰라. 자상한 것은 몰라도 다듬이 여서 공알땍땍 색깔땍땍 해
갖고 다듬아 입었어 하하하.

▶ 자세한 것은 몰라도 다듬이질해서 공알땍땍 색깔땍땍 해가지고 다듬어
입었어 하하하.

금당 하하하 뭐어. 우리 어려:쓸때도 뉘에:도키어봤:는디:. 인자 뉘에도:징그라서
인자……

하하하 뭐어. 우리 어렸을 때도 뉘에도 키어 봤는디. 인자 뉘에도 징그
라서 인자…….

---

5) 본문의 '-겠-'은 미래를 추측하는 선어말어미라기보다 주체를 높이는 선어말어미 '-시-'
에 대응한다. 주체높임 '-게-'는 어미 '-어'에 후행하여 나타난다면 '-시-'는 '-어'에 선
행하여 나타난다는 특징이 있다. 이와 같은 주체높임 '-게-'는 본문 곳곳에 등장한다.

▣ 하하하 뭐. 우리 어렸을 때는 누에도 키워보았는데. 이제는 누에도 징 그러워서…….

상천 나는 뉘에 무서웅께몯:따라바.
　나는 뉘에 무서웅께6) 못 다라바.
▣ 나는 누에 무서워서 못 만져.

금당 아이, 우리어려#서는: 요러케 시:리모게가 찬능가보믄, 요:러케 등잠뿔로 비:처보믐마:알거든. 눼:모가지가 이:러케등잠뿌레비처보믐마알개. 그러믄자: 섭지슨#디다: 올레줘또.
　아이, 우리 어려서는 요롷게 실이 목에가 찼는가 보믄, 요롷게 등잔불로 비쳐보믄 마알가거든. 눼 모가지가 이롷게 등잔불에 비쳐보믄 마알개. 그러믄자 섭 짓은디다 올레줘 또.
▣ 우리 어려서는 실이 (누에) 목에 찼는가, 등잔불에 비춰보면, 누에 목을 비춰보면 말개. 그러면 섶 짓는데다 올려줘.

상천 말:가믄 야기창가:. 야기차:.
　말가믄 약이 찬가. 약이 차.
▣ 말가면 약이 차오르는가. 약이 차올라.

금당 으응야기차. 그러믄 노:오: 놀:짜그내가꼬 뉘에모가지가: 노르스르매. 그러믄: 물: 찬놈마이로몰고: 말:가니 비처:.(R) 불뻬스로보믄 인자그러믄 따악 우에 지푸라게다: 새:내끼에다가 돌돌 돌리무는 서비댜: 동:굴동구라면쎄.
　으응 약이 차. 그러믄 노 놀짝은해갖고 뉘에 모가지가 노르스름해. 그러믄 물 찬놈마이로 몰고7) 말가니 비쳐. 불빗으로 보믄 인자 그러믄 따악 우에 지푸락에다 새내끼에다가 돌돌 돌리무는 섭이8) 댜 동굴동

---

6) '-웅께'는 표준어 '-으니까'에 대응되는 전남방언형이다.
7) '몰고' 뒤에 '스럼하니'가 생략되었다.

굴하면서.

▣ 응 약이 차올라. 그러면 누에 모가지가 노르스름해. 물 찬 것처럼 말갛게 비쳐. 불빛으로 보면 그러면 지푸라기 새끼 (위에다) 돌돌 돌리면 섶이 돼. 동글동글하면서.

🈁 그것을 섶이라고 해요.

🈁 으응 그거시서비여. 근디 거그다가인자 눼체바누에다가 돌돌돌로코:, 거기다가 인자 뉘에를 한:나썩한나썩 올레주믄, 거기서마:악 또 지불치면서 지불지서. 그러믄 인자 뉘에보고 그라제 '보지락딴딴지서라 보지란딴딴지서라' 그래.

으응 그것이 섶이여. 근디 거그다가 인자 눼 체반 우에다가 돌돌돌 놓고, 거기다가 인자 뉘에를 한나썩 한나썩 올레주믄, 거기서 마악 또 집울 치면서9) 집울 지어. 그러믄 인자 뉘에보고 그라제 '보지락 딴딴 짓어라 보지란10) 딴딴 짓어라' 그래

▣ 그것이 섶이여. 누에 체반 위에 돌돌돌 놓고 거기에 누에를 한 마리씩 올려주면, 거기서 또 실을 뽑으면서 집을 지어. 그러면 누에보고 그러지 '부지런 딴딴 지어라 부지런 딴딴 지어라'

🈁 어떻게 짓어요?

🈁 '보지란딴딴지서라' 이부로 요로코요로코해:서 지:가지서. 주댕이를마기러코 놀레서. 시:를, 시를이러코 뉘에#꼬:치에다가 이러고이러고허므닌자 뚜껙께대제:. 누에모지가 하:야니. 모게가시:리 시:리모게가차써.

'보지란 딴딴 짓어라' 입우로 요롱고 요롱고 해서 지가 짓어. 주댕이를 막 이렇고 놀레서. 실을, 실을 이렇고 뉘에 꼬치에다가 이러고 이러고

---

8) '섶'은 누에가 올라 고치를 지을 수 있도록 차려 주는 물건 '(누에)섶'의 방언형이다.
9) '집을 치면서'는 누에가 고치 집을 짓기 위해 실을 뽑는 것을 이른다.
10) '보지란'은 '부지런'의 방언형이다.

허믄 인자 뚜껍게 대제. 누에모지가 하야니.11) 목에가 실이 목에가 찼
어.

▶ '부지런 딴딴 지어라' 입으로 지어. 주둥이를 놀리면서 실을 (뽑아) 고
치를 만들면 두껍게 되지. 하얗게. 실이 (누에) 목에 찼어.

조 그걸 집어가지고 등잔불에 비춰보면.

금덩 이:러케이러케 뉘에 꼴랑지작꼬: 모가지작꼬: 요러 말:가니보여. 노르스름함
써. 그러믄 따:악써:베다올레줘. 그러면 이부로막:돌려감서지서. 하나고 주댕이노
르슬해:. 그래도잉 징그롸도: 뻔:데기늠마시써써잉:.

이렇게 이렇게 뉘에 꼴랑지 잡고 모가지 잡고 요러 말가니 보여. 노르
스름함서. 그러믄 따악 섶에다 올레 줘. 그러면 입우로 막 돌려감서 짓
어. 한하고 주댕이 노릇을 해. 그래도잉 징그롸도 뻔데기는 맛있었어
잉.

▶ 누에 꼬리 잡고 모가지 잡고 (등잔불에 비춰보면) 말갛게 보여. 노르
스름하면서. 누에 섶에 올려줘. 그러면 입을 돌려가면서 (고치를) 만들
어. 끝없이 주둥이를 놀려. 그래도 징그러워도 번데기는 맛있었어.

상천 나는 이:만써간 뉘에를생가개서암머거. 거: 징:그렁께.

나는 이만썩 한 뉘에를 생각해서 안 먹어. 거 징그렁께.

▶ 나는 이만씩 한 누에가 생각나서 안 먹어. 징그러우니까.

금덩 아이고 나늠뻔:데기잘머거써. 어머니아고뉘에켜:가꼬 나느너레서도 실:찌비
가서시:를쓰믄 내가가서실:도써가꼬고.

아이고 나는 뻔데기 잘 먹었어. 어머니하고 뉘에 켜갖고 나는 어레서
도 실 집이12) 가서 실을 쓰믄 내가 가서 실도 써갖고고.

---

11) 연결어미 '-게'가 전남방언에서는 '-니'로 나타난다.
12) '집이'에 쓰인 조사 '-이'는 처격조사 '-에'가 '-이'로 변화된 것이다.

▣ 나는 번데기 잘 먹었어. 어머니하고 누에를 켰는데, 어려서도 실 집에 가서 실도 쒀가지고 오고.

상천 실: 뽀바서:.
　　실 뽑아서.
▣ 실 뽑아서.

금당 엉:. 아니 내가쓰:자네 기게:서 시:를써:주거덩. 뉘에꼬치거:.
　　엉. 아니 내가 쓰잖에13) 기게서 실을 써주거덩. 뉘에꼬치 거.
▣ 내가 쑤는 게 아니라 기계에서 실을 쒀주거든. 누에고치.

상천 오: 그라구나:. 기계:서써:와:.(F)
　　오 그라구나. 기계서14) 써와.
▣ 오 그렇구나. 기계에서 쒀오는구나.

금당 인자 우리어머니가단소니라:. 나보고 꼭따라가라개. 거지비가서인자 실:스른 디서 우리실:다스믄 가따주믕가꼬고그랜따고.
　　인자 우리어머니가 단손이라. 나보고 꼭 따라가라개. 거 집이 가서 인 자 실 스른디서 우리실 다 스믄 갖다 주믄 갖고고 그랬다고.
▣ 우리어머니가 단손이라. 나보고 꼭 따라가라고 해. 그 집에 가서, 쑨 곳에서 우리 실 다 쑤면 가져오고 그랬어.

---

13) '쓰-'는 '쑤-'의 방언형이다. 다음 문장을 보면 '스믄, 스른디서'가 더 확인된다. '쓰-' 와 '스-' 형이 공존하고 있다.
14) 제보자 상천떡은 금당떡과 다르게 이중모음 '예'의 경우 단모음화 하지 않고 이중모음 으로 발음되기도 한다.

누에 실뽑기

◯

조 누에가 집을 지은 다음에는 어떻게 할까요?

금덩 거 실:뽀붕당께:. 그렁께잉: 옌:나레는 소니로요로코해:서. 어레쓸때실:뽀분
디봔:는디.

거 실 뽑웅당께.15) 그렁께잉 옛날에는 손이로 요롱고 해서. 어렸을 때
실 뽑운디 봤는디.

▷ 실 뽑는다니까. 옛날에는 손으로 해서. 어렸을 때 실 뽑는데 보았는데.

상천 요:마난 옹:구거러노코:. 옹:구를거러가꼬 부를때코크럼 이:부삭쪼까:나니
맨드라가꼬: 불때:면서: 여근따 한쪼게는또 이:도라가는 자세를맨드라:. 거:실:
멩기실가물⋯⋯.

요만안 옹구 걸어놓고. 옹구를 걸어갖고 불을 **땡**고크럼 이 부삭16) 쪼
깐하니 맨드라갖고 불 때면서 여굿다 한쪽에는 또 이 돌아가는 자세를
맨들아. 거 실 멩기실 감울⋯⋯.

▷ 이만한 옹기를 걸어놓고 불을 때게끔 작은 화덕을 만들어 불을 때면
서, 한쪽에서는 물레로 명주실을 감을⋯⋯.

---

15) 현재시제를 나타내는 종결어미 '-는/은다'는 어간말음이 자음으로 끝나면 '-는'이 모음
으로 끝나면 '-은'이 결합되는 것이 일반적다. 그러나 본문을 보면 '뽑웅당께'(뽑-+-은
다+웅께)와 같이 대부분 '-은(다)'가 결합함으로써 국어와 다른 양상을 보인다. 이러한
현상은 연결어미 '-은/는데'도 마찬가지이다. 예로 들면 '먹는데'가 '먹은디'로 나타난
다.

16) '부삭'은 '아궁이'의 방언형이다. 본문에서는 '화덕'으로 해석한다.

조 물레로.

상천 엉 물레. 이: 옹:구에서무리팍팍끄름스로 꼬:치, 그 뉘에꼬:치를, 거근따한: 나너차나: 거그서나와가꼬 여그서늠멩기 시:리가머나와. 여기서능가머.

엉 물레. 이 옹구에서 물이 팍팍 끌음스로 꼬치, 그 뒤에 꼬치를, 거긋다 한나17) 넣잖아 거그서 나와갖고 여그서는 멩기 실이 감어 나와. 여기서는 감어.

▸ 옹 물레. 옹기에서 물이 팔팔 끓을 때 누에고치를 가득 넣고, 거기서 명주실이 감아 나와. 감아.

금당 인자 끄리면서: 시:르리르케자:새에다돌려서가머. 그러믄자 또: 안도는노믄 또 거그다탁 부체주드마. 그저네실:빼믄. 실:쏜데봉께인자: 꼬:치 안돌고그러믄 자: 시:리거가암부터쓰믄 탁 부체주믄 거그서따라서인자 나와.

인자 끌이면서 실을 이릏게 자새에다18) 돌려서 감어. 그럳믄자 또 안 도는 놈은 또 거그다 탁 부체주드마. 그전에 실 빼믄. 실 쏜데봉께 인 자 꼬치 안돌고 그러믄자 실이 거가 안 붙었으믄 탁 부체주믄 거그서 따라서 인자 나와.

▸ 끓이면서 실을 물레에 돌려서 감아. 그런데 (실이 끊겼으면 물레가) 돌지 않을 때도 있어. 그럴 때는 붙여주더구먼. 전에 실 뽑으면, 실 쑤 는 것을 보니까 돌지 않고 그러면 실을 이어주면 다시 따라 나와.

조 실이 가늘고 약하니까 나오다가 떨어졌겠죠.

금당 아니 그렁께얼릉그노물: 소니로 이러케부치믕그놈따라서 싹싹 올라가:. 그렁

---

17) '한나'는 수사 '하나'의 방언형이다. 표준어처럼 수사 외에 '오직 그것 뿐' 부정어와 결 합되는 '전혀, 조금도'의 뜻으로도 쓰이기도 하지만, 꽉 차 있는 상태의 '한가득'의 의 미로 쓰일 때가 더 많다. 여기서는 '滿'의 의미로 쓰였다.
18) '자새'는 '작은 얼레'의 방언형이라 할 수 있는데, 실을 잣는 것으로 보아 '물레'에 대응 된다. 즉 '자새'는 '물레'의 전남방언형이다.

께:어느정돈:자 시:리: 너:무마:니여믄자: 시:리굴굴테제:. 그렁께어느정도:.

   아니 그렁께 얼른 그놈울 손이로 이렇게 부치믄 그놈 따라서 싹싹 올

   라가. 그렁께 어느 정돈자 실이 너무 만이 여믄자[19] 실이 굵울 테제.

   그렁께 어느 정도.

   ▣ 재빨리 손으로 붙이면 따라서 올라가. 그러니까 어느 정도, 많이 뽑으

   면 실이 굵을 테지. 그러니까 어느 정도.

조 물에 넣고 불을 때는 이유는?

금당 말랑말랑아고 잘 풀리라고, 잘풀리라고.

   말랑말랑하고 잘 풀리라고, 잘 풀리라고.

   ▣ (고치가) 말랑말랑해지면서 잘 풀리라고.

상천 그래가꼬거그서시:리 멩기시리푸러저나와. 가:늘디가늘게 나와. 그래가꼬인

자또 그노물 베:로: 우찌께, 금:당떵마:래봐. 그: 시:를또 우치께잉 베:나잉:?

   그래갖고 거그서 실이 멩기실이 풀어져 나와. 가늘디가늘게 나와. 그

   래갖고 인자 또 그놈울 베로 우찌께, 금당떡 말해봐. 그 실을 또 우치

   께잉 베 나잉?

   ▣ 거기에서 명주실이 가늘디가늘게 풀어져 나와. 그것을 베로 나는데,

   금당댁 실로 어떻게 베 니?

금당 아이인자:, 거시기: 베:날:제잉. 베:나라. 자새에다가:, 자새에다가요러고요

러고 도랑테다가인자: 가머. 시:를가머가꼬인자 그놈 베:나를때느닌자 세워노코

날:제.

   아이 인자, 거시기 베 날제잉. 베 나라. 자새에다가, 자새에다가 요러

   고 요러고 도랑테다가[20] 인자 감어. 실을 감어 갖고 인자 그놈 베 나

───────────────

19) '여믄'은 '엻–'의 활용형으로 '넣다'의 방언형이다. 여기서 '여믄'은 고치에서 실을 뽑아

   물레에 감길 때 실의 두께를 더 굵게 감아 내는 것을 의미한다.

를 때는 인자 세워놓고 날제.

▶ 베 날지. 물레바퀴에 실을 감어가지고 베 날 때는 세워놓고 날지.

조 어디다 세워 논가요.

금당 요:리졸조리세워노코. 베를라라.

요리 졸졸이 세워놓고. 베를 나라.

▶ 이리 줄줄이 세워놓고 베를 나라.

상천 그래노코 또 믐:푸를볼라:또. 메: 이러코 메:잉?

그래놓고 또 믄 풀을 볼라 또. 메 이렇고 메잉?

▶ 그래놓고 또 무슨 풀을 발라. 메?

금당 아이 멩지베도 믐:푸를치:까?

아이 멩지베도 믄 풀을 치까21)?

▶ 아니 명주 베도 무슨 풀을 바를까?

상천 멩지베: 말:가니밀:가니해:서풀: 무친당께:. 밀:가니:모시베, 모시베같짜내:

풀같짜내: 거:멩지베는 바비로해:.

멩지베 말가니 밀가니해서 풀 무친당께. 밀가니 모시 베, 모시 베 같잖애22) 풀 같잖애 거 멩지베는 밥이로 해.

▶ 명주 베는 풀을 말갛고 묽게 해서 묻힌다니까. 모시 베 같지 않고, 명주 베는 밥으로 해.

<hr>

20) '도랑테'는 '굴렁쇠'의 방언형으로 본문에서는 '물레' 바퀴를 이른다.

21) '치까'는 어간 '치-'에 어미 '-(으)르까'가 결합된 것이다. 전남방언의 경우 'ㄹ'이 탈락 되어 나타나는 특징이 있다. 이러한 형태는 본문 곳곳에서 확인되어 영암지역어도 동일 한 양상을 보이고 있음을 알 수 있다.

22) '같잔애'의 '잔애'(잔해)는 '-지 안해'의 축약형이다. 이처럼 전남방언에서 부정을 나타 내는 연결어미 '-지'는 '안해'와 함께 쓰여 축약형으로도 나타나는 특징을 갖는다.

금당 모시베는:, 보리바풀고아가꼬 하제:.

모시 베는, 보리밥풀 고아갖고 하제.

▶ 모시 베는 보리밥풀을 고아 가지고 하지.

상천 잉:. 보리바풀고아가꼬 한디:, 멩지베푸런 거: 밀:강거읻땅께:. 멩지베풀도 쪼깜풀칠해. 풀끼해:가꼬이러코 솔:로 쓰#다듬뜽마:. 그래가꼬인자 삼삼오이사침, 내레가꼬 또인자도투마레강꼬:강꼬 해:가꼬 거 베짜지아나:! 기게뻬.

잉. 보리밥풀 고아갖고 한디, 멩지 베 풀언 거 밀간 거 있당께. 멩지 베 풀도 쪼깐 풀칠해. 풀기 해갖고 이렇고 솔로 쓰다듬등마. 그래갖고 인자 삼삼오이(?) 사침, 내레갖고 또 인자 도투말에 감고 감고 해갖고 거 베 짜지안아! 기겟 베.

▶ 보리밥풀 고아가지고 하는데, 명주 베 풀은 묽은 것 있다니까. 명주 베 도 풀칠 해. 풀기해서 솔로 쓰다듬더군. 그래가지고 사침대 내려 도투 마리에 감아 베 짜잖아! 기계 베.

모시 삼기

○

길동떡 베아낭게조체:하하하. 오̆:매: 미엉작꼬베짜고:, 고시상고:.

베 안항게23) 좋제 하하하. 오매 미엉 잣고 베 짜고, 고 시상 고.

▣ 베 안 하니까 좋지 하하하. 오메 무명 잣고 베 짜고, 그 세상.

금당 아이, 그렁께페내지라우:. 나늠몰:라. 쬐:깜뵈울라다가:. 나늠모시사물트미

업:서써.

아이, 그렁께 펜해지라우. 나는 몰라. 쫴깐 봬울라다가. 나는 모시 삼

울 틈이 없었어.

▣ 아니, 그러니까 편하지요. 나는 몰라. 조금 배우려다. 나는 모시 삼을

틈이 없었어.

상천 모시사물쭐몰라:? 우리는 모시를사정업시사머써. 모시베도 겁:또안나게.

모시 삼울 줄 몰라? 우리는 모시를 사정없이 삼었어. 모시 베도 겁도

안나게.

▣ 모시 삼을 줄 몰라? 우리는 모시를 많이 삼았어. (그것도) 겁도 안 나

게.

길동 모시 잘사문사라믄 그̆니로떠가꼬 두:근도사마라우. 그런사라미써.

---

23) 표준어 '-으니까'의 대응어는 전남방언의 경우 '-응게'로 나타난다. 그런데 이 제보자
는 '-응게'로 실현되고 있다. 글쓴이의 조사에 따르면 '-응게'형은 전남 서북부의 '장
성, 함평, 나주, 담양' 등 전남 서북부 지역을 중심으로 나타나고 있었다.

모시 잘 삼은 사람은 근이로 떠갖고 두 근도 삼아라우. 그런 사람 있
어.

▣ 모시 잘 삼는 사람은 근으로 떠가지고 두 근도 삼아요. 그런 사람 있
어.

상천 와::. 오:매음:마나잘사무믕그라까:. 마니아믄 물팍또아퍼:.

와. 오메 은마나 잘 삼우믄 그라까. 만이 하믄 물팍도 아퍼.

▣ 얼마나 잘 삼으면 그럴까. 많이 하면 무릎도 아파

금당 아이, 나는질:로 이비아푸걷떼. 쩌번때삼사문대봉께. 음:마나이비아푸꺼낭:.

아이, 나는 질로 입이 아푸겄데. 쩌번 때 삼 삼운대 봉께. 은마나 입이
아푸꺼낭.

▣ 아니, 입이 제일 아프겠데. 저번 (텔레비전에서) 삼 삼는 것을 보니까,
얼마나 입이 아플까.

조 삼을 삼은 다는 말은.

금당 이르케이슨다고. 이어준다고:. 시:를 이어준다는 거시:, 사문다고그래.

이렇게 잇은다고. 이어준다고. 실을 이어준다는 것이, 삼운다고 그래.

▣ 실을 이어주는 것을 삼는다고 그래.

길동 처:메:이르꼬 모시사무믄 사머가꼬인자 이르코이르코가머. 그래가꼬 가운데
가바구리다딱 노코, 그라고: 항가마를짜:서 사무믄 땅뭉꺼. 지푸라기로이르꼬 니:
갈래로땅나:두고 요:짜게나:두고 요:짜게나:두고 그래가꼬가:루뭉꺼서땅나:뒈.
그라믄자 베:날:띠게 조루루루라니나아가꼬하제.

첨에 이르꼬 모시 삼우믄 삼어갖고 인자 이릏고 이릏고 감어. 그래갖
고 가운데가 바구리다 딱 놓고, 그라고 한 가마를²⁴⁾ 짜서 삼우믄 딱

---

24) '한 가마'는 '한 태래' 즉 '한 굿'을 말한다. '열 굿'이 되어야 한 필의 모시를 짤 수 있

뭉꺼.25) 지푸라기로 이르꼬 니 갈래로 딱 나두고 요짝에 나두고 요짝에 나두고 그래갖고 가루 뭉꺼서 딱 나둬. 그라믄자 베 날 떡에 조루루루라니 나아갖고 하제.

▷ 처음에는 모시를 삼으면 감아. 그래가지고 가운데 바구니를 놓고, 한 굿을 삼으면 묶어. 지푸라기로 네 갈래를 가(邊)로 묶어서 나둬. 그러면 베 날 때 조르라니 나라가지고 하지.

거시기아제 기:게빼짠노문존:디:, 조섬베틀짤:로문징:아데.

하제 기겟 베 짠 놈운 존디, 조선베틀 짤 놈운 징하데.

▷ 거시기 기계 베는 짜기 좋은데, 조선베틀은 짜기가 힘들데.

금덩 아:니 우:찌고 조섬베로그놈짜:쓰까잉:.

아니 우찌고 조선베로 그놈 짰으까잉.

▷ 어떻게 조선베틀로 짰을까.

길룡 개:가꼬인자: 우리동네는 장:장에로가꼬가:. 그래가꼬아치밀:칙: 주레다가너러나:. 그래가꼬 남:자더리양:쪼게서작꼬 대:저비로문대:. 빡:빵문대막. 이:만썽느러나. 느러:나, 빤듭빤드다니.

개갖고 인자 우리동네는 장 장에로 갖고 가. 그래갖고 아침 일찍 줄에다가 넣어나. 그래갖고 남자덜이 양쪽에서 잡고 대접으로 문대. 빡빡 문대 막. 이만썩 늘어나. 늘어나, 빤듯빤듯하니.

▷ 그래가지고 우리동네는 장흥 장으로 가지고 가. 아침 일찍 줄에 넣었다가, 남자들이 양쪽에서 잡고 대접으로 문대. (반듯반듯해지도록) 빡빡 문대면 이만큼 늘어나. 빤듯하게 늘어나.

다고 한다.

25) 어간은 '뮊-'은 어간 '묶-'의 방언형이다. 글쓴이의 조사에서 어간의 확장형 '뭉꾸-'가 확인되지만 본문의 내용에서는 자음어미 활용형이 확인되지 않아 기저형을 /뮊-/으로 한다.

금정 때정조:라고. 때:정도조코 느러나고조체.

때정 조라고. 때정도 좋고 늘어나고 좋제.

▷ 때깔 좋으라고. 때깔도 좋고 늘어나서 좋지.

조 때정이라는 말은?

상천 이: 베가 오골오골한노미:, 자불자불자바댕기믄 융:끼가나고때정이조:아.

이 베가 오골오골한 놈이, 자불자불 잡아댕기믄 윤기가 나고 때정이 좋아.

▷ 베가 오글오글한 것이 자불자불 잡아당기면 윤이 나고 때깔도 좋아.

조 다 짠 베를 대접으로 문질러요?

길동 이러:코문디믄 느러난당께. 빠::싹 남자더리때정나게. 또이베짜믄: 부기로쮜세가꼬 나를가따가쮜세불믄 이서. 풀쏘그미로가꼬가서. 쩌:보:성 어디 벌게가: 시방도하등마:.

이렇고 문디믄 늘어난당께. 빠싹 남자덜이 때정나게. 또 이 베 짜믄 북이로 쮜세갖고 날을 갖다가 쮜세불믄 잇어. 풀소금이로 갖고 가서.26) 쩌 보성 어디 벌게가 시방도 하등마.

▷ 이렇게 문대면 늘어난다니까. 남자들이 때깔 나게. 또 베 날을 북으로 찌르면 풀소금으로 이어. 보성 벌교는 (모시 베를) 지금도 하더구먼.

상천 거그는: 그거시생아리어.

거그는 그것이 생할이어.

▷ 거기는 그것이 생활이어.

---

26) 모시는 습기가 부족하면 잘 끊어진다고 한다. 이때는 풀솔로 묻혀 이어주는데, 모시 베에 사용되는 풀은 콩가루와 소금을 물에 풀어 만든다. 또한 모시 베를 짜는 중간 중간 날 올에 미리 준비해둔 물(끊긴 실을 이어주는 풀기 벤 물)을 축여가며 짜야 실이 끊어지지 않는다고 한다.

호랭이 장단 맞춰 목새 뿌리는 소리

○

조 주로 어떤 베를 짜셨나요.

상천 미엉베. 질쌈, 질쌈도: 너무:베:짜고:. 나, 씨지봐서노무베마:이짜써.

　미엉 베. 질쌈, 질쌈도 넘우 베 짜고. 나 시집와서 놈우 베 만이 짰어.

▷ 무명 베. 길쌈도 남의 베를 짜고. 나 시집와서 남의 베 많이 짰어.

조 놈우 베를 짜요.

상천 노무베도짜줘, 마떠서. 돔바꼬. 내껌만 항게아니라노무베도짜:주고. 나 노무
베마이짜써.

　놈우 베도 짜줘, 마떠서.27) 돈 받고. 냇 것만 한게 아니라 놈우 베도
짜주고. 나 놈우 베 만이 짰어.

▷ 남의 베도 맡아서 짜줘, 돈 받고. 내 것만 한 게 아니라 남의 베도 짜
주고. 남의 베 많이 짰어.

조 목화 농사도 지셨나요.

상천 저네는: 모카가농사여:. 질쌈해서논사고바싸고해:. 저네어머니봉께 질쌈해서

---

27) 본문 5장 '샛거리 내먹던 시절'을 보면 '내기 마뜨고 싱구기 마뜨고'가 나온다. '마뜨고'
는 '任'을 뜻하는 것으로 형태분석을 하면 '마뜨-+-고'가 된다. 어간 '마뜨-'는 표준어
'맡-'의 방언형이다.

노늘 그러코마니사고부:자만드러. 자만자고, 자만자고베짜고 장:댄:다고:. 장: 다
가오믄장댈라고자만자고, 불커. 그라믄: 우리어머니:, 호:랭이가 착, 착, 거시기
창을, 창에다가: 목쌔를뿌린다개. 장담마치니라고.

전에는 목화가 농사여. 질쌈해서 논 사고 밭 사고 해. 전에 어머니 봉
께 질쌈해서 논을 그렇고 만이 사고 부자 만들어. 잠 안자고, 잠 안자
고 베 짜고 장 댄다고. 장 다가오믄 장 댈라고 잠 안자고, 불커(?). 그
라믄 우리어머니, 호랭이가 착, 착, 거시기 창을, 창에다가 목새를 뿌
린다개.28) 장단 마치니라고.

▶ 옛날에는 목화가 농사야. 길쌈해서 논밭사고 했어. 길쌈해서 부자 만
들었어. 장날이 다가오면 장을 대기위해 잠자지 않고 베를 짜. 그러면
우리 어머니, 호랑이가 창에다 모래를 뿌린다고 해. 장단 맞추느라고.

조 목쌔요?

상천 아:니: 호랭이가 우리어머니가 베들 짜:믄 목쌔를: 목쌔, 자가리짜나아: 자
갈목쌔:.

아니 호랭이가 우리어머니가 베들29) 짜믄 목새를 목새, 자갈 있잖아
아 자갈 목새.

▶ 아니 우리어머니가 베를 짜면 모래를, 자갈 있잖아 모래.

조 모래 말인가요?

상천 모래! 모래를 착착 장담마차서뿌린다개.

모래! 모래를 착착 장단 마차서 뿌린다개.

▶ 모래! 모래를 장단 맞춰서 뿌린다고 해.

---

28) 영암에서는 베틀 소리를 호랑이가 꼬리를 이용하여 창으로 모래 뿌리는 소리라 여겼다.
구례 지역에서도 이와 비슷한 전설이 내려오고 있었다. 뿐만 아니라 제보자를 통해 실
제 냇가에서 호랑이가 꼬리로 물을 뿌리며 사람을 쫓는 경험담을 직접 듣기도 하였다.
29) '베들'은 '베틀'의 잘못된 발음으로 보인다.

조 아, 베틀에서 철크덕철크덕하는 소리를 목쎄 뿌리는 소리라고 하는군요.

상천 잉:. 그러코: 그라고장담마치고: 그런시상사러따개:. 엔:나러:른드른 다:그래.

잉. 그렇고 그라고 장단 마치고 그런 시상 살었다개.[30] 엔날 어른들은 다그래.

▷ 응. 그렇게 장단 맞추고 그런 세상 살았다고 해. 옛날 어른들은 다 그랬어.

조 질쌈은 누구한테 배우셨나요?

상천 우리어머니, 친정어머니안테 모:등걸 따배우고핸쩨. 여그옹께미엉자스라개:, 씨:지봉께는:. 미엉빵에또노:인드리가서인자또 이르코: 그:저네 어머니가 해:보믄 내가 미엉 자슬…… 배울:라고 내가 자서봐써.

우리어머니, 친정어머니한테 모든 것 다 배우고 했제. 여그 옹께 미엉 잣으라개, 씨집옹께는. 미엉방에 또 노인들이 가서 인자 또 이릏고 그전에 어머니가 해보믄 내가 미엉 잣을…… 배울라고 내가 잣어 봤어.

▷ 친정어머니께 모든 것을 배웠지. 그런데 시집오니까 무명실 자으라고 해. 무명 방에서 어머니가 잣고 있으면……배우려고 내가 자아봤어.

조 잣은다는 말은?

상천 잉. 시:를뽀붐말:.

잉. 실을 뽑운 말.

▷ 실을 뽑는 말.

---

30) '-다개'는 '다고해'가 줄어든 형태이다. 이처럼 '-ㄱ ㅎ-'가 탈락된 형태는 본문 곳곳에서 확인된다. (예: ~가드라(-고 하드라), ~갰어(-고 했어), ~라개(-라고 해))

짓도랭 섶 쳐 짓도랭 달고

⊙

조 옷을 만들려면 베를 맨 처음 어떻게 해요.

길동 베르린자 조케해야제. 반들반드라니 따:개:가꼬. 바지늠:바지대로 비:고, 저구리 비:고.

　베를 인자 좋게 해야제. 반들반들하니 딱 해갖고. 바지는 바지대로 비고, 저구리 비고.

▷ 베를 반들반들 해가지고, 바지는 바지대로 베고, 저고리 베고.

조 비어요?

금성 지끔말로는 재단. 그때는 옫 빈:다고 가이지래서 빈:다고.

　지끔 말로는 재단. 그때는 옷 빈다고 가이질해서 빈다고.

▷ 재단, 그때는 옷을 가위질해서 벤다고 했어.

길동 시:라고: 얌저난사:라미 거시기오슬잘삐어. 그라고: 시방비어줌스로 짇또랭섶 쳐가꼬 짇또랭달:고그라라가믄 모:대. 시방사:람덜 모:대 주거따깨:도.

　실하고 얌전한 사람이 거시기 옷을 잘 비어. 그라고 시방 비어줌스로 짓도랭 섶 쳐갖고 짓도랭 달고 그라라가믄[31] 못해. 시방 사람덜 못해 죽었다깨도.

▷ 실하고 얌전한 사람이 옷을 잘 베. 요즘은 베 주면서 깃, 섶 쳐가지고

---

31) '그라라가믄'은 'ㄴ ㅎ'가 탈락된 것으로 '그러라고 하면'이 축약된 것이다.

깃 달라고 하면 못해. 요즘 사람들은 죽었다 깨어나도 못해.

시방은 호강이여:. 그로:콤삼:시로도 어:른들 시아바니 시어마니 하나부지 제게쓰
믄 미엉베: 쌀마가꼬: 바지에서 합빠지나서:……. 시방은 지또랭다라서: 섭처가꼬
짇또랭다라서:, 다시아라가믐모:대. 어:따 지설부칠찌르라러 서부러:따가부칠찌르
라러. 앙:끄또몰:라.

   시방은 호강이여. 그롱곰 삼시로도 어른들 시아바니 시어마니 하나부
   지 제겠으믄 미엉 베 쌂아갖고 바지에서 핫바지 나서……. 시방은 짓
   도랭 달아서 섭 쳐갖고 짓도랭 달아서, 다시 하라가믄 못해. 얻다 짓얼
   부칠지를 알어 섭울 얻다가 부칠지를 알어. 암긋도 몰라.

▷ 지금은 호강이어. (모시삼아 베 짜고) 살면서도 시부모님 할아버지 계
   시면 무명 베 삶아가지고 바지에 솜 놔서……. 지금은 깃 달아서 섶 쳐
   가지고 깃 달아서, 다시 하라고 하면 못해. 어디다 깃을 부칠지를 알아
   섶을 어디다 부칠지를 알아. 아무것도 몰라.

조 짇또랭은 뭘 말하는 걸까요?

금동 이거이거. 요거시지시어.

   이거 이거. 요것이 짓이어.

▷ 이것이 깃이어.

조 아, 깃이요.

길동 함:봉뇨짜게다 지슬다라. 그라고또 동:전달:고. 그:다메 옥꾸루믹꼬:.

   한복 요짝에다 짓을 달아. 그라고 또 동전 달고. 그 담에 옷구룸 있고.

▷ 한복에 깃을 달아. 동정 달고 옷고름 있고.

조 그렇게 해서 옷을 만들어 입었네요.

길동 그라:제. 맹글제:. 소니로 골:미여그다 딱 끼:고. 핱쩌구리아믄 징:아대:. 합
빠지아고:.

그라제. 맹글제. 손이로 골미 여그다 딱 끼고. 핫저구리하믄 징하대.
핫바지하고.32)

▣ 그러지 만들지. 손에 골무 끼고 핫저고리, 핫바지를 만들면 힘들대.

오:매:. 그라고그때 여:른 시:상이아:니라 비누도업:써. 그라므닌자 서:숙가틍거
간:다고:, 바테다가, 그라믄 서:숙짤라내:고 그 부를때:. 부사게다 바배무궁께. 그
라믄 그노물모:태, 재를. 그라므닌자재:물바트제:.

오매. 그라고 그때 여른 시상이 아니라 비누도 없어. 그라믄 인자 서숙
같은 거 간다고, 밭에다가, 그라믄 서숙 짤라 내고 그 불을 때. 부삭에
다 밥해 묵웅께. 그라믄 그놈울 모태, 재를. 그람은 인자 재물 바트
제.33)

▣ 그리고 그때는 이런 세상이 아니라 비누도 없어. 조를 갈면 조를 잘라
내고 그 불을 때 아궁이에 밥해먹으니까. 그 재를 모아가지고 잿물을
받지.

금성 콩때재나 바트제: 므:슬, 저네 콩때재:.

콩대 재나 바트제 믓을, 전에 콩대 재.

▣ 콩대 재나 받지 무슨, 예전에는 콩대 재.

길동 서:숙째바터도조:아. 그래가꼬 따:따다니퍼부스믄:, 가:마:니, 쭈저앙저.
시:리아네서:. 그라믄자 그놈 따라:서인자 쌀:무제, 빨래를. 그람 여린데가안저.
여린데 구분데잉. 바느지란데가안저.

서숙 재 받어도 좋아. 그래갖고 땃땃하니 퍼 붓으믄, 가만히, 주저앉

---

32) '핫저고리(<핟저고리)'와 '핫바지(<핟바디)'에서 '핫-'은 '솜을 둔'의 뜻을 더하는 접두
사이다.
33) '바트제'(바트-+-제)는 어간 '밭-'에 모음 '으'가 덧붙어 '바트-'로 재구조화 되었다.

어. 시리 안에서. 그라믄자 그놈 따라서 인자 쌀무제, 빨래를. 그람 여
린대가 안 져. 여린데 굽운데잉. 바느질한데가 안 져.

▷ 조 재 밭아도 좋아. 따뜻할 때 부어놓으면 가만히 가라앉아. 시루에서.
그 물을 따라서 (빨래를) 삶지. 그럼 (바느질한) 굽은 곳은 (때가) 지
지 않아.

금성 줄때가 앙저.
줄때가 안 져.
▷ 줄 때가 지워지지 않아.

조 옷감 별로 옷을 만들어 입는 시기도 다르죠.

상천 그라제. 명지베는 시아:네이부노시어:. 멩지 솜:나가꼬:익꼬. 모시 삼베: 모
시베는 여르메 익꼬:. 까상:아니, 풀해서 빠:빠대노믄 조:체. 아:이, 우리 모시등
지게랑 이버버도아나고 지끔 버리게생게써. 안니버.
　그라제. 명지베는 시안에 입운 옷이어. 멩지 솜 나갖고 입고. 모시 삼
베 모시베는 여름에 입고. 까상하니, 풀해서 빳빳해 노믄 좋제. 아니,
우리 모시 등지게랑34) 입어버도 안하고 지끔 버리게 생겠어. 안 입어.
▷ 명주 베는 세한에 입는 옷이어. 명주 솜 놔가지고 입고. 삼베 모시 베
는 여름에 입고. 까슬까슬 빳빳하게 해놓으면 좋지. 우리는 모시 등등
거리랑 입어보지도 않고 지금 버리게 생겼어. 안 입어.

조 등지게는 뭐에요.

금성 아이, 이러트믄 등만더퍼서 임는다고 등지기여. 간따나게이붕께. 등만더퍼서
그랑께등지기라가제. 손식께.

---

34) 본문의 '등지게~등지기'는 여름에 땀이 배지 않도록 적삼 밑에 입는 '등등거리'를 이
른다.

아니, 이러트믄 등만 더퍼서35) 입는다고 등지기여. 간단하게 입웅께.
등만 더퍼서 그렇게 등지기라가제. 손십께.

▷ 이를테면 등만 덮어 입어서 등지기여. 손쉽게 간단히 입으니까.

상천 마:리등지게라개:.

말이 등지게라개.

▷ 말이 등지게라고 해.

금성 나 갈랑께 또 와게:.

나 갈랑께 또 와게:.

▷ 나 가려니까 또 오세요.

상천 나코만나잉:. 저냥방고:리 노:게써. 뉘게써. 그:리노:게써:.

나코 만나잉.36) 저 양반 고리 노겠어. 뉘겠어. 그리 노겠어.

▷ 나중에 만나. 저 양반 그리로 좀 누우시오.

---

35) '蓋'를 뜻하는 어간 '덮-'은 본문 '옹구툭시발' 편에 '더푸고'가 확인된다. 그러므로 음
성형 [더퍼서]는 어간 '덮-'에 모음 '으'가 덧붙어 '더푸-(<더프-)'로 재구조화 된 활용
형태이다.

36) '나코'는 '나코 벤나제 안난다우.(언젠가는 볕 나지 않겠소), 나코해(나중에 해), 나코하
자(나중에 하자)' 등의 표현에서도 발견되며 '나중, 후제' 등의 의미로 쓰이고 있다. 글
쓴이는 이 '나코'를 완도지역에서도 확인하였다.

상기와 돔뱅이

○

조 바느질할 때 손에다 끼우고 하는 거 있죠.

상천 골미.
  골미.
  ⊳ 골무.

조 실, 바늘, 골미, 가위들을 담아 놓는 것을 뭐라고 하나요?

상천 상기. 시지볼때상기해가꼬자나:. 돔:뱅이다라서: 상기해:가꽈.
  상기.[37] 시집올 때 상기 해갖고잔아. 돔뱅이 달아서 상기 해갖과.
  ⊳ 반짇고리. 시집올 때 해가지고 오잖아. 바늘꽂이 달아서 반짇고리 해
  가지고 와.

조 돔뱅이요?

상천 돔:뱅이는상:기에다으:째다란냐하믄. 바느를 바느지랑걸 바느를꼬불라고.

---

37) 『한국방언자료집-전남편』을 참고하면 '상지'(바늘상지, 발상지)형과 '상주'(바늘상주)형
  그리고 '그륵~그럭'(반짓그럭, 일그럭)형 등이 수록되어 있다. 이와 같은 방언형들은
  전남의 서쪽과 동쪽으로 분포되어 나타나는데 '상지'형은 전남서부를 중심으로, '그륵~
  그럭'형은 전남동부를 중심으로 분포되어 있다.
  한편 어간 '상지'는 '상자'(<상즈, 箱子)에서 변화된 것으로 같은 변화를 겪은 예는
  '손지(<손즈), 장시(장ᄉ), 창시(<창즈)' 등이 더 있으며 각각 '손자, 장사, 창자'에 대
  응된다.

돔:뱅이에다가바느를꼬바나:, 잉. 깡:깡안돔:뱅이에다가바늘꼬바놀라고: 돔:뱅이
를꼬옥상기에다.

돔뱅이는 상기에다 으째 달았냐 하믄. 바늘을 바느질한 걸 바늘을 꼽
울라고. 돔뱅이에다가 바늘을 꼽으나, 잉. 깡깡한38) 돔뱅이에다가 바
늘 꼽아놀라고 돔뱅이를 꼬옥 상기에다.

▣ 바늘꽂이는 반짇고리에 왜 달았냐하면 바늘을 꽂으려고. 단단한 바늘
꽂이에 꽂으려고 반짇고리에다.

강진떡 사:그를뽀사서 체를체가꼬:이르케만드러, 똥#그:라니.

사그를 뽓아서 체를 체갖고39) 이릏게 만들어, 똥그라니.

▣ 사기를 빻아 체로 쳐서 동그랗게 만들어.

상천 돔:뱅이도기:냥돔뱅이자네: 모냥익께땅맨드라.

돔뱅이도 기냥 돔뱅이잔에40) 모냥있게 딱 맨드라.

▣ 바늘꽂이도 그냥 바늘꽂이가 아니라 모양있게 만들어.

강진 그: 지:도간노무이래봔네:. 사그를뽀사밴:체를치믄 가리:깡#깡암바느리바
느지래노기안스릉당께. 그걸만드러써:.

그 지독한 놈우 일 해봤네. 사그를 뽓아 밴 체를 치믄 가리 깡깡한 바
늘이 바느질해 녹이 안 스른당께.41) 그걸 만들었어.

▣ 지독한 일 해보았네. 사기를 빻아 드문 체로 친 단단한 가루에 바늘을

---

38) 어간 '깡깡하-'는 표준어 '단단하다'의 전남방언형이다.

39) 여기에 쓰인 '체'는 '치-+-어→쳐→체'의 과정을 거쳐 형성된 것이다. 일반적으로 반
모음화 후 경구개음 'ㅈ' 뒤에서 'y'가 탈락되는 것이 일반적인데 여기서는 단모음화
되는 특징을 보이고 있다.

40) '돔뱅이'는 '바늘꽂이'에 대응된다. '돔뱅이'는 닭똥집을 이르는 방언형으로 바늘꽂이
모양이 '닭똥집'을 닮아서 붙여진 이름이라고 한다.

41) '銹'를 뜻하는 어간의 경우 어미 '-응당께'가 결합했을 때 본문에서 확인되는 음성형은
[스릉당께]와 [승당께] 두 가지이다. 즉 어간이 확장된 개신형 '스르-'와 보수형 '슬-'
이 공존하고 있다.

꽂아두면 바늘에 녹이 슬지를 않아. 그것을 만들었어.

상천 그래. 우리늠멀크랑너써.

그래. 우리는 멀크락 넜어.42)

▸ 그래 우리는 머리카락 넣었어.

강진 멀크라굴넌:담마리, 우리는사그를뽀사써라:, 사그를. 사그박끄룩깨:진노물.(R)

멀크락을 넌단말이, 우리는 사그를 뽀았어라,43) 사그를. 사그 밥그룩44) 깨진놈울.

▸ 머리카락을 넣는단 말이지, 우리는 사기를 빻았어요, 밥그릇 깨진 사기를.

상천 사그:?(R) 사그깡깡아니바늘도안드러간데:?(R)

사그? 사그 깡깡하니 바늘도 안 들어간데?

▸ 사기? 단단해서 바늘도 들어가지 않을 텐데?

강진 아:니그래도바늘찔러써. 간:디 노기안승당께.

아니 그래도 바늘 찔렀어. 간디 녹이 안 슨당께.

▸ 아니 그래도 바늘 꽂았어. 그런데 녹이 슬지 않는다니까.

상천 멀크락, 노기안슬라믐멀크락찡궈야지:.

멀크락, 녹이 안 슬라믄 멀크락 찡궈야지.

▸ 녹이 슬지 않으려면 머리카락을 넣어야지.

---

42) 바늘꽂이에 머리카락을 넣는 이유는 머리카락 기름기가 바늘을 녹슬지 않게 할뿐 아니라 매끄러워 바늘을 꽂고 빼기에 아주 편리하기 때문이라고 한다.

43) 어간 '빻-'는 전남방언의 경우 크게 '뽀-'형과 '빠-'형 두 가지가 있으며, 여기에 모음 '으'가 덧붙어 만들어진 '뽀수-'와 '빠수-'가 공존한다.

44) '그릇'이 전남방언에서는 '그륵' 형과 '그럭'형 두 가지가 쓰인다.

강진 멀크락또해:논사라미씁띠다마는:. 우리는사그를 찌거가꼬 뱅:체로.

　멀크락도 해논 사람 있읍디다마는. 우리는 사그를 찍어갖고 밴 체로.

▷ 머리카락으로 한 사람도 있습디다마는. 우리는 사기를 빻아서 가는 체
로.

조 뱅채가 뭘까요?

강진 밴:체뱅체.

　밴 체, 밴 체.

▷ 가는체.

상천 드:문체밴:체이꺼덩:. 그랑께사:그를뽀사가꼬 밴:체로 처가꼬너:꾸나.

　드문 체 밴 체 있거덩. 그랑께 사그를 뽓아갖고 밴 체로 처갖고 넜구
나.

▷ 굵은 체 가는 체가 있거든. 그러니까 사기를 빻아서 가는 체로 쳐가지
고 넣었구나.

강진 으응.

　으응.

▷ 으응.

상천 엉덩아니너:차네:?(R) 나는: 돔:뱅이맨드라봐:써도: 므:슬넌지도생각또안
나네.

　엉덩하니 넣잖에? 나는 돔뱅이 맨드라 봤어도 뭇을 넌지도 생각도 안
나네.

▷ 엉성하게 넣은 게 아니라? 나는 바늘꽂이 만들어 보았어도 뭘 넣는지
도 생각도 안 나네.

조 그걸 어디에다 달아요?

상천 상기ː여으가에다가딱ː따라. 상기거ː다끈타불다라서ː(R) 돔ː뱅이에다끈타불다라서 동글동그라니 딱똠뱅이마이로땅ː만드라. 거그또곱처서 뽀니께 곡ː께만드라ː.

상기 여으 가에다가 딱 달아. 상기 거다 끈타불 달아서 돔뱅이에다 끈타불 달아서 동글동글하니 딱 돔뱅이마이로 딱 만드라. 거그 또 곱처서 뽄 있게 곱게 만드라.

▷ 반짇고리 가에 달아. 바늘꽂이에 끈 매달아 동글동글하게 닭똥집처럼 만들어. 겹쳐서 모양 있게 곱게 만들어.

강진 나는상기접#상기도이써.

나는 상기 접상기도 있어.

▷ 나는 겹으로 된 반짇고리도 있어.

상천 접상기가저네는다ː접쌍기제. 나지끔도시지본접쌍긴네. 안태와붕거이써.

접상기가 전에는 다 접상기제. 나 지끔도 시집 온 접상깄네. 안 태와붕 거 있어.

▷ 예전에는 다 겹 반짇고리지. 나도 시집올 때 가져온 겹 반짇고리 태우지 않고 있어.

옴배기에 배차지 담고

◯

조 지금부터는 옹구에 대해서 이야기 해볼까요? 둥글넓적해가지고 밑바닥이 넓은 항아리를 뭐라고 하나요?

상천 보리밥따끈 옴배기. 잉:. 그런데다 보리쌀도 싸:싹 다까.

보리밥 따끈45) 옴배기. 잉. 그런데다 보리쌀도 싹싹 다까.

▣ 보리쌀 닦는 옹배기. 응. 거기다 보리쌀도 쓱싹 닦아.

길동 글로물질러머거, 옛:나레는. 저네옴박찌:. 여그역꾸리다찌고 물질러가. 옴박
찌다이:고와.

글로 물 질러먹어, 옛날에는. 전에 옴박지.46) 여그 엽구리다 찌고 물
질러가. 옴박지다 이고와.

▣ 옛날에는 그걸로 물도 길어먹었어. 옆구리에 끼우고 물 길러가서 옹배
기에 이고 와.

조 어떻게 옆에다 찌고 가요.

상천 저네 찌:고댕게써. 옴배기로: 물질러먹꼬 또: 옴배기로에다가 보리쌀당구고
그래써.

---

45) 본문 6장 '붉운치매1-작은아들 살리다' 편을 보면 '따끄고'가 확인된다. 이를 분석하면
 '따끄-+-고'로 어간말음 뒤에 모음 '으'가 덧붙어 '따끄-'로 재구조화 되었다는 것을
 알 수 있다. 영암지역어는 '따끄-'와 '다끄-'가 공존한다.
46) '옴배기' 외에 '옴박지' 형태로도 나타나는데 모두 '옹배기'의 방언형이다.

전에 찌고 댕겼어. 옴배기로 물 질러먹고 또 옴배기로에다가 보리쌀

당구고 그랬어.

▷ 예전에 끼우고 다녔어. 옹배기로 물도 길어먹고 옹배기에 보리쌀 담그

고 그랬어.

조 어떻게 생겼어요.

상천 판파:나니 생게써. 꼭찌, 양:쪼게달려가꼬.

판판하니 생겼어. 꼭지, 양쪽에 달려갖고.

▷ 판판하게 생겼어. 꼭지 양쪽에 달려가지고.

조 물동이가 있는데 왜 거기에다 길러 먹어요.

상천 옹:구동이로 질러먹따가:. 옴:배기로 질러먹따가 나중에 양철똥우가나와써.

그래가꼬양철똥우다 한나썩 질러다머긍께 물:도마나고: 가북꼬:.

옹구동이로 질러먹다가. 옴배기로 질러먹다가 나중에 양철동우가 나왔

어. 그래갖고 양철동우다 한나썩 질러다 먹응께 물도 마나고 가붑고.

▷ 옹기동이, 옹배기로 길어먹다가 나중에 양철동이가 나왔어. 양철동이

에 가득 길어먹으니까 물도 많고 가볍고.

저네는 고무통도업:써. 큰 조박찌에다가 가내고.

전에는 고무통도 없어. 큰 조박지에다가47) 간애고.

▷ 예전에는 고무통도 없어. 큰 조박지에 간하고.

길동 시방은: 배:추가 요러코존:디:, 옌:나레는 삭깜마이로 딱 버:러진놈 쩌:

으:……

---

47) '조박지'는 '옴배기~옴박지'(옹배기)와 그 형태가 비슷하게 생겼으나 조금 더 큰 옹기

그릇이다.

시방은 배추가 요롷고 존디, 옛날에는 삿갓마이로 딱 벌어진 놈 쩌
으…….
▷ 요즘은 배추가 이렇게 좋은데, 옛날에는 삿갓처럼 떡 벌어져서…….

상천 어:따, 저네느니런 호배차도업써써. 이르코버러징걸 시̌아믈 쩌:그드:레거
들:쌔아믹꺼덩:. 거그가서: 바:작 땅:무레당가노코, 그지게바:자갈지:. 지게바:작
무레딱당가노코 거그서 배:추시처서: 다불다불무꺼서 가저날리고그래써:.
　어따, 전에는 이런 호배차도 없었어. 이릏고 벌어진 것 시암을 쩌그 들
에 거 들새암 있거덩. 거그 가서 바작48) 딱 물에 당가 놓고, 그 지게
바작 알지. 지게 바작 물에 딱 담가 놓고 거그서 배추 시쳐서 다불다불
묶어서 가져 날리고 그랬어.
▷ 아따, 예전에는 호배추도 없었어. (쩍) 벌어진 (배추를) 들 샘에 가서
바작을 물에 담가놓고 씻어서 다불다불 묶어서 가져 날리고 그랬어.

조 배추를 간할 때는.

상천 씨서서 지비아가꼬 가내제.
　씻어서 집이 아갖고 간애제.
▷ 씻어 집에 와가지고 간하지.

길동 인자 거글따가해:노믄 더:만나. 요르:놈:배기: 요론노메다가:. 시방은 스댕
이그르게다하제마는, 옌:나레는 그른노메다해:노무는더만납땅께. 잉:. 그래써라우
참말로.
　인자 거긋다가 해노믄 더 맛나. 요른 옴배기 요른 놈에다가. 시방은 스
댕이 그륵에다 하제마는, 옛날에는 그른 놈에다 해노무는 더 맛납당
께. 잉. 그랬어라우 참말로.

---

48) '바작'은 지게의 부착물로 짐을 실어 나를 때 사용하였으며, 가는 신우대나 싸릿대를
　칡 순, 새끼 등으로 엮어 만들었다.

▣ (옹배기에 무치면) 더 맛나. 지금은 스테인리스 그릇에다 하지만 (옹
배기에) 하면 더 맛있다니까.

옌나레는 버:러진짐치라도 짐장해:쩨:. 무시지다무믄 소금:만처가꼬 감맘만마지믄
이그뭄무거.
　옛날에는 벌어진 짐치라도 짐장했제. 무시지 담우믄 소금만 처갖고 간
　만 맞이믄 익으문 묵어.
▣ 옛날에는 벌어진 김치라도 김장했지. 무지 담귀 간만 맞으면 먹어.

조 어디다 보관했어요.

상천 동우에다당꼬:. 마:이다무믄항아리에당:꼬. 잘자:란 항아리익꺼덩 그런데다
가 배:차지당꼬:.
　동우에다 담고. 마이 담우믄 항아리에 담고. 잘자란 항아리 있거덩 그
　런데다가 배차지 담고.
▣ 동이에다도 담고. 많이 담으면 항아리에 담고. 조그만 항아리가 있거
　든 그런데는 배추지 담고.

조 간장 된장 담는 항아리와 다른가요.

상천 간장 댄장 항아리는: 더 큰:항아리고 장:깡에: 뚜:께더퍼저짜:나. 그릉거시
장:항아리여.
　간장 댄장 항아리는 더 큰 항아리고 장깡에 뚜께 더퍼졌잖아.49) 그른
　것이 장항아리여.
▣ 간장, 된장 항아리는 더 큰 항아리이고 장광에 뚜껑 덮어졌잖아. 그런
　것이 장항아리여.

---

49) 본문 '옹구툭시발' 편에 '더푸고'가 확인된다.

방퉁이가 치 꼬꿀로 세와 논 놈마이로 흠신하다

○

조 간장, 술 이런 것은 어디에 담아요?

상천 아:저네도가지에다다머:.

아 전에 도가지에다50) 담어.

▸ 예전에 항아리에 담아.

조 길어온 물은 어디에 붓는 가요.

상천 그검무랑이제. 무랑

그건 물앙이제. 물앙.

▸ 그것은 물항아리지.

조 운두는 어디를 말하는 가요?

상천 운:두? 운두는: 함지가 집따:.

운두? 운두는 함지가 짚다.

▸ 운두는 함지가 깊다.

강진 함지가지푸다.

---

50) '도가지'는 질그릇의 하나인 '독'에 접미사 '-아지'가 결합한 것이다. 이와 같은 형태로 '모가지, 싸가지(싹수)'를 더 들 수 있다.

함지가 지푸다.
▷ 함지가 깊다.

조 그릇이 위에 들어가는 입구도 좁고 아래도 좁은데 옆은 큰 것 그런 종류는 뭐라고 해요?

상천 방:퉁이:. 방̌:퉁이항아리가 이써.
방퉁이. 방퉁이 항아리가 있어.
▷ 방퉁이 항아리가 있어.

조 거기에는 주로 뭘 담았을까요?

상천 물다무문 물방퉁이 술다무문 술방퉁이 하하하 아:무케나당:꼬그라제. 장:도 당꼬.
물 담우문 물방퉁이 술 담우문 술방퉁이 하하하 아뭏게나 담고 그라제. 장도 담고.
▷ 물 담으면 물항아리, 술 담으면 술항아리 하하하 아무렇게나 담고 그러지. 장도 담고.

조 사람을 말할 때도 있을 것 같은데요.

상천 하하하 사:라믈으:째방퉁이라간지아러?(R) 수를: 으:찌잘머긍께 방퉁이라게:. 저네방퉁이 술방퉁이 바가지로술머거:. 수르라조 하래 메:짬머긍께: 술방퉁이라개:.
하하하 사람을 으째 방퉁이라간지 알어? 술을 으찌 잘 먹응께 방퉁이라개. 전에 방퉁이 술방퉁이 바가지로 술 먹어. 술을 아조 하래 멧 잔 먹응께 술방퉁이라개.
▷ 하하하 왜 사람을 방퉁이라고 하는 지 알아? 술을 하도 잘 마시니까

방퉁이라고 해. 술방퉁이는 술을 바가지로 먹어. 하루에 몇 잔을 먹으니까 술방퉁이라고 해.

조 혹시 몸이 옆으로 퍼진 사람도?

상천 그른사람도 방:퉁이라개:. 가운데가퍼저따개서 방:퉁이. 하하하 마:리 여자는 엉:판지가: 널루와야: 애기잘란다고그래.

그른 사람도 방퉁이라개. 가운데가 퍼졌다개서 방퉁이. 하하하 말이 여자는 엉판지가 널루와야 애기 잘 난다고 그래.
▷ 그런 사람도 방퉁이라고 해. 가운데가 퍼졌다고 해서. 하하하 옛말이 여자는 엉덩이가 넓어야 애기를 잘 낳는다고 그래.

강진 저네그래써. 메느리까머들라믄 거그보고어더땅께:. 째:까난 송:곡가트믄 애기몬:난다고.

전에 그랬어. 메느리감 얻을라믄 거그 보고 얻었당께. 째까난 송곳 같으믄 애기 못난다고.
▷ 예전에 그랬어. 며느리 감을 얻으려면 엉덩이를 보았어. 송곳 같으면 애기를 잘 낳지 못한다고.

상천 엉:판지가: 널룬사라미새끼도잘란다고. 그랑께 여그마니로 널루와야: 여, 팔람매: 나:써:. 이양바니 따:리 여서시라: 따리 부:자찝맘메느리가칠로생게따고:. 튼::시나니우아래 치:꼬꿀로세와냥마이로:.

엉판지가 널룬 사람이 새끼도 잘 난다고. 그랑께 여그마니로 널루와야 여, 팔남매 낳어. 이 양바니 딸이 여섯이라 딸이 부잣찝 맏메느리가칠로 생겠다고. 튼신하니 우아래 치 꼬꿀로 세와냥마이로.
▷ 엉덩이 넓은 사람이 자식도 잘 난다고. 여기처럼 넓어야, 팔남매 낳았어. 이 양반이 딸이 여섯인데 부잣집 맏며느리처럼 생겼어. 튼실하게 위아래가 키를 거꾸로 세워놓은 것처럼.

조 예?

상천 치:꼬꿀로세와나따개:. 이:까부는치:를꼬꿀로세와논놈마이로: 엉:치 험:시나다고:.

　치 꼬꿀로 세와났다개. 이 까부는 치를 꼬꿀로 세와 논놈마이로 엉치 험신하다고.

▣ 키를 거꾸로 세워놓았다고 해. 까부르는 키를 거꾸로 세워놓은 것처럼 엉덩이가 튼실하다고.

조 험신하다요.

상천 흠:신. 인자 우:아래: 춤상하니생긴사라미: 흠시나다개:. 하하하 옌:날우리 덜마:리어:. 우:아래: 춤상아니. 강:께: 하:체야가고 우게가 퉁걱꼬한사람 읻짜나:

　흠신. 인자 우아래 춤상하니 생긴 사람이 흠신하다개. 하하하 옛날 우리덜 말이어. 우아래 춤상하니. 강께 하체 약하고 욱에가 퉁겁고 한 사람 있잖아.

▣ 위아래 튼튼하게 생긴 사람을 흠신하다고 해. 하하 옛날 우리들이 흔히 쓰는 말이어. 위아래 그러니까 하체가 약하고 상체가 큰 사람 있잖아.

강진 시방싸람들 애기를라:믄 여그를딱짜:매듬마:. 그란디우리멍충드릉그랄찌아러야제? 그랑께 방퉁이미테가하:넙시퍼지제:. 시방싸람덜딱: 짜맵띠어:, 방퉁이미테를::. 애기난사라마고안난사라마고 파니틀리거든:.

　시방 사람들 애기를 나믄 여그를 딱 짜매듬마. 그란디 우리 멍충들은 그랄지 알어야제? 그랑께 방퉁이 밑에가 한없이 퍼지제. 시방 사람덜 딱 짜맵디어, 방퉁이 밑에를. 애기 난 사람하고 안 난 사람하고 판이 틀리거든.

▣ 요즘 젊은 사람들은 애기를 나면 (골반을) 딱 조이더구먼. 골반 밑을 딱 조여. 애기 낳은 사람과 낳지 않은 사람은 틀리거든.

상천 느:러나:. 여가느러나제. ˘란디: 저네우리덜볼꺼덥써써. 배́나부르고: 씨́집싸́리아나고그라믄장:땡이제.

늘어나. 여가 늘어나제. 그란디 전에 우리덜 볼 것 없었어. 배나 부르고 씨집살이 안 하고 그라믄 장땡이제.

▣ (골반이) 늘어나. 그런데 우리들은 그저 배나 부르고, 시집살이 안하면 최고였지.

시:상은존시상어. 지비딸들그라믄 엄마아고거작깍껀네:, 북때기가:. 딸성제모에노믄 오:지거쏘. 아들만나:쓰믄조:꺼인디.

시상은 존 시상어. 집이51) 딸들 그라믄 엄마하고 거작 같겄네,북때기가. 딸성제 모에노믄 오지겄소. 아들만 났으믄 졸꺼인디.

▣ 세상은 좋은 세상이어. 집의 딸들 엄마하고 거의 같겠네, 몸집이. 딸 형제 모이면 오달지겠소. 아들만 낳았으면 좋을 것인데.

---

51) '집이'에 쓰인 조사 '-이'는 관형격 조사 '-의'가 '-이'(<-에)로 변화한 것이다. 이기갑 (2003 : 49)에 의하면 서남방언은 '-에'가 많이 쓰인다고 하였으나, 본문에서는 '-이'가 더 많이 쓰이고 있다.

옹구 툭시발

◯

조 목이 짧으면서 배가 부른 방퉁이도 있죠?

상천 그거 적은방퉁이고: 큰방퉁이익꼬:그래 하하하.
  그거 적은방퉁이고 큰방퉁이 있고 그래 하하하.
▹ 작은 방퉁이 큰 방퉁이 그래 하하하.

조 그럼 여기서는 방퉁이를 통:틀어서.

상천 옹:구. 옹:구툭씨발도이꼬. 툭씨바레다 므:시던지해:노믄마시써.
  옹구. 옹구 툭시발도 있고. 툭시발에다[52] 뭇이던지 해노믄 맛있어.
▹ 옹기. 옹기 뚝배기도 있고. 뚝배기에 무엇이던지 해 놓으면 맛있어.

조 지금 같으면.

상천 양:은. 저네 옹:구툭씨발도잉 그:른노미반참맹기라도만나고 거: 밥또비베도
마시써. 저네 저네:저네는양파늘마니썼찌만, 지끄믄 양잉그르기쓩께그라제:. 그:
놈도 더큰놈 양팜마이로: 더:큰놈덜:큰노미써. 사부럼배기도이꼬.
  양은. 전에 옹구 툭시발도잉 그른놈이 반찬 맹기라도 맛나고 거 밥도
비베도 맛있어. 전에 전에는 양판을 만이 썼지만, 지끔은 양인 그륵 있
응께 그라제. 그놈도 더 큰놈 양판마이로 더 큰놈 덜 큰놈 있어. 사부

---

52) '툭시발'은 '자배기' 종류의 하나이다. 용도는 '뚝배기'에 대응된다.

럼배기도53) 있고.

▶ 양은그릇. 예전에는 옹기 뚝배기에 반찬 만들어 먹어도 맛있고, 밥을 비벼 먹어도 맛있어. 지금은 양은그릇이 있으니까 그러지. 그것도 양 푼처럼 큰 것 작은 것 있어. 사부럼배기도 있고.

조 사부럼배기요.

상천 전에 옹:구사부럼배기이라고 이써. 옹:구사부럼배기그노메다가: 째:깐 더: 마:니안노믄 사부럼배기아고 그래: 조:아:. 사부럼배기도여:간뜨기조코조아. 더: 마̆:니: 걷쩌리도 더:마̆:니알라믕거근따 주무루고항당께.

　전에 옹구 사부럼배기라고 있어. 옹구 사부럼배기 그놈에다가 째깐 더 만이한 놈은 사부럼배기하고 그래 좋아. 사부럼배기도 여간 뜨기 좋고 조아. 걷절이도 더 만이 할라믄 거굿다 주무루고 한당께.

▶ 예전에 옹기 사부럼배기라고 있어. 양이 많으면 사부럼배기로도 쓰고 좋아. 겉절이도 더 많이 하려면 거기에 주무르고 한다니까.

조 툭시발보다 더 큰가요?

상천 이잉. 툭씨발보둠더커̆!

　이잉. 툭시발ㅂ둠 더 커!

▶ 응. 뚝배기보다 더 커!

조 어느 정도나 클까요. 이롷게 클까요?

상천 잉:. 이르코 동:그라니이써. 큰놈저군노미써. 지끔 양파니랑 똑까터.

　잉. 이릏고 동그라니 있어. 큰놈 적운놈 있어. 지끔 양판이랑 똑같어.

▶ 응. 동그랗게 생겼어. 큰 것 적은 것 있어. 양은이랑 똑같아.

---

53) '사부럼배기'는 '툭시발'보다 더 큰 옹기그릇을 말한다.

조 널배기는 다른 종류인가요?

상천 반대기: 넙:쩌가니 장:뚜께:. 장:끄륵또더푸고 묵또푸고.
　반대기 넙적하니54) 장뚜께. 장그륵도 더푸고 묵도 푸고.
▣ 반대기는 넓적한 장 뚜껑. 장 그릇도 덮고 묵도 푸고.

조 반대기 가지고 장 뚜껑도 했어요.

상천 장:끄륵또더푸고: 무걸끼리믄 그런디다 너:룬디다퍼나:. 그람 얼:릉구두고조
아:.
　장그륵도 더푸고 묵얼 낄이믄 그런디다 너룬디다 퍼나. 그람 얼릉 구
두고55) 좋아.
▣ 장 그릇도 덮고 묵을 끓이면 그런 넓은 곳에 퍼 놔. 그럼 얼른 굳고 좋
아.

---

54) 전남방언에서는 명사와 동사를 만드는 접사 '-하-'가 결합하여 쓰인 경우 유기음화 보
　다는 'ㅎ'이 탈락되는 특징이 있다.
55) '구두고'는 '구드-+-고'로 분석된다.

2 <u>삶으로 빚은 것들</u>

누룩과 막걸리

○

조 옛날에는 술을 담가 드셨죠?

상천 술 그저네 당궈머걷쩨. 마니쌩머긍께.
　술 그전에 당궈 먹었제. 만이썩 먹응께.
▷ 술 전에는 담가 먹었지. 많이씩 먹으니까.

조 술은 어떻게 담그는가요.

상천 쌀 당가서시:리에쩌:가꼬:. 술빰쩌서: 누루가고서꺼서 무라고서꺼서 그르게
다머노믄잘도 돼아:.
　쌀 당가서 시리에 쩌갖고. 술밥 쩌서 누룩하고 섞어서 물하고 섞어서
　그륵에 담어노믄 잘도 돼아.
▷ 쌀 담가서 시리에 쪄가지고. 술밥을 쪄서 누룩과 물을 섞어 그릇에 담
　아 놓으면 돼.

조 누룩은 뭘로 만들어요?

상천 밀: 가라가꼬 밀:. 요로코 디더.
　밀 갈아갖고 밀. 요롱고 디더.
▷ 밀 갈아가지고 이렇게 디더.

조 디더요?

상천 디든담마리:. 이르쿠: 누루글한다. 발로맨든다그마리어. 띠울라고.

디든단 말이.56) 이릏구 누룩을 한다. 발로 맨든다 그 말이어. 띠울라고.

▣ 디딘다는 말은 누룩을 발로 디뎌서 만든다는 말이어. 띄우려고.

조 그러니까 밀을 갈아가지고 반죽을 하는 거네요.

상천 잉:반주걸. 무를 빠::답빠닥 찔커덩하믄누룹뻬러부러. 빠::답빠닥 해야. 빠답빠닥또: 찔:커덩아니하지말:고: 무를 쬐:깐해가꼬빠답빠담문질러. 미:를:, 가리 빼:도아나고 바로 거칠거치라니가라가꼬:.

잉 반죽얼. 물을 빠닥빠닥 찔커덩하믄 누룩 베러불어. 빠닥빠닥해야. 빠닥빠닥도 찔커덩하니 하지 말고 물을 쬐깐 해갖고 빠닥빠닥 문질러.57) 밀을, 가리 빼도 안하고 바로 거칠거칠하니 갈아갖고.

▣ 응 반죽을. 물을 (조금만 쳐서) 빠닥빠닥 치대. 질척이면 누룩 버려버려. 밀을 가루로 빻지 않고 거칠거칠하게 갈아가지고.

조 뭘로 갈아요?

상천 맨똘로도갈:고또 기게:도 기게:서도거칠거치라니 가라가꼬. 갸꼬 무럴: 무럴 찌크덩아니디드믐모:써. 찌크등아니디드믄 누루기암만나. 베레부러. 무럴: 째:깐 처서 빠:답빠닥쏘니로문질러. 문질러가꼬: 발디쿵치로: 보로싸:서: 이:마남바쿠가 이써:. 거누룩띠든 고저리가. 이르미고저리여:. 보로:싸:서: 발디쿵치를: 딱:땅눌러. 발바. 그라믄 노::라니 조:케떠.

---

56) 누룩의 성공은 반죽과 다지기에 있다. 반죽한 누룩이 단단해지도록 성형틀에 넣고 발로 밟아 주는데 그 과정이 다지기이다.
57) 누룩의 반죽은 단단하게 뭉쳐야하기 때문에 손으로 많이 치대야 한다.

맷돌로도 갈고 또 기계도 기계서도 거칠거칠하니 갈아갖고. 걒고 물얼 물얼 찔크덩하니 디드믄 못써. 찔크등하니 디드믄 누룩이 안 맛나. 베레불어. 물얼 째깐 쳐서 빠닥빠닥 손이로 문질러. 문질러갖고 발디쿵치로 보로 싸서 이만한 바쿠가 있어. 거 누룩 디든 고저리가. 이름이 고저리여.58) 보로 싸서 발디쿵치를 딱딱 눌러. 밟아. 그라믄 노라니 좋게 떠.

▷ 맷돌이나 기계에 거칠게 갈아가지고. 물은 질척거리면 못써. 버려버려. 물을 조금만 쳐서 빠닥빠닥 손으로 치대. 치대가지고 보로 싸서 발뒤꿈치로, 이만한 바퀴가 있어. 누룩 디디는 고지가. 이름이 고지여.

각짜: 솜씨가 따:로이꺼덩. 그: 발로: 이르케디등거가터도 솜씨가이써. 곡짱내:난 사라믹꼬:, 가튼:누룩또 꼬:순내 꼬:순내난사라믹꼬.
  각자 솜씨가 따로 있겄딩. 그 발로 이릏게 디든 거 같어도 솜씨가 있어. 곡짱내 난 사람 있고, 같은 누룩도 꼬순내 꼬순내 난 사람 있고.
▷ 각자 솜씨가 따로 있거든. 그 발로 (무심코) 디든 것 같아도 솜씨가 있어. 같은 누룩이라도 고린내 난 사람도 있고, 고소한 냄새 난 사람도 있고.

조 곡짱내는 무슨 냄새일까요?

상천 냄:새가고야가니난노미써. 각짜솜씨가다:달러. 그래가꼬인자 수를: 그노멀 한: 삼주나띠어.
  냄새가 고약하니 난놈 있어. 각자 솜씨가 다 달러. 그래갖고 인자 술을 그 놈얼 한 삼주나 띠어.
▷ 냄새가 고약하게 나는 놈 있어. 각자 솜씨가 다 달라. 그래가지고 (누룩을) 한 삼주나 띄어.

---

58) '고저리'는 누룩 만드는 나무 성형틀 '고지'의 방언형이다.

조 보자기에 싸 놓은 누룩을 띄우는가요.

상천 보재기에싸서누룰때맘보재기에싸:제, 도로끌러서: 딱:딱 직깔고: 직깔고띠어:. 삼주를띠우므는 삼주나:: 띠우믄 누루기노::라니, 벌:쎄보믄조:아. 그랑그: 누룩 빠사서: 쌀: 당가서 쩌:서: 인자비버너:. 인자 항아리에다가.

　보재기에 싸서 누룰 때만 보재기에 싸제, 도로 끌러서 딱딱 집 깔고 집 깔고 띠어. 삼주를 띠우므는 삼주나 띠우믄 누룩이 노라니, 벌쎄 보믄 좋아. 그람 그 누룩 빠사서 쌀 당가서 쩌서 인자 비베 넣어. 인자 항아 리에다가.

▷ 보자기는 누를 때만 싸지, 도로 끌러 짚 깔고 띄워. 삼주를 띄우면 누 룩이 노랗게, 벌려보면 좋아. 그럼 그 누룩을 빻아서 찐 쌀과 함께 비 벼 넣어. 항아리에.

조 굳어있는 누룩을.

상천 또뽀사. 뽀사가꼬: 또 싸:라고 버물러. 요로코뷔베너어.

　또 뿟아. 뿟아갖고 또 쌀하고 버물러. 요롱고 뷔베 넣어.59)

▷ 또 빻아. 빻아가지고 쌀과 버물려. 이렇게 비벼 넣어.

조 찐 밥하고요.

상춘 잉. 개가꼬물부서서 뚜적뚜저캐:노믄 수리#그르:코만나.

　잉. 개갖고 물 붓어서 뚜적뚜적 해노믄 술이 그릏고 맛나.

▷ 응. 그래가지고 물 부어서 뚜적뚜적 해 놓으면 술이 그렇게 맛있어.

조 그게 끝이에요?

---

59) 막걸리를 만들기 위해서는 덩이진 누룩을 잘게 부셔야 한다.

상천 잉:. 갸꼬대므닌자 체:로걸러먹쩨. 또걸러머거. 술: 수리다:대믄: 체로거: 걸르자나:. 체로걸러. 거 술거른체가이써. 글로 바가지에다 똑:똑: 짜서 해:가꼬 또:물잔처서 빠:다배가꼬 또:걸러. 부글부글 보글보그라니. 보글보글항거슨 인자 수:리: 대니라고.

잉. 걍고 대믄 인자 체로 걸러먹제. 또 걸러 먹어. 술 술이 다 대믄 체로 거 걸르잔아. 체로 걸러. 거 술 거른 체가 있어. 글로 바가지에다 똑똑 짜서 해갖고 또 물잔 쳐서 빠답해갖고 또 걸러. 부글부글 보글보글하니. 보글보글한 것은 인자 술이 대니라고.

▷ 응. 그래가지고 되면 체로 걸러 먹지. 술이 다 되면 체로 거르잖아. 술 거르는 체가 있어. 그걸로 바가지에 똑똑 짜서 해가지고 또 다시 물 좀 쳐서 빠닥빠닥 치대서 또 걸러. 부글부글 보글보글 (거품 인 것은) 술 이 되느라고.

조 거르면 뭐가 나오니까.

상천 건더기쓱께. 물처서 빠답빠당문대. 그라믄 수리만:나.

건더깄응께. 물처서 빠닥빠닥 문대. 그라믄 술이 맛나.

▷ 건더기 있으니까 물을 쳐서 빠닥빠닥 치대. 그러면 술이 (더) 맛있어.

조 그럼 떠서 먹기만 하면 되네요.

상천 그래떠서머끼도하고 또:인자 물처서걸러. 걍머그믄도강께. 도개. 기냥머그 믄: 똑쭈여. 그으 술:락 장에서 요만썩파라.

그래 떠서 먹기도 하고 또 인자 물 쳐서 걸러. 걍 먹으믄 독항께. 독 해. 기냥 먹으믄 독주여. 그으 술약 장에서 요만썩 팔아.

▷ 그래 떠먹기도 하는데 (먼저) 물을 쳐서 걸러. 그냥 먹으면 독하니까. 그냥 먹으면 독주여. 술 약을 장에서 팔아.

조 술약을요. 술이 좋게 되라고.

상천 그걸 너:야 얼른댜. 도가고. 그:야기 따:로이써, 술랴기.

그걸 너야 얼른 댜. 독하고. 그 약이 따로 있어, 술약이.

▷ 그걸 넣어야 얼른 돼. 독하고. 술 약이 따로 있어.

조 거기다 사카린 같은 것은 안 넣나요?

상천 아이, 사카리능꿰릴때:. 술:믿 술믹끼:릴때 쪼까성너:. 그으: 수를먹따보믄
다:먹꼬보믄 수레 찌끄레기가랑긍거인짜나:. 밀:까리 가래가틍거:. 그노물또: 체
로걸러서: 또 끼:레. 사까리잔너:코해서 끼레노믄 또그노믕그놈대로만나.

아이, 사카리는 꿸일60) 때. 술믿 술믿 낄일때 쪼까석 너. 그으 술을
먹다보믄 다 먹고보믄 술에 찌끄레기 가랑긍거 있잔아. 밀가리 가래
같은 거. 그놈울 또 체로 걸러서 또 낄에. 사까리 잔 넣고 해서 낄에노
믄 또 그놈은 그놈대로 맛나.

▷ 사카린은 끓일 때. 술밑 끓일 때 조금씩 넣어. 술을 먹다보면 다 먹고
나면 술에 찌꺼기 가라앉은 것 있잖아. 밀가루 반죽 같은 것. 그것을
또 체로 걸러서 끓여. 사카린 좀 넣고 끓이면 그것은 그것대로 맛있어.

조 술을 다 먹고 나서 밑에 남은 찌꺼기에 물을 넣고 끓인다는 거네요.

상천 찌:꺼기. 동우 딱: 시처서걸러. 갸꼬 탑:타바니 중모냥끼리믄 마시써.

찌꺼기. 동우 딱 시처서 걸러. 걓고 탑탑하니61) 죽모냥 낄이믄 맛
있어.

---

60) 영암지역에서 어간 '끓-'(湯)의 사동사는 '낄이-'이다. 그런데 본문에서는 '꿸이-'로 실
현되고 있다. 영암지역어는 단모음 'i'와 'E'(<에, 애)가 종종 단모음 'ü'와 'ö'로 실현되
기도 하는데 '꿸일'(꿸이-+-을)의 첫음절 '꿸'이 이에 해당된다.

61) '탑탑하니'는 어근 '탑탑'에 접사 '-하-'가 결합한 것이다. 여기에 연결어미 '-니'가 결
합하였는데 어미 '-니'는 '-게'에 대응된다.

▣ 찌꺼기. 동이를 씻어서 걸러. 그래가지고 걸쭉하게 죽처럼 끓이면 맛있어.

조 그거 먹고 취하지는 않나요?

상천 그놈도: 술: 몸머근사라믄 취아제. 그:저네에는: 쎄:무서. 세:무서지건드리일짜나:. 세:무서지건드리: 시:골로도라댕게. 술디로:. 술디로댕게.

　그놈도 술 못 먹은 사람은 취하제. 그전에는 세무서. 세무서 직언들이 있잖아. 세무서 직언들이 시골로 돌아댕게. 술 디로. 술 디로댕게.

▣ 그것도 술 못 먹는 사람은 취하지. 그 전에는 세무서 직원들이 시골로 돌아다녔어. 술을 뒤지러 다녔어.

조 술을 디로 댕겨요?

상천 잉: 뒤지로댕게. 그라믄: 거 벌그비겁:또안나제:. 도니:. 그래가꼬 수를 으:따가 몰:래곰치기도하고: 어크러불기도하고막: 그라제: 벌금뭉께:. 도:늘 겁:나미겨:. 그랑께 합쑤통에어끄러불기도아고그래.

　잉 뒤지로62) 댕게. 그라믄 거 벌금이 겁도 안나제. 돈이. 그래갖고 술을 으따가 몰래 곰치기도 하고 어크러불기도63) 하고 막 그라제 벌금뭉께. 돈을 겁나 믹여. 그랑께 합수통에 어끄러불기도 하고 그래.

▣ 응 뒤로 다녀. (그래서 발각되면) 벌금이 겁나게 나와. 그래서 (조사 나오면) 술을 어디다 감추기도 하고, 엎질러버리기도 하고, 벌금 물게 되니까. 돈을 겁나게 먹여. 그러니까 똥통에 버리기도 하고 그랬어.

조 합수통이요.

---

62) '뒤-'와 '뒤지-'가 공존하고 있다. '뒤'는 'ü'와 'Wi' 모두 쓰인다.
63) 어간 '어클-'과 '어끌-'이 공존하여 쓰이며 '엎지르-'의 방언형이다. 그러나 여기서는 '버리다'의 의미가 더 크다.

상천 합쑤통. 똥장 하하하. 똥통보고 합쑤통이라개. 지끄믄 하장시리라가는데 저네는: 합쑤통이라개.

　합수통. 똥장 하하하. 똥통보고 합수통이라개. 지끔은 하장실이라가는데 전에는 합수통이라개.

▷ 합수통. 똥통 하하하. 지금은 화장실이라고 하지만 전에는 합수통이라고 했어.

조 그래서 그 술 이름을 머라고 하나요.

상천 막껄리: 또그:욱꾸글뜨믄: 동동주고:. 미테거선: 우게: 우게말:강거 수리다: 대므는 수리가랑그그든. 갸꼬 쌀:만동동뜨고익꼬. 매누게가:. 그래서 우게치를뜨믄 동동주. 그랑께쥐:주를하므는: 지:주함벵을뜨믄동동주로뜨제. 욱꾸글:.

　막걸리 또 그 욱국을 뜨믄 동동주고. 밑에 것언 욱에 욱에 말간 거 술이 다 대므는 술이 가랑그그든. 갖고 쌀만 동동 뜨고 있고. 맨 욱에가. 그래서 욱에 치를 뜨믄 동동주. 그랑께 지주를 하므는 지주 한벵을 뜨믄 동동주로 뜨제. 웃국을.

▷ 막걸리 또 그 웃국을 뜨면 동동주고. 술이 다 되면 밑으로 가라앉으면서 위는 말갛게 되거든. 그래가지고 제주(祭酒)를 하면 제주 한 병을 뜨는데, 동동주로 뜨지. 웃국을.

조 지주요?

상천 아이, 지:사지낼때 그걸로지:주. 지:주고노믈몬차 수를딱:, 떠나:. 함벵이나 두:벵이나인자떠:나:. 그라므닌자그거시 지:주여. 그라고인자 그놈떠:내:고 휘:저서서 막껄리를걸러머거. 그라므닌자 그거시막껄리고:.

　아이, 지사지낼 때 그걸로 지주. 지주 고놈을 몬차 술을 딱, 떠나. 한 벵이나 두 벵이나 인자 떠나. 그라믄 인자 그것이 지주여. 그라고 인자 그놈 떠내고 휘 젓어서 막걸리를 걸러먹어. 그라믄 인자 그것이 막걸리고.

▶ 아니, 제사지낼 때 (쓰는 술을) 제주(라고 해). 제주를 먼저 한 병이나 두 병 정도 떠 놔. 그것이 제주여. 그런 다음 휘 저어 걸러 먹으면 막 걸 리가 되고.

조 술도 특별한 목적이 있을 때만 만들겠네요?

상천 지:사때나:. 또: 노버더 모싱구고: 노버더 일:라라믄또: 거시기 술:당그고. 그랑께 모싱굴때게: 막:거시기 수:를 저네는해:노체:. 게론시갈때도. 우리가수란 노미만나지라:. 지끔 기차낭께아나제.

지사때나. 또 놉 얻어 모 싱구고 놉 얻어 일할라믄 또 거시기 술 담그고. 그랑께 모 싱굴 땍에 막 거시기 술을 전에는 해 놓제. 겔혼식 할 때도. 우리가 술 한 놈이 맛나지라. 지끔 기찬항께 안 하제.

▶ 제사 때, 일꾼 얻어 모 심고 할 때, 결혼식 할 때도. 우리가 만든 술이 맛있지요. 지금은 귀찮으니까 안하지.

메주 만들어 장 담기

○

조 장은 어떻게 담그나요.

상천 장:당궁거:? 그랑께 거 소테다콩을쌀:마가꼬 무레:바터서:.

장 담군 거? 그랑께 거 솥에다 콩을 쌀마갖고[64] 물에 바터서.[65]

▷ 장 담는 것? 솥에다 콩을 삶아가지고 물에 밭아서.

조 어디에다 삶았을까요?

상천 큰::가마소딛짜나:. 불때가꼬: 늘:크덩아니살마가꼬 인자그놈 바구리에바터
서 찌어:. 인자지끄믄: 저네는도구통에다일리리찌언는디:. 지끄므닌자소락께할랑
께. 늘긍께기우넙씀께푸대에다너:서 발로볼바. 비니:루쌰:가꼬. 고구마, 고구마:
콩에다너:서찌므는 콩물드러가꼬달디:다.

큰 가마솥 있잔아. 불 때갖고 늘크덩하니 살마갖고 인자 그놈 바구리
에 바터서 찧어. 인자 지끔은 전에는 도구통에다 일일이 찧었는디. 지
끔은 인자 소랍께 할랑께. 늙응께 기운없응께 푸대에다 너서 발로 볿
아. 비니루 싸갖고. 고구마, 고구마도 콩에다 너서 찌므는 콩물 들어가
서 달디 다.

▷ 큰 가마솥 있잖아. 불 때가지고 늘컹하게 삶아서 바구니에 밭아 찧어.
전에는 절구통에다 일일이 찧었는데 지금은 수월하게 하려고, 포대에

---

64) 본문 5장 '보릿고개' 편에 '쌀무고'가 확인된다.
65) 본문 아래 '바트제'가 확인되다.

넣어 발로 밟아. 비닐에 싸 가지고. 고구마도 넣어 찌면 콩물 들어가서
달디 달아.

조 오히려 고구마 물이 나와서 콩으로 베어 들어갔을 것 같은데요.

상천 그랑께: 바구리에바트제. 물: 바틀라고. 물:바틀라고바구리다따압바터가꼬:
인자 푸대:에다너:서봅:떤지. 도:구통에다찌:턴지그래. 나불라부라니찌어가꼬또
메주:이러코치어. 그래서띠:워. 누룩띠우대끼띠워:.

　그랑께 바구리에 바트제. 물 바틀라고. 물 바틀라고 바구리다 따악 바
터갖고 인자 푸대에다 너서 봅던지.66) 도구통에다 찧던지 그래. 나불
나불하니 찧어갖고 또 메주 이렇고 지어. 그래서 띠워. 누룩 띠우대끼
띠워.

▣ 그러니까 바구니에 밭지. 물 밭으려고, 밭아 포대에 넣어 밟던지 절구
통에 찧던지 그래. 나불나불하게 찧어가지고 메주를 지어. 그래서 누
룩 띠우듯이 띠워.

조 그게 곰팡이도 생기잖아요.

상천 곰팡이가조체:. 곰:팡이그거시: 이:모메 퀸:도쥐기고: 그::르케모메조:탕
마:. 곰팡이가나야대:, 노::랑곰팡이가나:.

　곰팡이가 좋제. 곰팡이 그것이 이 몸에 퀸도 쥑이고67) 그릏게 몸에 좋
단마. 곰팡이가 나야 대, 노란 곰팡이가 나.

▣ 곰팡이가 좋지. 이 몸의 균도 죽이고 몸에 좋다는구먼. 곰팡이가 나야
돼. 노란 곰팡이가.

---

66) 어간 '밟-'은 어간 '볿'과 '볼부-'가 공존한다. 그러나 본문에서는 '볼부-'의 형태가
　　쓰이지 않았다.
67) '퀸'과 '쥑'은 단모음 'ü'로 발음된다.

조 메주도 누룩처럼 잘못하면 맛이.

상천 그라제. 메주도: 조:케띠운노미꼬 소:니다::달라. 긍께: 그:뜨기에매여써.
마식께떠노믄마식꼬.

　그라제. 메주도 좋게 띠운 놈 있고 손이 다 달라. 긍께 그 뜨기에 매였
어. 맛있게 떠 노믄 맛있고.

▷ 그러지. 메주도 손이 다 달라. 그러니까 뜨기에 매였어. 맛있게 뜨면
맛있고.

조‒ 곰팡이는 어떤 곰팡이가 좋은가요?

상천 노:랑곰팡이가만낭곰팡이. 꺼:망곰팡이, 꺼:망곰팡이도앰마나믄. 개:도지:가
뜨기매여쩨일려그로는모대그거또.

　노란 곰팡이가 맛난 곰팡이. 꺼만 곰팡이, 꺼만 곰팡이도 앤만아믄. 개
도 지가68) 뜨기 매였제 인력으로는 못해 그것도.

▷ 노란 곰팡이가 맛있는 곰팡이. 까만 곰팡이는, 까만 곰팡이도 웬만하
면. 그래도 (매주가) 뜨기 매였지 그것도 인력으로는 못해.

조 뜨는 기간은 어느 정도나 있어야 될까요?

상천 그랑께: 메주를: 동기딸에쓰믄: 동기딸, 시안동기따리, 동기따레쓰믄 정올
섣:딸 정올 그러고띠어, 두:달.

　그랑께 메주를 동깃달에69) 쓰믄 동깃달, 시안 동깃달이, 동깃달에 쓰
믄 정올 섣달 정올 그러고 띠어, 두달.

▷ 그러니까 메주를 동짓달에 쓰면 세한 동짓달, 정올 섣달 그렇게 띄워,

---

68) '지'는 3인칭 대명사 '제'(저+가)의 방언형이다. 여기서는 무생물인 '메주'를 가리키고
　있다는 점에서 특이하다.
69) '동깃달'은 '동짓달'의 방언형으로 ㄱ-구개음화의 과도교정이다.

두 달을.

조 동기는 겨울이잖아요.

상천 그때메주써. 콩, 가으레해:서 시:올따레도쓰고:. 시올따레도쓴디: 동기따레
도해:. 그랑께: 내가하기에메여써.

  그때 메주 써. 콩, 가을에 해서 시올 달에도 쓰고. 시올 달에도 쓴디
  동깃달에도 해. 그랑께 내가 하기에 매였어.

▷ 그때 메주를 쒀. 콩 가을에 해서 시월 달에도 쑤고. 시월 달에도 쑤는
  데 동짓달에도 해. 그러니까 내가 하기에 매였어.

조 메주를 잘 띠우기 위해서는.

상천 메주댕이를보믄: 가:사 내가보나다르멉써. 가:사 메주댕이이러콤 몽침땡이마
이로따악지어노믄 쟈율저그로 내머리가고로코생…… 위러나:. 고로코맨드라저:.
그래.

  메주댕이를 보믄 가사 내가 보나 다름없어. 가사 메주댕이 이렇곰 몽
  침댕이마이로 따악 지어노믄 자율적으로 내 머리가 고롷고 생…… 윌
  어나. 고롷고 맨들아져. 그래.

▷ 메주덩이를 보면 가령 내가 본 것이나 다름없어. 메주덩이를 목침처럼
  지어노면 자동적으로 내 머리에서 (계산이) …… 울어나. 그렇게 만들
  어져.

조 메주가 물속에서 풀어지기도 하겠네요.

상천 푸러징께: 너머오래대믄:흐글흐글항께 그농건저. 그래도갠자내! 조:시매건
지므난푸러저.

  풀어징께 너머 오래대믄 흐글흐글항께[70] 그놈 건저. 그래도 갠잔해!

조심해 건지믄 안 풀어져.

▷ 너무 오래두면 흐물흐물해지고 풀어지니까 건져. 그래도 괜찮 해! 조심히 건지면 안 풀어져.

조 메주를 단단하게 하려면 어떻게 해요.

상천 응 다가 다과:. 이러코 또작또작 그라고다가.

응 다가 다과. 이렇고 또작또작 그라고 다가.

▷ 다져. 이렇게 뒤적이면서 다져.

조 장은 언제 담그는가요.

상천 인자 정올따레당거. 정올따레정올말랄당거. 말랄. 뱀:날가틍거: 그날린짜나:. 뱀:날리써:. 달렵뽀믄. 그랑께 말라리질:존나리어. 나늠말랄만사용항께:. 말랄만해. 그랑께: 뱀:날가튼나릉그때는 메주도쓰지말고: 장:도당구지말고아내야대.

인자 정올달에 당거. 정올달에 정올 말날 당거. 말날. 뱀날 같은 거 그날 있잔아. 뱀날 있어. 달력보믄. 그랑께 말날이 질 존 날이어. 나는 말날만 사용항께. 말날만 해. 그랑께 뱀날 같은 날은 그때는 메주도 쓰지 말고 장도 당구지 말고 안해야 대.

▷ 정월달 말일에 담가. 말일이 제일 좋은 날이야. 뱀날은 메주도 쑤지 말고 장도 담그지 말아야 해.

조 뱀날은 피하네요.

상천 거 모:쓸짐승잉께.

거 못쓸71) 짐승잉께.

---

70) '흐글흐글'은 '흐물흐물'의 방언형이다.
71) '못쓸'은 '몹쓸'의 방언형이다. '못쓸'과 '몹쓸'은 '몯-+쓰-+-ㄹ'의 결합에 의해 형성

▣ 거 몹쓸 짐승이니까.

조 뱀이 왜 몹쓸 짐승인가요.

상천 배:미 모:쓰지모:쓰제. 배:미보기가징:그렁께:.
　뱀이 못쓰지 못쓰제. 뱀이 보기가 징그렁께.
▣ 뱀이 몹쓸 짐승이지. 보기가 징그러우니까.

조 징그러우니까 몹쓸 짐승이네요. 하하하. 그럼 장을 담기 전에 메주는 깨끗이 씻어야겠네요.

상천 메주시처가꼰자: 걍 소금물뿌레서: 장:당가.
　메주시처가꼰자 걍 소금물 뿌레서 장 당가.
▣ 메주 씻어가지고 소금물 뿌려서 장 담가.

조 항아리에 물 가득 채워서요.

상천 그랑께:. 이이 모곡통가튼디큰:통 이짜나:. 그른통에다가소금무를푸러. 그래가꼬 인자 딱:쏘금무리인자말:가니가랑그고. 찌끌:거:소금뻘: 찌끄러일짜나:, 그릉거가랭처서: 인자 조:케가랑처가꼬 소금물로말:강물만해:.
　그랑께. 이이 목욕통 같은디 통 있잔아. 그른 통에다가 소금물을 풀어. 그래갖고 인자 딱 소금물이 인자 말가니 가랑그고 찌끌 거 소금 뻘 찌끄러 있잔아, 그른 거 가랭처서 인자 좋게 가랑처갖고 소금물로 말간 물만 해.
▣ 그러니까 목욕통 같은 (넓고 큰) 통 있잖아. 그런 통에 소금물을 풀어. 소금물이 말갛게 가라앉아, 소금 펄 찌꺼기 있잖아. 그런 것 가라앉혀서 맑은 소금물만 해.

　된 것으로 어간 '몯-'은 '좋지 않다'는 의미를 갖는다.

조 항아리에다 메주를 먼저 넣고.

상천 너ˇ:코. 무를부서. 몬자너:코.
넣고. 물을 붓어. 몬자 넣고.
▹ (메주를) 먼저 넣고 물을 부어.

조 메주가 뜨잖아요.

상천 다:떠. 그랑께메주럴: 한동우에: 이그르그로 메깨를하냐그거시, 내가 나는:
한동우에 니:그럭써개:. 선:사라믄 게라늘가따띠우고.
다 떠. 그랑께 메주럴 한 동우에 이 그륵으로 멧 개를 하냐 그것이, 내
가 나는 한 동우에 니 그럭썩 해. 선 사람은 게란을 가따 띠우고.
▹ 떠. 그러니까 (소금을) 그릇으로 몇 개를 하느냐, 나는 한 동이에 네
그릇씩 해. 서툰 사람은 계란을 소금물에 띄우고.

조 계란을 띠우는 이유는?

상천 게라:늘띠우믄 소긍가니 딱 마따이마리어. 게란:띠우믄 메주가뜨거덩.
계란을 띠우믄 소금간이 딱 맞다 이 말이어. 게란 띠우믄 메주가 뜨
거덩.
▹ 계란을 띄우면 소금간이 알맞다 말이어. 계란을 띄우면 메주가 뜨거든.

조 계란이 뜨면 소금이 적절하고 계란이 가라앉으면 소금이 부족한 거네요.

상천 응, 그래. 또메주도가랑그고. 숭구므난대거든. 숭구므난댜. 나는: 띠울꺼덥시
항그르게다 그러그로니:그룩씩 해부러.
응, 그래. 또 메주도 가랑그고. 숭구믄 안대거든. 숭구믄 안댜. 나는
띠울 것 없이 한 그륵에다 그럭으로 니 그륵씩 해부러.

▣ 응. 메주도 가라앉고. 싱거우면 안 되거든. 싱거우면 안 돼. 나는 띄울 것 없이 한 그릇으로 네 그릇씩 해버려.

조 그러면 메주가 처음부터 뜬다는 거네요.

상천 처음부터가랑그믄난댜:. 소그미숭거와:. 그랑께: 소그멀: 감마께할라믄 그게라늘띠어바:야 메주가 떠.

처음부터 가랑그믄 안댜. 소금이 숭거와. 그랑께 소금얼 간 맞게 할라믄 그 계란을 띠어바야 메주가 떠.

▣ 처음부터 가라앉으면 안 돼. 소금이 싱거워. 그러니까 소금 간을 알맞게 하려면 계란을 띄워보아야 해. 메주가 떠.

조 그러면 장이 다 된 줄은 어떻게 알지요?

상천 장:을? 항아리에 소금물뿌레서당구믄:, 이러트믄 종올한달종올초중에당구믄, 정올한달내 나:둬. 그라믄 이:시보:일래지: 저삼시빌랄부터 아러서해:. 그람 거때대므는 이:기 거지반 다: 우러나:. 대랑나능건저. 그래가꼬 메주 건저서인자 댄:장 딱딱 차북차북 해:노믐메주가사거가꼬만나지인자.

장을? 항아리에 소금물 뿌레서 당구믄, 이러트믄 종올 한달 종올 초중에 당구믄, 정올 한 달 내 나둬. 그라믄 이십오일 내지 저 삼십일 날부터 알어서 해. 그람 거 때 대므는 익이(?) 거지반 다 울어나. 대략 나는 건저. 그래갖고 메주 건저서 인자 댄장 딱딱 차북차북 해노믄 메주가 삭어갖고 만나지 인자.

▣ 항아리에 소금물 뿌려서 담그면, 이를 테면 정월 초에 담그면, 정월 한 달 내 나둬. 그러고 나서 이십오일 내지 삼십일 날부터 알아서 해. 그때가 되면 거지반 다 울어나. 대략 건져. 메주를 건져서 된장 (항아리에) 차곡차곡 담아 놓으면 메주가 삭아가지고 맛있어.

조 그때부터 먹는 거네요.

상천 인자그거시장:이어. 그때부터머거. 갸꼬인자비:나 팍팍때리기도하고:.

인자 그것이 장이어. 그때부터 먹어. 걒고 인자 비나 팍팍 댈이기도

하고.

▶ 그것이 간장이야. 그때부터 먹어. 그리고 (맛이) 변하니까 팔팔 달여

줘야 해.

조 그걸 또 대려요?

상천 건저. 건진다으메또인자 나:두믄 꼽피어:. 장:꼽피어. 그랑께: 대레. 팍:팍때

리믕갠차내. 여르메장마때는또 꼽피거등.

건져. 건진 다음에 또 인자 나두믄 꼿 피어. 장 꼿 피어. 그랑께 댈에.

팍팍 댈이믄 갠찬해. 여름에 장마 때는 또 꼿 피거등.

▶ (된장을) 건진 다음에. 그대로 놓아두면 간장 꽃이 피어. 팔팔 달이면

괜찮아. 여름 장마 때는 또 꽃이 피거든.

조 꽃 피어도 괜찮은가요? 저희 집 간장에 곰팡이 같은 것이.

상천 흐:가니:? 그거이 장:꼬시어. 그거시장:꼳. 그래도 머거.

흐가니? 그거이 장 꼿이어. 그것이 장 꼿. 그래도 먹어.

▶ 하얗게? 그것이 장 꽃이야.

조 장도 묵힐수록 좋은가요?

상천 미키믄 조:키도한디:. 그래도 다: 새[ʃ]록 새[ʃ]장이다:만나데:. 무근장아고

서꺼서도먹꼬애.

미키믄 좋기도 한디. 그래도 다 새록 새장이 다 맛나데. 묵은 장하고

섞어서도 먹고 해.

▶ 묵히면 좋기도 하지만, 그래도 새로 만든 간장이 더 맛있데. 묵은 간장
하고 섞어 먹기도 하고.

단술 만들기

◯

상천 므:시라? 오:메. 단술지비덜머ˇ거!

　므시라? 오메. 단술 집이덜 먹어!

▷ 뭐요? 오메 단술 댁들 먹어!

조 단술은 어떤 술인가요?

상천 단술:. 바부로해:서: 누루그로써커서바부로해:써. 거이자:세바:. 마시써:.
응 만나.

　단술. 밥우로 해서 누룩으로 썩허서 밥우로 했어. 거이 자세바. 마싰
　어. 응 맛나.

▷ 단술은 누룩을 삭혀 밥으로 만들어. 자셔봐. 맛있어.

조 이것을 단술이라고 해요? 약간 술맛도 나네요?

상천 여으 해:간쌀마:니이쑹께: 바불마:니해:가꼬 누룩써커서딱: 나:두문:,(R)
술마니로대:. 갸꼬 걸러서끼레또:. 끼:링께이래.

　여으 해간 쌀 만이 있응께 밥울 만이 해갖고 누룩 썩허서 딱 나두문,
　술마니로 대. 갖고 걸러서 낄에 또. 낄잉께 이래.

▷ 회관에 쌀이 많아서 밥을 많이 해가지고 누룩을 삭혀 놔두면, 술처럼
　돼. 그래가지고 걸러서 끓여. 끓이면 이렇게 돼.

조 식혜하고는 다르죠.

상천 시케말:고이거 단수리써. 옏:날부텀단술해:먹짜나:. 여그 자꼬해:머거:. 아:
따 시:어낭께: 만납따따순놈보둠더: 만나네.
　식혜 말고 이거 단술 있어. 옛날부텀 단술 해 먹잖아. 여그 자꼬 해먹
　어. 아따 시언항께 맛납다 따순놈보둠 더 맛나네.
▷ 식혜 말고 단술 있어. 옛날부터 단술 해 먹잖아. 여기는 자주 해먹어.
　아따 시원하니까 맛있다. 따뜻한 것보다 더 맛있네.

쉬엉 나리더:웅께:.
　날이 더웅께.
▷ 날이 더우니까.

상천 정게서끼린노법:따개뜨니: 냄비에가한:나이따가:나요:.
　정게서 낄인놈 업다갰드니 냄비에가 하나 있다간하요.
▷ 부엌에 끓여 놓은 것 없다고 했더니 냄비에 가득 있다고 하네요.

쉬엉 그때게: 밥통에치: 암머근다개서 우리가다머너:나써:. 또이써?
　그땍에 밥통에 치 안 먹은다개서 우리가 담어 너났어. 또 있어?
▷ 그때 밥통에 치 안 먹는다고 해서 우리가 (통에) 담아 (냉장고에) 넣어
　났어. (그런데) 또 있어?

상천 밥통에:이뜨라개:.
　밥통에 있드라개.
▷ 밥통에 있드라고 해.

쉬엉 그람 안다요:?(F)
　그람 안 다요?

▣ 그럼 달지 않소?

상천 안다라. 그:우게치안다라. 이거뽀다더:단노미낄래: 암머거써:. 여그서: 정:
기소데다끼린노미써꺼덩.
안 달아. 그 욱에 치 안 달아. 이것보다 더 단 놈 있길래 안 먹었어. 여
그서 전기솥에다72) 낄인놈 있었거덩.
▣ 달지 않아. (먼저 끓인 것은) 달지 않아. 이것보다 더 단 것이 있기에
안 먹었어. 전기밥솥에 끓인 것 있었거든.

조 밥하고 누룩하고 섞으면 돼요.

상천 밥 꼬독꼬도가니해:가꼬: 누루그로해:노믄. 인자가리로서꺼. 이바바고서꺼가
꼬인자물잔처:. 누루글마::니너치말:고.
밥 꼬독꼬독하니 해갖고 누룩으로 해노믄. 인자 가리로 섞어. 이 밥하
고 섞어갖고 인자 물 잔 처. 누룩을 만이 넣지 말고.
▣ 밥을 고슬고슬하게 해서 누룩가루와 섞으면서 물 좀 쳐. 누룩은 많이
넣지 말고.

조 물은 어느 정도나?

상천 짤바가니서꺼나:. 그라므니러코단:술대아:. 거:오늘:나ˇ:제해:따믄: 낼:나제
늠머근다.
짤박하니 섞어나. 그라믄 이렇고 단술 대아. 거 오늘 낮에 했다믄 낼
낮에는 먹은다.
▣ 자박하게 섞어놔. 그러면 이렇게 단술이 돼. 오늘 낮에 했다 그러면 낼
낮에는 먹어.

---

72) 이 제보자는 어간 '솥'과 '솥'을 모두 사용하고 있다.

조 밥 알갱이가 없는데 믹서로 갈아버린 건가요.

상천 바부로:기냥바부로서꺼나:. 바발갱이가딱 사거. 사거가꼬: 바구리다: 그:철
싸:올게미다: 바구리읻짜나:. 그바구리다거르믄:(R) 딱:껍떵만나머. 갸꼬딱:걸
러저. 으응:갸꼬이러코탑타바니조:아:.
　밥우로 기냥 밥우로 섞어나. 밥 알갱이가 딱 삭어. 삭어갖고 바구리다
　그 철싸 올게미다 바구리 있잖아. 그 바구리다 거르믄 딱 껍떡만 남어.
　갖고 딱 걸러져. 으응 갖고 이렇고 탑탑하니[73] 좋아.
▷ 밥으로 섞어 놓으면 밥 알갱이가 삭아. 그래서 스텐 체에다 거르면 껍
　질만 남고 이렇게 걸쭉하니 좋아.

조 그래가지고 여기에 설탕을 넌가요?

상천 으응:. 갸꼬 서꺼서머거. 포:폭끼레가꼬.
　으응. 갖고 섞어서 먹어. 폭폭 낄에갖고.
▷ 응 그래가지고 섞어 먹어. 폭폭 끓여가지고.

조 온도하고는 상관이 없어요.

상천 이잉상과니업:써. 음:갠차내. 상알새:가업써. 오늘나제하믄: 낼:나제머거.
낼:나제:걸러서그:돌마네머거. 그라고저:거시기: 누루걸 술다부러잉:.
　이잉 상관이 없어. 음 갠찬해. 상할 새가 없어. 오늘 낮에 하믄 낼 낮에
　먹어. 낼 낮에 걸러서 그 돌 만에 먹어. 그라고 저 거시기 누룩얼 술
　다부러잉.
▷ 상관없어. 괜찮 해. 상할 틈이 없어. 오늘 낮에 하면 낼 낮에 걸러서
　그 돌 만에 먹어. 그리고 누룩은 술이 돼.

---

73) 본문에 쓰인 '탑탑하-'는 표준어와 다르게 걸쭉한 것을 의미한다.

조 누룩의 양은 얼마나 넣어요?

상천 술마니로도강께: 누루걸: 가사: 항그륵: 항그릉만너:도써:. 그라고바븐 소트로 거작 그들마가니해:. 바벌마:니해.

술마니로 독항께 누룩얼 가사 한 그륵 한 그륵만 너도 써. 그라고 바븐 솥으로 거작 그들막하니 해. 밥얼 만이 해.

▷ 술처럼 독하니까 누룩은 예를 들어 한 그릇만 넣어도 돼. 그리고 밥은 솥으로 거의 가들막하게. 밥을 많이 해.

조 예를 들어 밥 다섯 그릇에 누룩 한 그릇.

상천 응:. 그래가꼬 무를무를: 이러코또:작또작써꺼서: 누루가고해:가꼬서꺼서 저:물부서. 물부서서깨::자가니해:나:. 물부서가꼬도이르코: 뚜적뚜적해.

그래갖고 물을 이렇고 또작또작 섞어서 누룩하고 해갖고 섞어서 저, 물 붓어. 물 붓어서 깨작하니 해나. 물 붓어갖고도 이릏고 뚜적 뚜적 해.

▷ (밥과 누룩가루에) 물을 또작또작 섞어서 나지막하게 물을 부어 다시 따둑따둑 해놔.

조 쭈물럭쭈물럭은 안하고요.

상천 잉:. 아니:쭈물럭거리지말고. 안쭈물럭꺼레도 써꺼만노코:(R). 내:소니로서 꺼:. 솜맏또익꼬항께: 소니로서꺼서: 따둑따두개:노믄.

잉. 아니 쭈물럭거리지 말고. 안 쭈물럭거레도 섞어만 놓고. 내 손이로 섞어. 손맛도 있고 항께 손이로 섞어서 따둑따둑 해노믄.

▷ 주물럭거리지 말고 손으로 섞어놓아. 손맛도 있으니까 손으로 섞어서 따둑따둑 해놓으면.

강:께: 밤막찐:노메다 모른누룩까리를여그다부순다:. 물:양도: 째:까내:. 이롷고:
째:자가니: 거:내가부스믄째:자가니올라오게. 올라오게도하지말:고: 비:스다:니
그라믄 그:바비 퍼지믄또 밥땨:부러:. 밥땐노믄또 술멩그러. 간디:나는그:저네단
수랑거슨 더:무를짜:바가니북:꺼덩. 개도갠차내. 사그므닌자무리더: 나와.

　강께 밥 막 진놈에다 모른 누룩가루를 여그다 붓운다. 물 양도 째깐해.
이롷고 째작하니74) 거 내가 붓으믄 째작하니 올라오게. 올라오게도
하지 말고 비슷하니 그라믄 그 밥이 퍼지믄 또 밥 댜불어. 밥댄 놈은
또 술 멩그러. 간디 나는 그전에 단술 한 것은 더 물을 짜박하니 붓거
덩. 개도 갠찮해. 삭으믄 인자 물이 더 나와.

▷ 막 지은 밥에 마른 누룩가루를 붓는다. 물은 조금해. 깨작하게 올라오
도록 부어. 너무 올라오게도 말고 비슷하게. 그 밥이 퍼지면 밥이 돼버
려. 밥이 된 것은 또 술을 만들어. 그런데 단술 할 것은 물을 더 자박
하게 부어도 괜찮아. 삭으면 물이 더 나와.

조 그것을 체에다가.

상천 주물러:걸러. 주물러걸르믄: 거:탑:타밤무라난나올때까장 걸러. 물:조:서.
　주물러 걸러. 주물러 걸르믄 거, 탑탑한 물 안 나올 때까장 걸러. 물
조서.

▷ 주물러 걸러. 탑탑한 물이 나오지 않을 때까지 주물러 걸러. 물 치면
서.

물:처서걸러. 물:처서걸러야제:안처서걸르믄 바비안니게제. 갸:꼬이르코따::감불
처서이로코짜:서해:가꼬 바가졔다:이르코문:대가꼬: 또걸러짜::서하고 한:서너불
짜:므는.
　물 처서 걸러. 물 처서 걸러야제 안 처서 걸르믄 밥이 안 이게제. 걓고

이롷고 딱 한불 쳐서 이롷고 짜서 해갖고 바가졔다 이롷고 문대갖고
또 걸러 짜서하고 한 서너불 짜므는.

▶ 물 쳐서 걸러야지 물을 넣지 않고 거르면 밥이 이겨지질 않아. 바가지
에 문대면서 걸러 짜는데 한 서너 번 짜면.

조 여름에 이렇게 시원하게 먹으면 좋겠네요.

상천 음: 여::칸시어나조아:. 냉:장고에너:따머그믄. 함범머거바바. 조:아:. 이
거:트키아:늠식이어:조:아:.

　음 여칸 시언하니 좋아. 냉장고에 넜다 먹으믄. 한번 먹어바바. 좋아.
　이거 특히한 음식이어 좋아.

▶ 여간 시원한 게 좋아. 냉장고에 넣어 두었다 먹으면. 한번 먹어봐봐.
　독특한 음식이어.

조 단술을 먹어보기 전에는 식혜를 말하는 줄 알았어요.

상천 시케가따로이써. 시케는녇찌리미로해:.

　식혜가 따로 있어. 식혜는 엿지림이로 해.

▶ 식혜는 따로 있어. 식혜는 엿기름으로 해.

조 엿지름은 보리를 싹 틔워가지고 하는 거잖아요.

상천 싸:글트고: 누루건: 바로: 보리럴 가라가꼬: 물: 이르케모콰가꼬 발로디더
나:. 거어: 고조리이써. 누룩띠등고저례다가 디더. 디더노믄누룩댜: 노:오라니 누
룩떠서.

　싹을 트고 누룩언 바로 보리럴 갈아갖고 물 이롷게 모콰갖고 발로 디
　더나. 거어 고조리 있어. 누룩 디든 고저례다가 디더. 디더노믄 누룩댜
　노오라니 누룩 떠서.

▶ 싹을 틔우고, 누룩은 보리를 갈아가지고 물에 섞어서 발로 디뎌 놔. 누룩은 고지로 디뎌. 디뎌 놓으면 누룩이 돼. 노랗게 누룩이 떠.

밀:누루군더조코:. 밀:누루군저네더조아. 여::감만나. 지끔 누룩까리사다앙께 소래. 누룩찌끄맘:데라도폴자나:.

　밀 누룩운 더 좋고. 밀 누룩운 전에 더 좋아. 여간 맛나. 지끔 누룩가리 사다항께 솔해. 누룩 지끔 암데라도 폴잔아.

▶ 밀 넣은 누룩은 더 좋아. 지금은 누룩가루도 사다하니까 수월해. 아무데서도 팔잖아.

디딜방아

◯

조 디딜방아에요. 디들방아에요.

상천 아니어. 우리 조선: 디딜방아는 이:발로디든다서 디딜방아여.

　아니어. 우리 조선 디딜방아는 이 발로 디든다서 디딜방아여.

▷ 디딜방아는 발로 디딘다 해서 디딜방아여.

조 조금 전 홀태에서 훑은, 모가지 똑똑 떨어진 보리를 디딜방아에서.

상천 막까지가 이써. 이르코막까지를: 막까지를 사내끼꼬아가꼬: 매:, 여그. 막까
지를맨:다:. 이, 니:발만 니:바리던지다섭빠리던지 망매:. 그래가꼬 글로: 땅에다
덕써게다 나:노코: 막:뚜두러. 그라믄 보리가 딱 나와.

　막가지가 있어. 이릏고 막가지를 막가지를 사내끼 꼬아갖고 매, 여그.
막가지를 맨다. 이, 니 발만 니 발이 있던지 다섯 발 있던지 막 매. 그
래갖고 글로 땅에다 덕썩에다 나 놓고 막 뚜두러. 그라믄 보리가 딱 나
와.

▷ 막가지를 새끼 꼬아갖고 네 발이나 다섯 발을 매. 그래가지고 멍석에
　다 놓고 막 두드려. 그러면 보리가 나와.

금당 이:도리깨로.

　이, 도리깨로.

▶ 도리깨로.

상천 잉:. 그라믄나 악까치게 말햇:짜나:. 올게미로 인자 처:. 거빠:수믄 두무놀게 미로 딱: 처. 그래가꼬: 인자 치로 까불라서:, 베테몰려서:, 인자 거: 디둘빵아로: 물서서 찌:체. 찌어. 그래가꼬 함:불찌:믄, 함불 찌코 두:불 찌:고 그래:서 밤머거. 잉. 그라믄 나 앗가칙에 말 했잔아. 올게미로 인자 쳐. 거 뺏우믄 두문 올게미로 딱 쳐. 그래갖고 인자 치로 까불라서, 볕에 몰려서, 인자 거 디둘방아로 물 쳐서 찧제. 찧어. 그래갖고 한불 찌믄, 한불 찧고 두불 찌고 그래서 밥먹어.

▶ 응. 내가 조금 전에 말 했잖아. 어레미로 쳐. 빻으면 드문 어레미로 친 다음 키에 까불려 볕에 말려 디딜방아로 물을 쳐서 찧지. 두 벌 찧어 밥 해먹어.

껍떠근 물:북:꼬 여그 하:기 디들빵애서인자 찌어. 디둘빵아에서, 물 또닥또답뿌서서 찌:코는, 비슴 궁:코궁떡 찌므는: 껍떠기 버서저. 알:껍떠기버서저. 보리껍떠기. 그래가지고: 또너러. 너러가지고 말려가지고 또: 두부룬: 또찌어. 그래가꼬 아:리인자 하:애저. 그래:가꼬 보리싸를맨드라.

껍떡은 물 붓고 여그 학이 디들방애서 인자 찧어. 디둘방아에서, 물 또닥또닥 붓어서 찧고는, 비슴(?) 긇고궁떡 찌므는 껍떡이 벗어져. 알 껍떡이 벗어져. 보리 껍떡이. 그래가지고 또 널어. 널어가지고 말려가 지고 또 두불은 또 찧어. 그래갖고 알이 인자 하애져. 그래갖고 보리쌀 을 맨들아.

▶ 보리껍질은 물을 부으면서 확이나 디딜방아에서 찧어. 물을 또닥또닥 부어 주면서 쿵쾅쿵쾅 찧으면 보리껍질이 벗겨져. 또 널어 말려가지고 두 벌 찧어. 그렇게 해서 하얀 보리쌀을 만들어.

조 그 껍질은 어떻게 하죠.

상천 껍떡:? 짐성이머거. 소:, 대:지 짐성이머거.

껍떡? 짐성이 먹어. 소, 대지 짐성이 먹어.

▷ 껍질? 짐승이 먹어. 소나 돼지가 먹어.

조 그것이 마지막인가요.

상천 응 마지막. 두:부리 마지막. 강께 고:께찌어.

응 마지막. 두불이 마지막. 강께 곱게 찧어.

▷ 두 벌이 마지막. 그러니까 곱게 찧어.

조 디들방아는 날마다 하는가요?

상천 아::니, 저네 남자더런 방왜까네 드라보도아내써. 그랑께그걷또: 여:자끼리 푸마시가이써:. 인자: 오느른 내:걷, 내:이른 저직꺼 다: 찌어. 그: 논:나럽:써. 질싸마고 미엉자:꼬 베짜고막.

아니, 전에 남자덜언 방왯간에 들와보도 안했어. 그랑께 그것도 여자끼리 품앗이가 있어. 인자 오늘은 내것, 내일은 저 집것 다 찧어. 그 논 날 없어. 질쌈하고 미엉 잣고 베 짜고 막.

▷ 아니, 전에는 남자들이 방앗간에 얼씬도 안했어. 그것도 여자들끼리 품앗이가 있어. 오늘은 내 것, 내일은 저 집 것 찧어. 노는 날 없이 길쌈하고 무명 잣고 베 짜고.

그랑께 호럼씨드리바쁜지모르고 호저단지도모릉가비어. 엔:날 호럼씨들 우찌고사러씨까 테레비업씨: 그래뜨니: 내가혼자 사러봉께, 질싸마고: 바느지라고: 또: 보신떠러지믄 보신: 거:볼바더서 볼바더서 보심미빠닥 등:타:서보신죽:꼬 믇, 머글꺼대:먹꼬 믇, 트미:억:꺼써.

그랑께 홀엄씨들이 바쁜지 모르고 호젓한지도 모른 갑이어. 옛날 홀엄씨들 우찌고 살었이까 테레비없이 그랬드니 내가 혼자 살어봉께, 질쌈

하고 바느질하고 또 보신 떨어지믄 보신 거, 볼 받어서 보신 밑바닥 등
타서75) 보신 줍고 믓, 먹을 것 해먹고 믓, 틈이 없었어.

▣ 그러니까 과부들이 바쁜지 외로운지도 모른 갑이어. 옛날 과부들 텔레
비전도 없이 어떻게 살았을까 했더니 길쌈하고 바느질하고, 버선 떨어
지면 버선 볼 받아 밑바닥 등 터서 버선 줍고, 먹을 것 장만하고 뭐 틈
이 없겠어.

내가보신 우리시어마니보신 마ː치도나고ː졸ː레다주믄 으ːː째그러코ː내바레땅마께자
란다고 지성이함머니아고 꽁ː마래라우. 아조 내가짐작때고 조리믄 땅마께 조레다
준다고.

　내가 보신 우리시어마니 보신 마치도나고76) 졸에다 주믄 으째 그렇고
내 발에 딱 맞게 잘 한다고 지성이 함머니하고 꼭 말해라우. 아조 내가
짐작때고 졸이믄 딱 맞게 졸에다 준다고.

▣ 우리 시어머니 버선본 떠보지도 않고 줄여다 드리면, (당신) 발에 딱
맞게 잘 한다고 지성이 할머니에게 꼭 말했어요. 내가 짐작해서 줄이
면 딱 맞게 줄여다 준다고.

조 예 바느질솜씨가 좋으셨나 봐요. 그런데 나락은 어떻게 했나요?

상천 나락, 이르ː코열매가인짜나ː. 이러코 홀태에다가이러코 홀트믄, 쭈욱ː 홀타
저. 열매만홀타저. 나락또 저네ː 그ː나락또몰려가꼬 디둘방에 찌어. 찌어가꼬 찌ː
므는 껍떠기버서저. 싸ː리 딱 찌어저. 인자 그라고 하ː나고 더 살ː다보믄 인자기게
방애가나와.

75) '타서'는 어간의 분석이 쉽지 않다. 본문을 보면 버선 바닥이 헤져 다른 천 조각을 대어
꿰매려는 과정으로 버선의 등을 트는 행위이다. 그런데 본문에서는 생선의 장(腸)을 제
거하기 위해 내장을 꺼내는 행위와 같은 의미로 쓰이고 있다. 이진숙(2012)를 보면 '쌍
에 따서'와 같은 내용이 확인된다. 전남방언 화자들은 이러한 의미로 어간 '따-' 외에
'타-'가 공존하여 쓰인다. 이와 같은 경우 자음어미를 결합하여 보면 어간의 형태를 찾
을 수 있으나 어미의 쓰임에 한계가 있어 쉽지 않다.
76) '마치도나고'는 '맞춰보지도 않고'로 해석된다.

나락, 이릏고 열매가 있잔아. 이렇고 홀태에다가 이렇고 홅으믄, 쭈욱 홅아져. 열매만 홅아져. 나락 또 전에 그 나락 또 몰려갖고 디둘방에 찧어. 찧어갖고 찌므는 껍떡이 벗어져. 쌀이 딱 찧어져. 인자 그라고 한하고 더 살다보믄 인자 기게 방애가 나와.

▷ 나락을 홀태에 홅으면, 날 알갱이가 홅아져. 그 나락을 몰려가지고 디딜방아에 찧어. 그러다 나중에 기계방아가 나왔어.

조 디들방에에다 찌믄 쌀이 뽓아지기도 할텐데요.

상천 뽀:사저. 싸:래기는 싸:래기대로 나오고. 싸:래기는치끄트로 착찹빧쩨.
뽓아져. 싸래기는 싸래기 대로 나오고. 싸래기는 치 끝으로 착착 받제.
▷ 빻아져. 싸라기는 싸라기대로 키 끝에 받지.

조작방애

〇

길동 그:저네는 으:째서, 조잡빵애다 방애를 찌그믄 닙싸를찌거서다머놓가몰:라 잉. 그래가꼬그놈 여르메믄 도:구통에다해:가고 웁쌀#영근다그래.

그전에는 으째서, 조작방애다77) 방애를 찍으믄 닙쌀을 찍어서 담어논가 몰라잉. 그래갖고 그놈 여름에믄 도구통에다 해갖고 웁쌀영근다78) 그래.

▷ 예전에 외다리방아를 찧으면 입쌀을 찧어 담아놓는가 몰라, 그래가지고 여름이면 절구통에 (찧어가지고) 웁쌀 얹는다 그래.

상천 으응 그거슨 조맘머그라고. 조:맘머그라고:. 갸꼬 또 찌:어서머긍거시만납따:.

으응 그것은 좀 안 먹으라고. 좀 안 먹으라고. 갖고 또 찧어서 먹은 것이 맛납다.79)

▷ 그것은 좀 먹지 말라고. 그리고 (새로) 찧어 먹는 것이 더 맛있어요.

길동 꽁:보리방애 찌거가꼬묵따가: 깡:큰보리 밥 해:서무긍께 일:도 멜도업써.

꽁보리방애 찍어갖고 묵다가 깡큰 보리밥 해서 묵웅께 일도 멜도 없

---

77) '조작방애' 즉 '외다리방아'의 방언형이다. '디딜방아'와 비슷하나 다리가 벌어지지 않고 한 갈래로 되어 있다.

78) 어간 '영그-'는 '얹-'의 방언형이다. 그런데 문헌을 참고하면 '였다<석보<6:30>, 엱다 <석보23:49>, 엱다<용가 7장>'으로 표기되어 있어 표준어와 다르게 변화되어 왔다고 할 수 있다.

79) 길동떡은 '상천떡'보다 연장자다. 그러므로 '맛납다'에 쓰인 종결어미 '-다'는 '-요'에 대응된다.

어.

▣ 꽁보리방아 찧어 먹다가 깎은 보리밥 해서 먹으니까 일도 이유도 없어.

조 닙쌀은.

상천 닙싸른 쌀: 안찌어지고 나라그로 인능걷. 한나써긴능걷. 닙:쌀. 그거슨 여르메 머굴로믄 그루코 다머노코 인자 여르메다시 도:구지래서 머근다 그마리어:. 껍:떠감베낀싸를다머나. 샙쌀마이로 도:구지래서 인자 보리바바고 가치 서꺼서 해:먹쩨.

닙쌀은[80] 쌀 안 찧어지고 나락으로 있는 것. 한나썩 있는 것. 닙쌀. 그것은 여름에 먹울놈은 그롷고 담아놓고 인자 여름에 다시 도구질해서 먹은다 그 말이어. 껍떡 안 벗긴 쌀을 담아나. 샙쌀마이로[81] 도구질해서 인자 보리밥하고 같이 섞어서 해먹제.

▣ 입쌀은 (껍질이 벗겨지지 않고) 나락으로 있는 것. (밥에) 하나씩 있는 것. 그리고 여름에 먹을 것은 그렇게 담아놓고, 여름에 다시 절구질해서 먹는다 그 말이어. 햅쌀처럼 절구질해서 보리밥하고 같이 섞어먹지.

길동 쌀:한주먹:, 보리쌀끼레서: 쌀:한주먹 영:그믄 가운데가 오::부다니 영거. 그래가꼬 안서꺼지게: 인자 부르믄 어:른들만, 주므니: 씨아바니주믄 서꺼서 다머주고 우:리느닌자 보리:밤맘묵쩨:. 그래도 쌀:리드러강께 바비 퍼저.

쌀 한주먹, 보리쌀 낄에서 쌀 한주먹 영그믄 가운데가 오붓하니 영거. 그래갖고 안 섞어지게 인자 부르믄 어른들만, 주믄 이, 씨아바니주믄 섞어서 담아주고 우리는 인자 보리밥만 묵제. 그래도 쌀이 들어강께 밥이 퍼져.

▣ 보리쌀 끓일 때 쌀 한주먹 얹으면 가운데 오롯이 얹어. (쌀과 보리쌀

---

80) '닙쌀'은 '입쌀'의 고형이다.
81) '샙쌀'은 '햅쌀'의 방언형이다.

이) 섞어지지 않게 그래서 불면 어른들만, 시아버님 섞어서 담아드리고 우리는 보리밥만 먹지. 그래도 쌀이 들어가니까 밥이 퍼져.

상천 물끼가가시고잉. 쌀:드러간노미 보리밥또만나제 맨: 보리밤만쌀무믄: 암만나. 쌀:끼가드러가야 하하하.
　물기가 가시고잉. 쌀 들어간놈이 보리밥도 만나제 맨 보리밥만 쌀무믄82) 안 맛나. 쌀기가 들어가야 하하하.
▣ 수분이 가시고. 보리밥도 쌀이 조금 들어가야 맛있지, 맨 보리쌀만 삶으면 안 맛있어. 쌀이 들어가야 하하하.

조 조금 전에 조작방애라고 하셨는데요.

상천 조:잡빵애가 내가 발로 쿵쿵 찜:방애.
　조작방애가 내가 발로 쿵쿵 찐 방애.
▣ 외다리방아는 내가 발로 쿵쿵 찧은 방아.

길동 엔:나레는: 쩌:저런데는 물방애서 나라글찌거머거. 물방애가이써. 쩌: 옴:청가믄 물방애가시방도이써.
　옛날에는 쩌 저런데는 물방애서 나락을 찌어 먹어. 물방애가 있어. 쩌 옴천가믄83) 물방애가 시방도 있어.
▣ 옛날에는 물레방아로 벼를 찧어 먹는데도 있었어. 옴천가면 물방아가 지금도 있어.

---

82) 본문에서는 '쌀무-'와 '삶-' 두 가지 형태가 확인된다.
83) '옴천'은 강진군에 있는 지역명이다.

보리밥 짓기

○

조 보리밥은 쌀밥하고 다를 것 같은데요.

금당 보리는:, 인자그노물 보리싸를 따:악끄려서:, 인자바구리: 옌나레는들:빠구리가이써, 거:능거:. 그:바구리다 따:압퍼노코 인자: 끄:니때 바밥때마다거그서: 더러서: 미테: 보리안치고 그우에싸란주먹 느:고 싸라고 서꺼서 그러코 해:머거.

보리는, 인자 그놈울 보리쌀을 따악 끌어서, 인자 바구리 옛날에는 들 바구리가 있어, 거는 거. 그 바구리다 따악 퍼 놓고 인자 끄니 때 밥할 때 마다 거그서 덜어서 밑에 보리 안치고 그 우에 쌀 한주먹 느고[84] 쌀하고 서꺼서 그렇고 해먹어.

▷ (보리밥은) 보리쌀을 끓여서, 옛날에는 걸 바구니라고 있었어. 그 바구니에 퍼놓고 끼니 때 마다 덜어서 밑에 안치고 그 위에 쌀 한주먹 넣어 해 먹었어.

조 불을 땔 때도 센 불 약한 불 조절해서 땔 것 같은데요.

금당 그렇께: 부를때:며는 그거시 끄러오르믄 너머! 너무믄 솓 벌:레노코: 인자거 기다또: 보리쌀 암퍼놀라믄 또 거기다싸:르랑처. 긍께보리싸를 일딴 함:벙끄리고: 그:다메 또 싸를그래도인자 바비:, 싸:리아니라 보리싸리라:, 또:인자 재진다고 또 세:버늘또 때:. 그러믐바비 물끼가업:써지고 고실고실:댜:.

_____

84) '느고[느:고]'는 그 외의 환경을 확인할 수 없으나 어간 '넣-'의 변화형으로 보인다. 그 외 '넣-, 옇-'이 함께 쓰인다.

그렁께 불을 때며는 그것이 끌어 오르믄 넘어! 넘우믄 솥 벌레 놓고 인자 거기다 또 보리쌀 안 퍼 놀라믄85) 또 거기다 쌀을 앙쳐. 긍께 보리쌀을 일단 한번 끌이고 그 담에 또 쌀을 그래도 인자 밥이, 쌀이 아니라 보리쌀이라, 또 인자 재진다고86) 또 세벌을 또 때. 그러믄 밥이 물기가 없어지고 고실고실 댜.

> 불을 때면 끓어오르면서 넘어! 넘으면 솥을 벌려 놓고 쌀을 안쳐. 그러니까 보리쌀은 일단 한번 끓이고 그래도 밥이, 보리쌀이라, 또 잦힌다고 해서 세 번을 때. 그러면 물기가 가시면서 고슬고슬한 밥이 돼.

그래가꼬 주버기로 이르케서꺼서 담:끼도하고 인자 쌀 쩨:깐너:코 보리만허:므닌자 보리, 주버기로 차::창뭉게믄 거: 쫌찰기가나와. 거 보리에서도. 그래가지고 미테서: 글거서: 다문놈 그노민자 소테서 글거서머그믕그노미마시써. 더찰기가이써. 그래갖고 주벅이로 이릏게 섞어서 담기도 하고 인자 쌀 쩨깐 넣고 보리만 허믄 인자 보리, 주벅이로 차착 뭉게믄 거 쫌 찰기가 나와. 거 보리에서도. 그래가지고 밑에서 긁어서 담운 놈 그놈 인자 솥에서 긁어서 먹으믄 그놈이 맛있어. 더 찰기가 있어.

> 주걱으로 섞어 담고 쌀을 조금 넣고 보리만 하면, 주걱으로 착착 뭉기면 (보리에서) 찰기가 조금 더 나와. 그리고 솥바닥에서 긁어 담는 밥은 더 맛있어.

조 재진다는 말은

금덩 이러트믄: 습:끼를: 습:끼를날라가게허고: 또:인자 바비: 습:끼가업:쓰믄 고슬고슬 돼라고: 또잉 부를함번 세:번 때. 세:번차에인자재진다고그래.
이러트믄 습기를 습기를 날라가게 허고 또 인자 밥이 습기가 없으믄

---

85) '놀라믄'은 '놓+을라믄'으로 분석된다. 이때 연결어미 '-을라믄'은 '-으려면'에 대응된다.
86) '재지다'의 표현은 밥물이 끓으면 불의 세기를 잠깐 줄였다가 다시 조금 세게 해서 물이 잦아지게 하는 과정에서 쓰는 말로 '잦히다'의 방언형이다.

고슬고슬 돼라고 또잉 불을 한번 세 번 때. 세 번차에 인자 재진다고 그래.

▣ 수분을 나라가게 해서 밥이 고슬고슬 되라고 불을 세 번 때는데 세 번째는 잦힌다고 해.

조 그러면 순 보리만 넣어서 하는 밥과 쌀을 넣어서 하는 밥은 또 틀리겠네요.

금덩 맨: 보리만헐:라믄 부를 메::뻐늘때체잉?

맨 보리만 헐라믄 불을 멧번을 땋제잉?

▣ 맨 꽁보리밥만 하려면 불을 몇 번을 때지?

상천 시불때: 시불.

시불 때: 시불.

▣ 세벌 때 세벌.

금덩 시:불만때믐머그까:? 나는 꼽쌀보리바브라내바나서.

시불만 때믄 먹으까? 나는 꼽쌀보리밥을[87] 안해 바나서.

▣ 세 벌만 때면 먹을 수 있을까? 나는 꽁보리밥은 해보지 않아서.

상천 잉:. 시불때. 나도: 보리밥: 아내바서: 아그더리 함불때노코완따. 또 두:불 때:따하므는 그거시 믄:소링고해:써. 개:떠니: 해:봉께는:, 밥 내가해:봉께는:, 시:부리마저.

잉. 시불 때. 나도 보리밥 안해바서 아그덜이 한불 때 놓고 왔다. 또 두불 땠다하므는 그것이 믄 소링고 했어. 갰더니 해봉께는, 밥 내가 해 봉께는, 시불이 맞어.

▣ 세벌 때. (어렸을 때 놀면서) 애들이 한 벌 때고 왔다, 두벌 때고 왔다

---

87) '꼽쌀보리밥'은 '꽁보리밥'의 방언형이다. '꼽쌀보리밥'은 보리쌀로만 지은 밥으로 두 번 삶아 짓는다. 그래서 '보리곱삶이'(純麥飯)라고도 한다.

하며는 무슨 소리 인고 했더니 내가 해보니까, 세 벌이 맞아.

보리쌀: 앙처서: 팍 함불때에ˇ. 그라므닌자또: 쪼깐함바꾸돌:고 두:불때.
　보리쌀 앙처서 팍 한불 때에. 그라믄 인자 또 쪼깐 한바꾸 돌고 두불
　때.
▣ 보리쌀 안처 한 불 때. 조금 있다 한 바퀴 돌고 두벌 때.

조 불은 꺼졌어요, 안 꺼졌어요.

상천 아:니다:꺼저불제. 또 그노믈 다시 성:낭서서 때:. 그래가꼬: 또: 두:불때.
거시기 맨: 꼽쌀무근지비가 마:나거덩, 저네는. 쌀: 업써가꼬 꼽쌀만: 거 맨: 보리
밤만쌀마:. 그라믄 인자다: 퍼지도록땔:라믄, 이, 함바꾸돌:고 두:바꾸시:바꾸도
라야, 시:불때. 그라믄 따:악 재지 시:버니재저. 시:번때므늠물끼따악, 가서가꼬잉
인자꼬득꼬득 나실라시라니 바비만나.
　아니 다 꺼져불제. 또 그놈을 다시 성냥 쳐서 때. 그래갖고 또 두불
　때. 거시기 맨 꼽쌀 묵은 집이가 만아거덩, 전에는. 쌀 없어갖고 꼽쌀
　만 거 맨 보리밥만 쌀마. 그라믄 인자 다 퍼지도록 땔라믄, 이, 한바꾸
　돌고 두바꾸 시바꾸 돌아야, 시불 때. 그라믄 따악 재지 시번이 재져.
　시번 때므는 물기 따악, 가서갖고잉 인자 꼬득꼬득 나실나실하니 밥이
　맛나.
▣ 다 꺼져버리지. 그것을 성냥 쳐서 두벌 때. 전에는 꽁보리밥 먹는 집이
　많거든. 쌀이 없어서 보리곱삶이만 하는데, 다 퍼지도록 때려면 한 바
　퀴 돌고 두 바퀴 돌아야 세 벌 때. 세 번째에서 잦혀. 물기가 딱 가시
　면서 고실고실 나실나실하게 밥이 맛있어.

조 나실나실은.

금당 퍼젙땀마리어, 하하하 다: 댜:땀마리어:. 지:가: 아러서 다퍼저부러.

퍼졌단 말이어, 하하하 다 댔단 말이어. 지가 알어서 다 퍼져불어.

▣ (밥이)퍼졌다는 말이어, 하하하 다 되었다는 말이어.

가래떡 만들기

◯

조 쌀이 귀했을 땐데 떡 할 쌀이나 있었을까요?

상천 아:무리귀:해도 서:레 떡꾹쑬로믄하거덩. 지:사에 쓸롬, 그릉거슨소니로: 강께소니로뽀사가꼬: 그떡까리도 소니로소니로 디둘빵애뽀사. 뽀사가꼬:, 이, 올게미체라고: 인자떡까리친 올게미여잉. 그라믄녀거서인자 떡까리다라나:두고 그노물 쩌서: 인자 물모까서쩌가꼬: 판자에부서. 판자에부서서막 이:게. 거: 떠글만드라.
　아무리 귀해도 설에 떡국 쑬 놈은 하거덩. 지사에 쓸 놈 그른 것은 손이로 강께 손이로 뽓아갖고 그 떡가리도 손이로 손이로 디둘방애 뽓아. 뽓아갖고, 이, 올게미 체라고 인자 떡가리 친 올게미여잉. 그라믄 여그서 인자 떡가리 다라 나두고 그 놈울 쩌서 인자 물 모까서[88] 쩌갖고 판자에 붓어. 판자에 붓어서 막 이게. 거 떡을 만드라.

▷ 아무리 귀해도 설에 떡국 쑬 쌀은 (있어). 제사에 쓸 떡은 손으로 그러니까 손으로 디딜방아에서 빻아. 어레미라고 떡가루 치는 어레미. 떡가루 함지박을 놓아두고 그것을 쪄서, 물 섞어 쪄가지고 판자에 부어. 판자에 부어 막 이겨. 떡을 만들어.

금당 잉연:설. 연설허지마쇼:. 시리에다쩌가꼬: 그노물 또쳐:. 처가꼬만들제:.
　잉 연설. 연설허지 마쇼. 시리에다 쪄갖고 그 놈울 또 쳐. 쳐갖고 만들제.

---

88) '모까'(모꾸-+아))는 '가루에 물을 쳐서 섞는 과정'을 말한다. 이 외에 '모콰'(모쿠-)가 함께 쓰인다.

▣ 웅 연설하지 마시오. 시루에 쪄서 그것을 또 쳐. 쳐가지고 만들지.

상천 잉. 동생마리올레.

　잉. 동생 말이 옳네.

▣ 웅 동생 말이 맞네.

금당 방아를 쪄가지고인자 시루에서인자 떠기이근놈 덩어리를 가꼬가서:. 쌩:싸를
무레당궈가지고: 방아를 체:로 이르케이르케해서인자 나린노은 또:무를 모콰 가지
고: 시루에다쩌:. 시루에다찌믄 그노미인자 망:울망울리거. 그라므닌자 그노물또:
인자 방아에가꼬가서 떱파나리고 이써.

　방아를 쪄가지고[89] 인자 시루에서 인자 떡이 익은 놈 덩어리를 갖고
가서. 쌩쌀을 물에 담궈 가지고 방아를 체로 이릏게 해서 인자 나린 놈
은 또 물을 모콰 가지고 시루에다 쪄. 시루에다 찌믄 그놈이 인자 망울
망울 익어. 그라믄 인자 그놈울 또 인자 방아에 갖고 가서 떡판이라고
있어.

▣ (떡국 떡은) 방아를 찧어 시루에서 익은 떡 덩어리로 만드는데, (먼저)
생쌀을 물에 담갔다가 (불려서) 방아를 찧어, (가루가 된 것을) 체로
쳐서 나려 준 다음 물 섞어 시루에다 쪄. 시루에서 망울망울 익은 (떡
덩어리를) 방아로 가지고 가서 떡판이라고 있어.

이:저네는나:무로만든떡판. 그노메다가인자 따압뿍:꼬 맙:빵아로치믄: 떠:기인자
이르게 뭉처저서떠기대아. 그러므닌자 방에가꼬가서 암:밤페노코: 이르케이르케
소느로비:베서만들므닌자 시그까니떡:또인자 요:만썽뇨:만썩띠어서, 또 요런: 옴
베기다다머노코, 옌:날거: 흐그로만든:, 그르세다: 다머노:코 그노무린자 시긍께
하:나씽내:서 이르케 소니로비베서 느레인자 이르코이르코. 느레가지고 인자쭈욱
쭉 느러나:따가인자그거시 구:시게대믄 칼로 또옥똑짤라서: 죽쒀머거. 그거슨대
떡. 떡꾹쒀머근대떡.

---

89) '쪄[쩌]'는 '쳐'의 발음 오류이다.

이전에는 나무로 만든 떡판. 그놈에다가 인자 따악 붓고 막 방아로 치른 떡이 인자 이릏게 뭉쳐져서 떡이 대아. 그르믄 인자 방에 갖고 가서 암반 페놓고 이릏게 이릏게 손으로 비벼서 만들믄 인자 식으까니 떡또 인자 요만썩 요만썩 띠어서, 또 요런 옴베기다 담어놓고, 옛날 거 흑으로 만든, 그릇에다 담어놓고 그놈울 인자 식웅게 하나썩 내서 이릏게 손이로 비벼서 느레 인자 이릏고 이릏고. 느레가지고 인자 쭈욱쭉 늘어났다가 인자 그것이 구시게 대믄 칼로 또옥똑 짤라서 죽 쒀 먹어. 그것은 대떡. 떡꾹 쒀 먹은 대떡.

▷ 예전에는 나무로 만든 떡판에 (떡 덩어리를) 붓고 방아로 치면 떡이 뭉쳐지면서 떡이 돼. 그것을 방에 가지고 가서 암반 펴놓고 손으로 비벼서 만드는데 떡도 식을까봐 (조금씩) 떼어서 옹배기에 담아놓고 하나씩 꺼내서 손으로 비비면서 늘려. 늘려가지고 쭉쭉 늘어나서 굳으면 칼로 잘라서 죽 쒀 먹어. 그것이 떡국 쒀 먹는 가래떡.

조 앞에서 모콰가지고 했는데 그 말은?

금당 무를: 호:나불한다 그마리어. 무를 가루를: 이르케 이게:. 가루를: 가루를호 나불한다 그마리어, 보:슬보스러니. 이르트믄 흐그로 만든 그른. 옴배게다: 거시기 인자 물모콰요.
　물을 혼합울 한다 그 말이어. 물을 가루를 이릏게 이게. 가루를 혼합울 한다 그 말이어, 보슬보슬허니. 이르트믄 흑으로 만든 그릇. 옴배게다 거시기 인자 물 모콰요.

▷ (가루에다) 물을 혼합해서 보슬보슬하게 이겨. 이를테면 흙으로 만든 그릇. 옹배기에 섞어 이겨요.

그때느닌자 그른다 요로케 소느로 요로:코요로코서꺼서: 시루에다 딱:땅노코인자 거:수중기로올레가꼬 쪄:, 불때서. 불때서 소테서 수중기가올라믄 그우에다 시루, 시루걸:고 이그라고. 소테다딱:시루때걸:고 인자수중기가이커, 떠글. 그러므닌자이큰떠글 방아까네 가서 인자 처가지고 암:반 페고 느레서만드러.

그때는 인자 그른다 요롷게 손으로 요롷고 요롷고 섞어서 시루에다
딱딱 놓고 인자 거 수중기로 올레갖고 쪄, 불 때서. 불 때서 솥에서 수
중기가 올라가믄 그 우에다 시루, 시루 걸고 익으라고. 솥에다 딱 시룻
대 걸고 인자 수중기가 익혀, 떡을. 그러믄 인자 익흔 떡을 방앗간에
가서 인자 처가지고 암반 페고 느레서 만들어.

▣ 그때는 손으로 섞어서 시루에 넣고 (불을 때서) 수증기를 올려서 쪄.
솥에 시루 받침대 걸고 시루를 앉혀 놓으면 수증기가 올라가서 떡을
익혀. 익힌 떡은 방앗간에 가지고 가서 처가지고 암반 펴놓고 늘려서
만들어.

조 암반은 뭘까요?

금덩 암:바는 이르케: 떡 비비능거시암:바니어. 네:모저가꼬: 그겁뽀고 암:바니라
개써.

암반은 이릏게 떡 비비는 것이 암반이어. 네모져갖고 그것보고 암반이
라갰어.

▣ 암반은 떡 비비는 것을 말하는데 네모졌어. 그것보고 암반이라고 했어.

상천 저 상! 상마니로찌드르라니.

저 상! 상마니로 찌드르라니.

▣ 저 상! 상처럼 기다랗게 생겼어.

조 방앗간이 없던 시절에는.

금덩 도구통에다 치제. 그래가꼬 매댕이로 처. 그노물가꼬 암:바네다노코 뭉텡이
를 요로고요로고.

도구통에다 치제. 그래갖고 매댕이로 쳐. 그놈울 갖고 암반에다 놓고

뭉텡이를 요로고 요로고.

▣ 절구통에서 절굿공이로 치지. 그것을 암반에 펴 놓고 뭉텡이를 (조금 씩 떼어 쭉쭉 손으로 늘려).

조 뭉텡이요.

금당 뭉텡이제:, 처노은. 뭉텡이를 요:만써가니 띠어노체:. 요러케느릴라고:. 소 느로이르코비비면 느레저.
  뭉텡이제, 처노은. 뭉텡이를 요만썩하니 띠어 놓제. 요렇게 늘일라고. 손으로 이릏고 비비면 늘에져.

▣ 절굿공이로 쳐 놓으면 뭉텡이가 되지. 뭉텡이를 (주먹만 하게) 떼어 (옹배기에 담아 놓고) 손으로 비비면서 (기다랗게) 늘리려고.

조 손으로 민다는 건가요.

금당 응응. 소느로밀멤밀레저. 칼로인자 구두므닌자 요새떡꾹썰대끼써러.
  응응. 손으로 밀면 밀레져. 칼로 인자 구두믄 인자 요새 떡꾹 썰대끼 썰어.

▣ 손으로 밀면 밀려나. 그래서 굳으면 요즘 떡국 썰듯이 썰어.

조 가래떡을 옛날에는 손으로 만들어서 먹었다는 거네요.

금당 소느로똥그라니만들멤만드러:. 이르케 비비믄동그라케댜:. 소느로비베. 그러 니까이른시상가치존:시상이업:써.
  손으로 동그라니 만들면 만들어. 이릏게 비비믄 동그랗게 댜. 손으로 비베. 그러니까 이른 시상같이 존 시상이 없어.

▣ 손으로 비비면 동그랗게 만들어져. 손으로 비벼. 그러니까 요즘같이 좋은 세상이 없어.

조 조금 전에 구시게라는 말을 하셨는데 떡이 굳는다는 말인가요?

금당 구순다능거스:닌자 수부니날라가믄: 요르케말라진다. 인자 말랑말랑항거시: 구둔다고. 그마리어.
  구순다는 것은 인자 수분이 날라가믄 요룷게 말라진다. 인자 말랑말랑 한 것이 굳운다고. 그 말이어.
▶ 구순다는 것은 말랑말랑한 떡이 수분이 나라가면서 굳게 된다고.

시루떡과 인절미

조 시루떡이나 인절미는.

금당 시루떠긍그낭 가리로뽀사가지고:.

시루떡은 그냥 가리로 뽓아가지고.

▶ 시루떡은 가루로 빻아서.

조 그것은 어디서 뽀순가요?

상천 보리방애찐:화:게다가: 기냥거 소:지 딱 해불고: 또떡까리뽀사. 떡까리뽀수문, 이러코 싸:리뽀사지므널게미로처. 인자체로. 가리로:가리친 체가인쩨:. 그래가꼬 떠:개머거. 지끔시리앙치대끼.

보리방에 찐 확에다가 기냥 거 소지 딱 해불고 또 떡까리 뽓아. 떡가리 뽓우문, 이렇고 쌀이 뽓아지믄 얼게미로 쳐. 인자 체로. 가리로 가리 친 체가 있제. 그래갖고 떡 해먹어. 지끔 시리 앙치대끼.

▶ 보리방아 찧은 확에 청소하고 떡가루를 빻아. 그래서 어레미로 곱게 쳐. 가루 치는 체가 있지. 그걸로 떡을 해. 시루 앉히듯이.

조 그걸 고물과 같이 시리에 안치면 시리떡이 되는 거네요.

금당 그러제. 고무를: 딱: 살마서해노코:, 팥떠갈라믐팍꼬무를살마노코, 콩까리떠갈라믕콩가리를보까서: 딱:, 엔:나레는참말로잉: 콩까리도인자 방아에다찌어서:

인자 그가리를내:제:.

그러제. 고물을 딱 삶아서 해놓고, 팟떡할라믄90) 팟고물을 삶아놓고, 콩가리 떡할라믄 콩가리를 보까서91) 딱, 옛날에는 참말로잉 콩가리도 인자 방아에다 찧어서 인자 그 가리를 내제.

▣ 그러지. 고물을 삶아놓고. 팥떡 하려면 팥고물을 삶아놓고 콩가루 떡 하려면 콩가루를 볶아서, 참말로 콩가루도 방아에다 찧어서 그 가루를 내지.

콩까리떡또 콩까리는: 살마가꼬하믄 더부드럭꼬조:코. 그냥: 그냥보까서: 도구통에빠으믄: 가루가 나:믄 그노물또 체로처가지고 그노물또 물모꽈서:(R) 또: 시루에 이르케이르케뿌레가지고 앙칠수도익꼬.

콩가리떡도 콩가리는 삶아갖고 하믄 더 부드럽고 좋고. 그냥 보까서 도구통에 빠으믄 가루가 나믄 그 놈울 또 체로 쳐가지고 그 놈울 또 물 모꽈서 또 시루에 이릏게 뿌레가지고 앙칠 수도 있고.

▣ 콩가루 떡도 콩가루를 삶아서 하면 더 부드럽고 좋아. 그냥 볶아서 절 구통에 빠으면 체로 쳐서 그것을 또 물로 섞어서 시루에 뿌려가지고 앉힐 수도 있고.

조 시리에는 구멍이 있잖아요.

금덩 시리미슬 놔야제.

시리밋을 놔야제.

▣ 시룻밑을 놓아야지.

조 시리밋은 뭘로 해요.

---

90) '팟'은 '팥'의 방언형이다.
91) 어간 '볶-'은 '보꾸-'로 재구조화 되었다.

상천 시림밑 거어 모구장가튼 이짜나:.

시릿밑 거어 모구장같은 있잔아.

▶ 시룻밑은 모기장 같은 것 있잖아.

금덩 옌나레 시림미설: 이르케이르케저러써! 머: 옌:나레 거 앙:골 앙:골껍찔로 애:쏘? 므:시로애쏘? 그래가지고핸:는디: 모:구장도업:쓰께.

옛날에 시릿밑얼 이룽게 절었어! 머 옛날에 거 앙골 껍질로 했소? 믓 이로 했소? 그래가지고 했는디 모구장도 없응께.

▶ 옛날에 시룻밑은 절었어! 왕골껍질로 했소? 무엇이로 했소? 모기장도 없으니까.

상천 옌:나레 모:구장도업:쓰께 소니로저러서만 시림믿 하거덩. 간:디지끄믄: 믇: 얄붕거깍:찬능께: 그: 아무꺼나:. 시림미새.

옛날에 모구장도 없응께 손이로 절어서만 시릿밑 하거덩. 간디 지끔은 믓 얇운 것 깍찼능께 그 아무꺼나. 시릿밑 해.92)

▶ 모기장도 없으니까 손으로 절어서 했거든. 그런데 지금은 얇은 것이 많으니까 아무것으로 시룻밑을 해.

금덩 앙:고리어쓰까므이어쓰까:? 뛰:, 뛰:.

앙골이었으까 므이었으까? 뛰, 뛰.93)

▶ 왕골이었을까 뭐였을까 띠, 띠.

조 떡이 익었다는 것은 어떻게 알았을까요.

금덩 저부미로쭈세보고. 저붐짱너:봐. 저붐짝쮀세보고: 쌩가리가암무더나오므니

---

92) 음성형 [시림미새]는 '시릿믿+해'로 분석된다. 이때 '해[애]'에 선행하는 종성 'ㅅ'은 평파열음화를 겪지 않고 그대로 연음되었다.

93) '뛰'는 단모음 'ü'로 실현된다.

거써.

저붐이로 쭈세보고. 저붐짝 너봐. 저붐짝 쮜세보고 쌩가리가 안 묻어
나오믄 익었어.

▷ 젓가락으로 찔러보고. 젓가락에 생가루가 묻지 않았으면 익었어.

조 검은 솥 위에 시리를 얹어서.

상천 그라제 거믄소두게다가 큰:시리를 거근다앙처. 그래가꼬 시리삥조르:라니부
치고.

그라제 검은 솥 욱에다가 큰 시리를 거긋다 앙쳐. 그래갖고 시릿벤94)
조르라니 부치고.

▷ 그러지 검은 솥 위에 큰 시루를 안쳐. 그래서 시룻번을 부쳐.

조 시리삥?

상천 시리삥. 거어 짐:안새게:. 지만새게 가우로 딱: 부치고. 그랑께: 지:미오르믄
저붐짱너:어보고 쮜세보고 여그저그. 강:께몽궁가리가: 쌩가리가암무더나오믄: 다
이걷따. 무더나오믄 불더때:고.

시릿벤. 거어 짐 안 새게. 짐 안 새게 가우로 딱 부치고. 그랑께 짐이
오르믄 저붐짝 넣어보고 쮜세보고 여그저그. 강께 몽군가리가 쌩가리
가 안 묻어 나오믄 다 익었다. 묻어 나오믄 불 더 때고.

▷ 시룻번. 김이 새지 않도록 가로 부치고. 김이 올라오면 젓가락을 넣어
여기저기 찔러보고. 몽근 가루 생가루가 안 묻었으면 익었고, 묻어 나
오면 불을 더 때고.

---

94) '시릿벤'은 '시룻번'의 방언형이다. 시루를 솥에 안칠 때 김이 새지 않도록 바르는 반죽
을 이른다. '시릿벤'이 '조르라니'와 하나의 기식군을 이루면서 'ㅈ' 앞에서 'ㄴ'이 'ㅇ'
으로 바뀌었다. 본문을 보면 어간 '안치-'가 '앙치-'로 재구조화 된 예를 통해서도 확
인된다.

조 아무래도 익은 곳은 익고, 덜 익은 곳은 덜 익고 그랬겠네요.

금당 아이고 떠가니그믄 여그서푸:허고 쩌:그서푸허고 징애.

아이고 떡 안 익으믄 여그서 푸허고 쩌그서 푸허고 징해.

▷ 애고 떡이 익지 않으면 여기저기 푸하고 징해.

상천 떠기안니그믄또: 바가지 큼바가지어푸고: 그루고때:고.

떡이 안 익으믄 또 바가지 큰 바가지 어푸고 그루고 때고.

▷ 떡이 익지 않으면 또 큰 바가지를 엎어놓고 때고.

조 큰바가지를 엎어요?

상천 떠기아니근참도 이써, 때:타보믄. 개:가꼬: 큼:바가지를따거퍼서 풍:눌러노
코: 불때:믄 이굴쑤도이써. 만:나래도아니그믄또싱:꺼꿀로내리고 물떠노코막 저:
라고. 그거슬비:소니라개.

떡이 안 익은 참도 있어, 땔다보믄. 개갖고 큰 바가지를 딱 어퍼서95)
푹 눌러놓고 불 때믄 익울수도 있어. 만날 해도 안 익으믄 또 신 꺼꿀
로 내리고 물 떠놓고 막 절하고. 그것을 비손이라개.

▷ 떡이 안 익을 때도 있어, 때다보면. (그때는) 큰 바가지를 엎어서 눌러
놓고 불 때면 익기도 해. 그래도 익지 않으면 신발을 거꾸로 내려 물
떠놓고 절하고. 그것을 비손이라고 해.

금당 또오짐싸:고오믄 떠기안니근다개.

또 오짐 싸고 오믄 떡이 안 익은다개.

▷ 오줌 싸고 오면 떡이 익지 않는다고 해.

조 불을 넣다가요.

---

95) 본문에서 확인되듯이 모음 '으'가 덧붙은 '더푸-고'가 확인된다.

상천 아:니: 그거슴막 퍼친다고징:애, 오짐싸고믄.

　아니 그것은 막 퍼친다고 징해, 오짐싸고믄.

▹ 헛김이 난다고 징해. 오줌 싸고 오면.

조 불이 제때 타지 못해서 그러겠지요.

상천 그랑께 막때:쓰믄 오지만싸야대. 하하하. 물 떠노코 머리에 싱:꺼굴로 이러게어퍼서이고 막 저:라고그라드랑께. 차시리떠기 안니거. 찰거시라:. 모:가리느 널:릉이근디:.

　그랑께 막 땠으믄 오짐 안 싸야 대. 하하하. 물 떠놓고 머리에 신 꺼꿀로 이러게 어퍼서 이고 막 절하고 그라드랑께. 찰시리떡이 안 익어. 찰 것이라. 모가리는96) 얼릉 익은디.

▹ 그러니까 때기 시작했으면 오줌 안 싸야 돼. 하하하. 물 떠놓고 머리에 신발 거꾸로 엎어서 이고 절하더라니까. 찰시루떡이 안 익어. 멥쌀가루 떡은 얼른 익는데.

조 시리뚜껑은 무얼로 해요

상천 거문솥뚜겅이써. 그 솥뚜겅이: 소부당.

　검운 솥뚜겅 있어. 그 솥뚜겅이 소부당.

▹ 검은 솥뚜껑 있어. 소부당.

조 인절미는 만드는 과정이 다르죠.

금당 인절미는옌:나레는:(R) 저어: 싸:를앙갈고: 거:퉁싸를불레가꼬 그노물: 시루에다 너:코쩌.

　인절미는 옛날에는 저어 쌀을 안 갈고 거 퉁쌀을 불레갖고 그놈울 시

----

96) '모가리'는 '멥쌀가루'의 방언형이다.

루에다 넣고 쩌.

▣ 인절미는 쌀을 빻지 않고 온 쌀을 불려가지고 그것을 시루에다 넣고
쩌.

조 통쌀을 불려서요.

상천 저네는 온:쌀로: 온:쌀통쌀 읻짜나:. 그노물 무레당과가꼬: 완저니마:니 불
려가꼬 시리에쩌:. 그라믄자: 메댕이, 떡, 메, 읻짜나:. 떵메로캉:캉치므는 인절미
가댜:.

전에는 온 쌀로 온 쌀 통쌀 있잔아. 그놈울 물에 당과갖고 완전히 만이
불려갖고 시리에쩌. 그라믄자 메댕이, 떡, 메, 있잔아. 떡 메로 캉캉
치므는 인절미가 댜.

▣ 전에는 온 쌀 통 쌀 있잖아. 그 쌀을 물에 담가 불려가지고 시루에 쩌.
그래서 떡 메로 쾅쾅 쳐주면 인절미가 돼.

조 어디에요?

상천 도:구통에:. 도구통에치다가: 또:암:반, 지끔 암:바네다마:니치자나. 거:판
자:. 거 상:마니로읻짜나:. 거그다치기도아고그래. 그래가꼬 고물무처. 도막도막
짤라서먹쩨.

도구통에. 도구통에 치다가 또 암반, 지끔 암반에다 만이 치잔아. 거
판자. 거 상마니로 있잔아. 거그다 치기도 하고 그래. 그래갖고 고물
묻혀. 도막도막 짤라서 먹제.

▣ 절구통에 치다가 암반에 쳐. 상처럼 된 판자에 치기도 하고. 그렇게 해
서 고물을 묻혀 도막도막 잘라 먹지.

기정떡 기볼게

〇

금당 기정떠근: 지금빵:시그로 옌:나레: 수럴처가지고: 쌀까리빠아가지고그노물
술치고빵:아대끼:.

기정떡은97) 지금 빵 식으로 옛날에 술얼 처가지고 쌀가리 빵아가지고
그놈울 술치고 빵하대끼.

▣ 증편은 빵 식으로 하는데 쌀가루 빵아서 술을 처가지고 빵 만들듯이.

조 술은 막걸리일까요.

금당 그렁께 여르메는:, 얼:릉 쉬:지모:다게: 술이랑너:코 반주개나따가 인자 이
르케부커오릉갑뚱마:, 그빵:마이로:. 그러므닌자 따악 기정떡 기, 밤바:난디다그
러고찌드만. 그렁께옌:나레는 동굴동굴시루에다허믄:(R) 기볼게가마:니나올꺽까
터.

그렇게 여름에는, 얼릉 쉬지 못하게 술이랑 넣고 반죽해났다가 인자
이릏게 부커 오른갑등마, 그 빵마이로. 그러믄 인자 따악 기정떡 기,
반반한다다 그리고 찌드만. 그렇게 옛날에는 동굴동굴 시루에다 허믄
기볼게가 만이 나올 것 같어.

▣ 그러니까 여름에는, 얼른 쉬지 않게 술을 넣고 반죽하는데 부풀어 오
르는가 보더구먼. 빵 반죽처럼. 그러면 반반한 곳에 넣고 찌더구먼. 그

---

97) '기정떡은' '증편'의 방언형이다. 주로 여름에 해먹었으며, 멥쌀가루에 막걸리를 조금
탄 뜨거운 물로 묽게 반죽하여 더운 방에서 부풀려 밤, 대추, 잣 따위의 고명을 얹고
틀에 넣어 찐다.

런데 동글동글한 시루에다 하니까 옛날에는 자투리가 많이 나왔을 것 같아.

조 기볼게요?

금랑 기볼기가: 이르트믄 이리케짜̌투리가마ː니나온다고그마리어. 동ː그러니까 빤ː듭빤듭허게대믄ː, 기볼게라핸ː는디.

기볼기가 이르트믄 이렇게 짜투리가 만이 나온다고 그 말이어. 동그러니까 빤듯빤듯허게 대믄, 기볼게라 했는디.

▣ 자투리가 많이 나온다는 말이어. 시리가 동그라니까 네모 반듯반듯하게 하려면.

상천 떠글 썰ː다보믄 그 요만써간 귀볼기가나오자나. 그겁뽀고귀볼기라개ː.

떡을 썰다보믄 그 요만썩한 귀볼기가 나오잔아. 그것보고 귀볼기라개.98)

▣ 떡을 썰다보면 (귀퉁이가) 떨어져 나오잖아. 그것보고 귀볼기라고 해.

---

98) '자투리'의 방언형으로 '기볼게, 기볼기, 귀볼기' 등 다양하다. 여기서 '기~귀'는 '모서리'를 즉 '귀퉁이'를 이른다. 앞에서도 언급했지만 영암지역어는 'i'와 'ü~Wi'가 공존하고 있다.

3 농자천하지대본

으따, 연장이 여가 다 있네

○

조 가을에 벼 수확한다는 말을 뭐라고 하나요? 가실한다고 하나요.

상천 가시란다마라나고 겨울지:내자나:. 봄녀름지:내서 가으레는 나락 여르메는 보리. 그:냥 우리덜말로는 가을, 음:마나 해:겐냐가고:.
　가실한단 말 안하고 겨을 지내잖아. 봄여름 지내서 가을에는 나락 여름에는 보리. 그냥 우리덜 말로는 가을, 은마나 해겠냐가고.
▷ 가실한다고 말하지 않고 겨울 지내잖아. 봄여름 지나서 가을에는 나락 여름에는 보리. 그냥 우리들 말로는 가을 얼마나 하셨냐고 하고.

조 여기서는 벼를 나락이고 하는군요. 그럼은 이삭은 어디를 이삭이라고 하는가요.

상천 이사근: 마:리 우리떠리진놈 이삭쭈수로간다그래.
　이삭은 말이 우리 떨어진 놈 이삭 줏우로 간다 그래.
▷ 우리들 말로 (벼에서 모가지) 떨어진 것 그 이삭 주우러 간다 그래.

조 나락에서 떨어져 나온 것을.

상천 아:니.(F) 모가지가: 탈고가다가 이러코쏘다지고: 거모가지짤라지고막 하잔아:.(R) 그라믄 그거시이사기어. 그거우리가 이삭쭈수러간다고 푸대들고가:. 이이:모가지차떠러저.
　아니. 모가지가 탈곡하다가 이렇고 쏟아지고 거 모가지 짤라지고 막

하잔아. 그라믄 그것이 이삭이어. 그거 우리가 이삭 줏으러 간다고 푸대들고 가. 이, 이, 모가지차 떨어져.

▷ 탈곡을 하다 보면 모가지가 떨어져 쏟아진 것. 그것이 이삭이어. 그 이삭 주우러 포대 들고 가. 모가지째 떨어져.

조 그러면 이것 전체가 되겠네요.

상천 이잉전체가. 그거시이사기라개. 모가지가툭툭짤라저ː.
  이잉 전체가. 그것이 이삭이라개. 모가지가 툭툭 짤라져.

▷ 응 전체가. 그것을 이삭이라고 해. 모가지가 뚝뚝 잘려져.

조 그러면 씨 하려고 남겨둔 것은 뭐라고 하나요.

상천 죵ᆞ자! 베종자.
  종자! 베종자.

▷ 볍씨.

조 흙을 골라 베종자를 뿌리는 거네요.

상천 응ː. 모짜리ː 거 샹자에다넝ː걷. 거상자에다너ː, 지끄믄. 옌ː나레는 우리소니로 뿌렌는디ː 인ː자는 기ː게로ː 종자를너ː. 그랑ː께 옌ː나레는 노네다가모파늘딱ː해ː짜나ː. 두룩쩌어서이루쿠ː. 모파늘 판재로빤드ː다니미러가꼬ː 뿌레. 죵ᆞ자! 베ː종자.
  응. 못자리 거 상자에다 넌 것. 거 상자에다 너, 지끔은. 옛날에는 우리손이로 뿌렸는디 인자는 기게로 종자를 너. 그랑께 옛날에는 논에다가 모판을 딱 했잖아. 두룩 지어서 이룽구. 모판을 판재로 빤듯하니 밀어갖고 뿌레. 종자! 베 종자.

▷ 못자리 상자에 넌 것. 옛날에는 손으로 다 뿌렸는데 지금은 기계로 종

자를 넣어. 옛날에는 모판을 했잖아. 두둑 지어 모판을 판자로 반듯하게 밀어가지고 볍씨를 뿌려.

조 이것은(쟁기를 가리키며) 여기서 뭐라고 불러요.

상천 그거쟁기. 소로: 소:다라가꼬 쟁기강:걷.
　그거 쟁기. 소로 소 달아갖고 쟁기 간 것.
▷ 쟁기. 소에 쟁기를 달아가지고 가는 것.

조 이거는요.(볏을 가리키며)

상천 쟁기벧. 이:베설: 장에사다가: 철물저메사다가: 거그다다라. 여그다달믄:
이:땅이가라저. 땅을강:걷, 그거시 여그큰:거디써. 그노물거그다찡궈서: 땅을가
라. 베시어벧. 쟁기벧. 이거두리가: 저네소킬때게이걷 베슬: 철물전사다가, 이걷또
짱갈믄다:다라저부러. 강께새놈사다갈고그래:.
　쟁기벳. 이 벳얼 장에 사다가 철물점에 사다가 거그다 달아. 여그다 달
믄 이 땅이 갈아져. 땅을 간 것, 그것이 여그 큰 것 있어. 그놈울 거그
다 찡궈서 땅을 갈아. 벳이어 벳. 쟁기벳. 이것 우리가 전에 소 킬 때
에 이것 벳을 철물전 사다가, 이것도 짱 갈믄 다 다라져불어. 강께 새
놈 사다 갈고 그래.
▷ 쟁기 볏. 볏을 철물점에서 사다가 달아. 여기다 달면 땅이 갈아져. 우
리도 소 키울 때는 철물점에서 볏을 사다가 끼워서 땅을 갈았어. 갈다
보면 다 다라지니까 새 것으로 사다 갈고 그래.

조 그럼 이것은요?(써레를 가리키며)

상천 그걷또 쟁기물겨니어. 이거슨또 써:레질. 써:레 이:논 다::갈고:, 인자물자
버서: 이노문 모싱굴라고써레질해: 잉.

그것도 쟁기 물건이어. 이것은 또 써레질. 써레 이, 논 다 갈고, 인자 물 잡아서 이놈운 모 싱굴라고 써레질 해 잉.

▷ 그것도 쟁기 물건이어. 이것은 써레. (써레는) 논을 다 갈고 나서 물 잡아놓고 모 심으려고 써레질 해.

강진 인자고르제.

인자 고르제.

▷ 이제 고르지.

조 예. 써레는 어디에 쓰는 거라고요?

상천 농고를때. 그랑께 모짜례:서 모를뿌레서: 키우자나:, 나랑모를:. 으따 연장 이여가 다:인네. 글캥이도이꼬 깽이도이꼬 믕:구아깽이도이꼬:.

논고를 때. 그랑께 못자례서 모를 뿌레서 키우잔아, 나락 모를. 으따 연장이 여가 다 있네. 글캥이도 있고 깽이도 있고 믄 구아깽이도 있고.

▷ 논고를 때. 못자리에 (볍씨를) 뿌려 키우잖아. 벼 모를. 아따, 농기구는 여기 다 있네. 글캥이도 있고, 괭이도 있고. 구아괭이도 있고.

조 이런 것들을 다 뭐라고 한다고요?

강진 연장. 연장이라개.

연장. 연장이라개.

▷ 농기구라고 해.

조 예. 뭉쳐진 흙은 뭐라고 하나요?

상천 뭉처징거슨 흑:뗑이. 인자연장억:꼬만. 쟁기벨! 그랑께 쟁기베시로이러코 너머가:. 흐기이:르코가라가꼬 이:르코크게너머가:.

뭉쳐진 것은 흑뗑이. 인자 연장 없고만. 쟁기 볏! 그랗게 쟁기 볏이로 이렇고 넘어가. 흑이 이릏고 갈아갖고 이릏고 크게 넘어가.

▣ 뭉쳐진 것은 흙덩이. 이제 농기구는 없구먼. 쟁기 볏! 그러니까 쟁기 볏으로 넘겨. 흙을 갈면 넘어가.

🔲 조금 전 글켕이라고 하셨잖아요.

상천 발려러개달링거. 그거시 글켕이. 이거시 글켕이. 일:로:골라.
발 여러 개 달린 거. 그것이 글켕이. 이것이 글켕이. 일로 골라.

▣ 발 여러 개 달린 것. 이것이 글켕이. 이리로 골라.

🔲 무얼 고를까요?

상천 흐:걸 거노푼디: 노푼디밤바나니고르고해. 깨:기도하고 고르기도하고 글로
다̆:해.
흑얼 거 높운디 높운디 반반하니 고르고 해. 깨기도 하고 고르기도 하
고 글로 다 해.

▣ 흙이 높게 쌓은 곳은 반반하게 골라. (흙덩이를) 깨끼도 하고 고르기
도 하고 그 걸로 다 해.

🔲 그러면 이것(글켕이)과 이것이(구아갱이) 쓰이는 용도는 같나요?

강진 쫌틀리제. 구아는 고랑을 마니파:. 박꼬랑가튼디. 노네서도쓰고바테서도쓰
고.
쫌 틀리제. 구아는 고랑을 만이 파. 밭고랑같은 디. 논에서도 쓰고 밭
에서도 쓰고.

▣ 조금 틀리지. 구아괭이는 밭이랑을 많이 파. 논에서도 쓰고 밭에서도
쓰고

조 고무래는 뭐할 때 쓰는 건가요?

상천 고무래:? 고무래는 베날고무래가인는디:.
　고무래? 고무래는 베 날고 고무래가 있는디.
▷ 고무래? 고무래는 베 나는 고무래가 있는데.

강진 베:날띠게인는디:. 미엉뗑이다:끼어서:. 미엉뗑이끼어노코: 그거보다베:고
무래라개.
　베 날 땍에 있는디. 미엉뗑이다 끼어서. 미엉뗑이 끼어 놓고 그거 보다
　베 고무래라개.
▷ 베 날 때 있는데. 무명덩이에 끼워놓고 그것보고 베 고무래라고 해.

조 그러면 부삭에서 재를 긁어낼 때 쓰는 것은요.

강진 당글게. 재다뭉걸.
　당글게.⁹⁹⁾ 재 담운 것.
▷ 고무래. 재 담는 것

조 이것처럼 생겼는데 곡식을 끄러 모으거나 널 때 사용하는 것도 있죠?

상천 미:레는 우케널:고.
　미레는 우케 널고.
▷ 미레는 벼 널 때 (사용해).

조 이것은요?

상천 쾡이고마쾡이. 아:니 거팡거디짜나. 나:무팔때. 나:무뿌리도파고. 지피파고

---

99) '당글게'는 '고무래'의 방언형이다.

그랄라고.

　　팽이고마 팽이. 아니 거 판 것 있잔아. 나무팔 때. 나무뿌리도 파고. 짚이 파고 그랄라고.

▣ 괭이구먼. 아니 거 있잖아. 나무뿌리도 파고, (땅도) 깊이 파고 그러려고.

조 그러면 두 팽이(괭이)는 어떻게 다를까요?

상천 (큰 괭이)그거 나:무뿌리판데. (작은 괭이)골:친데쓰고 깨:가틍거갈:때그걸로치고.

　　거 나무뿌리 판데. 골친데100) 쓰고 깨 같은 거 갈 때 그걸로 치고.

▣ 나무뿌리 파는데. 이랑을 치거나 깨 갈 때 그걸로 쳐.

---

100) '골'은 '고랑'의 줄임말이다.

만드리

○

조 만드리는 언제 하는가요?

상천 여르메농사 마:니써간사람들:, 놈맨만드리할때게: 소타고드롸. 그라믕꽹:가리 막뚜둘:고 징:뚜둘:고날:리어:. 만드리가: 논:함불매: 두불매: 세〔ʃ〕불매: 항거시: 질: ꓕ테:항거시 만:드리해따 인자다:메:따 그마:리어. 구시아조그렁구시 업:써. 질:마주마게.

여름에 농사 만이썩 한 사람들, 논맨 만드리할 땍에 소타고 들와. 그라믄 꽹가리 막 뚜둘고 징 뚜둘고 난리어. 만드리가 논 한불 매 두불 매 세불 매 한 것이 질 끝에 한 것이 만드리했다 인자 다 맸다 그 말이어. 굿이 아조 그런 굿이 없어. 질 마주막에.

▷ 여름에 농사 많이 짓는 사람들, 논 맨 만도리할 때 소를 타고 들어와. 그러면 꽹과리, 징 두드리고 난리야. 만도리는 논매기가 다 끝났다는 뜻이어. 맨 마지막에.

이르케: 모를시무자나:. 모를싱거가꼬 이다레싱구믄 인자 새달 유얼따레나: 인자 푸리나:. 푸리나므닌자 노늘매:제. 막:: 저네늠풀맨다고막 업써서남자드리막 그:만:드리노래부룸스로: 노늘매̆:.

이렇게 모를 시무잔아.101) 모를 싱거갖고 이 달에 싱구믄 인자 새달 유얼 달에나 인자 풀이 나. 풀이 나믄 인자 논을 매제. 막 전에는 풀

---

101) '植'을 뜻하는 경우 영암지역어는 어간 '심-, 숨-'과 어간이 확장된 '싱구-, 시무-, 숭구-' 등의 다양한 형태가 공존한다.

맨다고 막 엎져서102) 남자들이 막 그 만드리 노래 부룸스로 논을 매.

▷ 모를 심잖아. 모를 심어가지고 이 달에 심으면 새달 유월 달에 풀이 돋아. 풀이나면 논을 매지. 예전에는 풀을 맬 때는 엎드려서 남자들이 만도리 노래를 부르면서 논을 맸어.

조 맨 처음, 논밭을 맨 처음 맬 때는 뭐라고 하나요?

상천 성가름. 성, 성가름하러간다. 함불맨다그:마리어.

성 가름. 성, 성 가름하러 간다. 한 불 맨다 그 말이어.

▷ 형 가름, 형 가름하러 간다. 한 벌 맨다 그 말이어.

조 두 번째는 뭐라고 하나요?

상천 아̌그̌땐 놈매러가제. 그라고또 시:불매믄 만:드리. 만:드리아고. 만:드리알때 게소타고드론다아내:.(R)

아그103) 땐 논매러 가제. 그라고 또 시불 매믄 만드리. 만드리하고. 만드리할 땍에 소타고 들온다 안 해.

▷ 아이 때는 논매러 가지. 그리고 세 벌을 매면 만도리. 만도리 할 때는 소타고 들어온다잖아.

조 조금 전에 남자들이 풀을 맨다고 했잖아요?

상천 남자드리풀매제: 여자드른질싸망께:. 여자드릉갈:트멉:써. 양발주:꼬보신주:꼬:. 이:바느지라고: 베나코: 베질싸마고한노메: 어느 새:업:써잠잘쌔가업:써. 그랑께: 그른니라니라고 남자드리푸마로 점:부매:.

---

102) 어간 '업지-'는 '엎드리-'의 방언형이다.

103) '아그'는 '아이'의 방언형이다. 이때의 '아그'는 어린 아이를 가리키기는 것이 아니라 논매기의 초벌을 이른다.

남자들이 풀매제 여자들은 질쌈항께. 여자들은 갈틈없어. 양발104) 줍고 보신 줍고. 이 바느질하고 베 낳고 베 질쌈하고 한놈에, 어느 새 없어 잠 잘 새가 없어. 그랑께 그른 일 하니라고 남자들이 품아로 전부 매.

▣ 남자들이 풀매지, 여자들은 길쌈하니까 갈 틈 없어. 양말 줍고 버선 줍고, 베 나라 길쌈하는 통에 잠 잘 사이도 없어. 그러니까 남자들이 품앗이로 전부 매.

조 모 심을 때는.

상천 모싱굴때는: 모싱궁마:리 이:종할때고이:종다핸:냐고. 만드리는놈맨단소리고. 논 다:매따는소리고. 다: 솜발씨꼬 큰:소타고드롸. 그소 그소가농사다해:써:.(R) 그소가쟁기질다:해서: 모:써:레질도 이이른써:레질 소가밀:고댕기자나:. 소가:써:레지레서: 그:모다:싱궈. 그래가꼬: 그:인자그소럴 타고드롸인자. 만:드리해:따고.

　모 싱굴 때는 모 싱군 말이 이종할 때고 이종 다 했냐고. 만드리는 논 맨단 소리고. 논 다 맸다는 소리고. 다 손발 씻고 큰 소타고 들와. 그소 그 소가 농사 다 했어. 그 소가 쟁기질 다 해서 모 써레질도 이 이른 써레질 소가 밀고 댕기잔아. 소가 써레질에서 모 다 싱궈. 그래갖고 인자 그 소럴 타고 들와 인자. 만드리 했다고.

▣ 모 심는다는 말은 이종할 때고. 만도리는 논을 다 맸다는 소리. 손발 씻고 큰 소타고 들어와. 그 소가 농사를 다 지었어. 소가 쟁기질해서 써레질해서 모를 다 심어. 그래서 (논매기가 다 끝나면) 그 소를 타고 들어와. 만도리 했다고.

조 그 소는 누가 타는가요?

---

104) 전남방언에서는 '양말'을 '양발'이라고 발음한다. 'ㅇ' 뒤에서 'ㅁ'이 왜 'ㅂ'으로 바뀌는지는 확실치 않다.

상천 그 농사: 논쥐:니. 논: 농사마:니진쥐:니타고드롸.

그 농사 논 쥔이. 논농사 만이 진 쥔이 타고 들와.

▷ 논 주인이. 논농사 많이 지은 주인이 타고 들어와.

조 소 주인이겠네요.

상천 응 소: 쥐:니 부:자찜: 인자남자제:. 일:꾼드릉꽹과리뚜둘고 꽹맹이뚜둘고. 마을마당 징: 꽹과리다이써:. 노네서부텀치고드롸 막. 들:노래부르고.

응 소 쥔이 부잣집 남자제. 일꾼들은 꽹과리 뚜둘고 꽹맹이 뚜둘고 마을마당 징 꽹과리 다 있어. 논에서부텀 치고 들와 막. 들노래 부르고.

▷ 소 주인이 부잣집 어른. 일꾼들은 꽹과리 두드리고, 마을마다 징 꽹과리가 있어. 논에서부터 치고 들어와. 들노래 부르면서.

이:라러드러갈때게는 인자 술도암먹꼬 총총앙께 이:라다가: 인자모도새:꺼시나가고막: 이: 밀:쭈굴또 오:구세:시믄 밀:쭈굴한:동우썩씨글퍼불고:. 그라믄: 대:사 친놈보둠 더: 아주 시끌바끄래:.

일하러 들어갈 땍에는 인자 술도 안 먹고 총총항께 일하다가 인자 모도 새꺼시 나가고 이 밀죽울 또 오구[105] 세시믄 밀죽울 한동우썩씩 을[106] 퍼불고 그라믄 대사 친놈보둠 더 아주 시끌바끌해.

▷ 일하러 들어갈 때는 총총하니까 일하다가, 새참 나오고 오후 세시면 수제비를 한 동이씩 비우고 그러면 대사 친 것보다 더 시끌벅적해.

조 새껏이 나오고 술도 한잔 하게 되면서.

---

105) '오구'는 '오후'의 방언형이다. 제보자 상천떡은 자연발화에서 'ㅎ'이 'ㄱ'으로 발음되는 경우가 있는데 그 외에 '아근'(아흔)이라고도 한다. 그런데 격식발화에서는 '오우~오후'와 '아은~아흔'으로 나타난다. 이러한 형태는 장흥 지역의 일부 노년층에서도 확인되었다.

106) 수량을 나타내는 접미사 '-씩'이 방언형인 '-썩'과 함께 쓰인 예이다.

상천 잉인자: 일:하다가 막껄리나가고하므는 동우로: 동우나가고하믄: 그놈먹꼬 취앙께: 들:노래 부루고: 인자날:리어:.

잉 인자 일하다가 막걸리 나가고 하므는 동우로 동우 나가고 하믄 그 놈 먹고 취항께 들노래 부루고 인자 난리어.

▣ 일하다가 막걸리 (동이로) 먹고 하면 취하니까 들노래 부르고 난리지.

조 일 다 끝내고 오면서 또 들노래 부르고요.

상천 그랑께나는: 해: 여기쓸때게 저닙빱해:노코 쌀밥 우게똑떠서 먹꼬 가:. 나는 에레서보툼 깽가리소리만나믄 가시미우:개부러. 질썽이나가꼬.

그랑께 나는 해 여있을 땍에 저닉밥 해놓고 쌀밥 욱에 똑 떠서 먹고 가. 나는 에레서보툼 깽가리 소리만 나믄 가심이 욱 해부러. 질성이 나 갖고.

▣ 그러니까 나는 해 (떨어질 즈음) 저녁밥 해놓고 쌀밥 위에 떠먹고 나 가. 나는 어려서부터 꽹과리 소리만 나면 가슴이 뛰어. 끼가 나와.

조 '욱' 한다는 것은?

상천 아:니 질썽이바로 여그서나와부러.

아니 질성이 바로 여그서 나와불어.

▣ 아니 끼가 (가슴에서) 나와버려.

조 질썽은 무슨 말일까요?

상천 질썽:. 노:는질썽. 질썽이: 여그서우:개가꼬망나와부러. 갸꼬: 깽가리쏘리 징:쏘리나믄 막 들::고담박꿀하제:. 춤추고자와:. 그란디: 여:렁께모다제:.

질성. 노는 질성. 질성이 여그서 욱해갖고 막 나와불어. 갖고 깽가리 징소리 나믄 막 들고 담박굴 나서 춤추고 자와. 여렁께 못하제.

▷ 끼. 노는 끼. (가슴에서) 나와. 꽹과리 징소리 나면 막 그 길로 달음박
질해서, 춤추고 싶어. 부끄러우니까 못하지.

조 예. 목마르지는 않나요?

상천 아니 목모르지아내.
   아니 목모르지 안 해.
▷ 아니 목마르지 않아.

조 불편한 점이 있으시면 말씀하세요.

상천 불페난저믄: 허리가빙:시니라 허리가요로코꼬구라저땅게:.
   불펜한 점은 허리가 빙신이라 허리가 요롱고 꼬구라졌당게.
▷ 불편한 점은 허리가 병신이라 허리가 이렇게 굽어졌다니까.

조 그러면 좀 누우시겠어요.

상천 어: 누어게서마:라라고. 아지긍갠찬해:.
   어 누어게서 말하라고. 아직은 갠찬해.
▷ 누워서 말하라고. 아직은 괜찮아.

여그는 나락이라개

○

조 나락을 베어서 묶어놓은 것을 뭐라고 해요.

상천 나랑무시지:. 나랑문.
　나락 뭇이지. 나락 뭇.
▸ 벼 뭇이지.

조 베를(벼) 베서 한줌정도 묶어놓은 것은요. 그러니까 베(벼)를 베서 많이 묶어 놓은 것과 한줌 정도는 다르죠.

강진 아따: 으:디강께 충청으디강께 나랑무슬 한주먹짜리로세와:. 이르케 세와. 세와서말리드마.
　아따 으디 강께 충청 으디 강께 나락뭇을 한 주먹짜리로 세와. 이릏게 세와. 세와서 말리드마.
▸ 아따 충청도 어디 가니까 벼 뭇을 한 주먹씩 세워 말리더구먼.

상천 웃따리는. 여:그서는 걍 나라그로해서막 베늘로눌러부러. 몰려가꼬인자 논뚜 게다가가리쳐. 가리쳐가꼬: 몰려가꼬그놈 뚜게그놈지비로젱이제.
　웃다리는. 여그서는 걍 나락으로 해서 막 베늘로 눌러불어. 몰려갖고 인자 논둑에다가 가리쳐. 가리쳐갖고 몰려갖고 그놈 뚝에 그놈 집이로 쟁이제.
▸ 위 지방은. 여기는 그냥 벼를 (둑에) 가리 쳐 말려가지고 집으로 옮겨

난가리로 쌓아 두지.

조 옛날에는 뭇으로 묶어 몰려서 집으로 옮겼다는 말씀이네요. 그러면 몇 뭇씩 가리 치나요.

강진 다섬무썩. 인자 몰리니라고. 머리통만드라……그놈 또 홀태로노버더가꼬. 옌:날싸람참말로: 모가지가쑥빡께이:라고사라쩨. 지끄믕기게로다아고 옌:날래기 댜:부러써.

　다섯뭇썩. 인자 몰리니라고. 머리통 만들아……그놈 또 홀태로 놉 얻어갖고. 옛날사람 참말로 모가지가 쑥 빳게[107] 일하고 살았제. 지끔은 기게로 다하고 옛날 애기 댜 부렀어.

▷ 다섯 뭇씩. 말리느라고. 머리통 만들어……그것 홀태로 일꾼 얻어서. 옛날사람들 참 모가지가 쑥 빠지게 일하고 살았어. 지금은 기계로 다하고 옛날 얘기 되었어.

상천 지게로다:저다가 지비다모도머리통만들고.
　지게로 다 져다가 집이다 모도 머리통 만들고.
▷ 지게로 져다 집에서 머리통 만들어 (난가리 쌓고).

조 그렇게 해서 집에다 베늘을 누르신 거네요. 장작도 쌓으며 베늘이라고 하나요.

강진 아, 쟝잡뻬늘따로이꼬 나랍뻬늘따로인쩨.
　아, 장작베늘 따로 있고 나락베늘 따로 있제.
▷ 장작 난가리 따로 있고, 벼 난가리 따로 있지.

조 그럼 베가지고 놔둔 것은?

---

107) '빳게'는 어간 '빠지-'의 축소형이다.

상천 그거슨깍찌제:. 비어가꼬나:둥거슨 나락깍찌:라가거등. 그래가꼬무꾸제인자.
그것은 깍찌제. 비어갖고 나둔 것은 나락깍지라가거등. 그래갖고 무꾸제 인자.

▷ 비어가지고 놓아 둔 것은 나락 깍지라고 하거든. 그것을 묶지.

조 낟알을 떨어낸 줄기 그것을 뭐라고 하나요?

강진 벹찝. 벹 지비어집.
벳집. 벳집이어 집.

▷ 볏짚이어.

조 그것을 가져오라고 하면 무엇을 가져오라고 해야 할까요?

강진 아, 벹찌벌가저온나그래야제.
아, 벳집얼 가져온나 그래야제.

▷ 아, 볏짚을 가져오너라 그래야지.

조 아까 낟알을 떨어낸 줄기를 벳집이라고 했는데, 낟알 떨어내고 남은 그 가지는요.

상천 집 해:기. 홀태미테나옹거시 부거지. 나랑모가지 다:훌터붕거슨 집: 해:기여. 그놈 뽀바서: 비찌락또매:고해:써.
집 해기. 홀태 밑에 나온 것이 부거지. 나락모가지 다 훑어 분 것은 집 해기여. 그놈 뽑아서 빗지락도 매고 했어.

▷ 짚 해기 홀태 밑에 나온 것이 부검지. 나락모가지 훑은 것은 짚 해기여. 그것으로 빗자루도 엮고 했어.

조 집으로 또 무엇을 할까요?

상천 지비로 지붕도 이:고 마람 여꺼서:.

집이로 지붕도 이고 마람 엮어서.

▷ 짚으로 이엉 엮어서 지붕도 이고 .

조 보리타작에 대해서 여쭤 볼게요. 보리타작하고 나면 티 같은 것도 나오죠?

상천 보리꺼시락 꺼:롸. 진:짜 꺼:롸.

보리꺼시락 꺼롸. 진짜 꺼롸.

▷ 보리까끄라기 껄끄러워.

강진 모메꺼:러꺼러.

몸에 꺼러 꺼러.

▷ 몸에 껄끄러워.

조 나락껍질을 뭐라고 하나요?

상천 등:재. 그라고보리는 보리재라개. 보리:재:.

등:재. 그라고 보리는 보리 재라개. 보리재.

▷ 등겨. 그리고 보리는 보리 재라고 해.

조 그럼 등재하고 왕재하고 다른가요?

상천 앙:재가 앙재가등재. 이러트믄 나락째가앙:재여. 우리시골말로 등재.

앙재가 앙재가 등재. 이러트믄 나락재가 앙재여. 우리시골 말로 등재.

▷ 왕겨가 등겨. 나락 재가 왕겨여. 우리시골 말로 등겨.

조 보리도 처음 껍질은 보리재지만 한 번 더 벗기잖아요. 그 껍질은 또 뭐라고 하나요?

상천 때낀재.

때낀108) 재.

▷ 때낀 재.

조 보리 꺼시락도 긴 게 있고 짧은 게 있죠?

상천 꺼̆시라기: 찰보리가더:지러. 모̆가지도더:질:고. 쩌:욷따리가더마니시머, 찰
보리는.

꺼시락이 찰보리가 더 질어. 모가지도 더 질고. 쩌 웃다리가 더 만이
심어, 찰보리는.

▷ 까ㄲ라기는 찰보리가 더 길어. 모가지도 더 길고, 위 지방이 더 많이
심어.

조 조도 쌀처럼 더 찰진 게 있고 그냥 조도 있죠?

상천 차조모:조이써. 이른 몹:싸링거슨 모:좁쌀. 저네 천장비차조. 시̆:커마니이써.
꺼무쭉쭈개가꼬이써. 흥창:아니여:간만나.

차조 모조 있어. 이른 몹쌀인 것은 모좁쌀. 전에 천장비 차조. 시커마
니 있어. 꺼무쭉쭉해갖고 있어. 흥창하니109) 여간 맛나.

▷ 차조 모조 있어. 일반 멥쌀과 같은 것은 모조. 천장비 차조 새까맣게
있어. 거무죽죽해가지고 있어. 찰진 게 여간 맛있어.

조 차조와 모조를 어떻게 구별하죠?

상천 모:조가굴:거. 모:조가 아:리더굴:군디:. 차:조랑거슨 쪼:깐 이런 재:생마이

---

108) 어간 '때끼-'는 '찧-'에 대응되며 방아를 두 벌 찧기 이후부터를 이른다.

109) 어간 '흥창하-'는 '흥청하-'와 함께 쓰이는데 직접 대응되는 말은 없다. 그러나 상황
에 따라서는 어떤 물건이 탄력을 받아 '낭창낭창하다'라는 표현, 물이 흥건하게 고인
'흥건하다' 등의 의미로 쓰이기도 한다.

로쪼깐 가뭅차배:가꼬 파리시르만: 그거시:앵:기차조여. 앵:기차조. 그거시 마시
써.

모조가 굵어. 모조가 알이 더 굵운디. 차조란 것은 쪼깐 이런 재색마이
로 쪼깐 가뭅참해갖고 파리시름한 그것이 맛있어.

▣ 모조는 알이 더 굵어. 차조는 조금 재색 빛을 띠면서 거뭇하면서 파르
스름한 그것이 맛있어.

쭈쉬도 찰쭈쉬모:쭈쉬이써 잉? 불군색끄노미만나, 하:양꺼보둠. 불군노미 찰쭈
시:. 불군노미 비찌랑만드러.

쭈쉬도 찰쭈쉬 모쭈쉬 있어 잉? 붉운색 그놈이 맛나, 하얀거보둠. 붉
운놈이 찰쭈시. 붉운놈이 빗지락 만들어.

▣ 수수도 찰수수가 있어 웅? 붉은색이 더 맛나. 붉은 것이 찰수수. 붉은
수수는 빗자루도 만들어.

콩 심고 거두기

○

조 콩은 싱군다고 해요, 씨앗을 뿌린다고 해요?

상천 콩, 싱구제:. 지끔곧 싱굴때돼요. 오얼:따레. 모싱굴때: 메주콩도싱궈.

콩, 싱구제. 지끔 곧 싱굴 때 돼요. 오얼 달에. 모 싱굴 때 메주콩도 싱
궈.

▣ 콩, 심지. 지금 곧 심을 때 되요. 오월 달에. 모 심을 때 메주콩도 심
어.

조 콩은 싱궈 노면 저절로 싹이 나나요?

상천 지:가싸기트고 지가댜:. 콩에다거르마므난댜:. 너머잘때므난대.

지가110) 싹이 트고 지가 댜. 콩에다 거름하믄 안댜. 너머 잘대믄 안
대.

▣ 스스로 싹트고 스스로 돼. 콩에 거름하면 안 돼. 너무 잘되면 안 돼.

조 콩은 너무 잘되면 안돼요?

상천 콩은: 몯:땨야:, 몯:땨야 쫄랑쫄랑아니너무 이:러코댜가꼬 우:주기로잘댜가
꼬 안너러!

콩은 못댜야, 못댜야 쫄랑쫄랑하니 너무 이렇고 댜갖고 우죽이로 잘

---

110) '지'는 '저'의 방언형이다.

댜걎고 안 널어!111)
▷ 콩은 잘 되지 않아야, 쫄랑쫄랑하게 너무 잘 되면 안 열어.

🔲 우죽이면 우후죽순으로.

🔳 으응. 그랑께콩에다가 안댄다고 거르마지마러. 어:째싱굴때이쏘?
   으응. 그랑께 콩에다가 안댄다고 거름하지 마러. 어째 싱굴 대112) 있
   소?
▷ 응. 그러니까 콩이 잘 안된다고 거름하지 마러. 심을 곳 있소?

🔲 아니오. 벌레는 어떻게 해결하나요.

🔳 농야감번썩찌클기는 해:.
   농약 한 번썩 찌클기는113) 해:.
▷ 농약 한 번씩 뿌리기는 해.

🔲 그럼 콩은 언제 따는 가요?

🔳 가으레. 구:얼때레 하꺼시오. 입싹 다:떠러지고: 노오라니……. 그농가꼬콩
   노물도: 지러먹꼬그라제.
   가을에. 구얼 달에 할 것이오. 입싹 다 떨어지고 노오라니……. 그놈

---

111) 어간 '널-'은 '열다'(實)의 방언형이다. 어간 '널-'이 ㄴ-첨가가 일어난 다음 반모음
    탈락에 의한 것인지 확실치는 않다. 국어에서 ㄴ-첨가는 선행하는 음절이 자음으로
    끝나고 후행하는 음절이 모음으로 시작하면서 'ㅣ' 또는 'y'가 올 때 적용된다. 그런데
    전남방언에서는 '~작게 널어'(작게 열어)와 같이 쓰이며 이 제보자뿐 아니라 전남방
    언 노년층에서 '열다'(實)와 '열다'(開)를 '널다'로 '널다'(乾)를 '열다'로 쓰이는 것이
    종종 확인된다. 영암지역어의 경우 50대와 60대 층에서도 확인된다.
112) 전남방언의 화자들은 장소를 '대'로 표현한다.
113) 어간 '찌클-' 또는 '찌끌-'은 물과 같은 액체를 길바닥 혹은 어떤 대상에 '붓다' 또는
    '뿌리다'의 의미를 가지고 있는데 상황에 따라서는 표준어와 다른 의미로 쓰이기도 한
    다. 여기서는 농약이기 때문에 '뿌리기는'의 표현에 가깝다.

갖고 콩노물도 지러 먹고 그라제.

▸ 가을에. 구월 달에 할 것이오. 잎 다 떨어지고 (콩깍지가) 노래지
면……. 그걸 가지고 콩나물도 길러 먹고 그러지.

조 그럼 추수를 먼저 하는가요. 콩을 먼저 따는가요?

상천 나라가고가치아제. 가치. 콩은: 메다가: 마당에서뚜둘자나:. 나라그닌자 기:
게가 다: 하고.

나락하고 같이 하제. 같이. 콩은 메다가 마당에서 뚜둘잔아. 나락은 인
자 기게가 다 하고.

▸ 벼하고 같이 하지. 콩은 메다가 마당에서 뚜드리고, 나락은 기계로 하
고.

조 콩을 일일이 밭에서 따온 게 아니라.

상천 땅:게아니라 메다가. 나:무차메다가 마당에나:두고: 뚜두러.

딴게 아니라 메다가. 나무차 메다가 마당에 나두고 뚜둘어.

▸ 따오는 게 아니라 나무째 메다 마당에 놓고 두드려.

조 뚜둘면 콩이 바로 나오나요.

상천 나와. 발로볼바서 타닥타닥해.

나와. 발로 볿아서 타닥타닥해.

▸ 나와. 발로 밟은 뒤 타닥타닥 (두드려).

전주떡 몰레야인자: 뚜두러지꺼아니오. 치:므난뚜두러저.

몰레야 인자 뚜두러질 거 아니오. 치믄114) 안 뚜두러져.

---

114) 어간 '치-'는 표준어 '축축하-'에 대응된다. '짚, 나무' 등에 불을 붙일 때 축축하면

▷ (바싹) 몰려야 두드려질 것 아니오. 축축하면 두드려지지 않아.

상천 그랑께: 바:로뚜두믄사:방대로 다:튀어강께 나능발로 함불 볿바가꼬: 뚜두
러. 그라므난튀어가고조아.

그랑께 바로 뚜두믄 사방대로 다 튀어강께 나는 발로 한 불 볿아갖고
뚜두러. 그라믄 안 튀어 가고 좋아.

▷ 바로 두드리면 (콩이) 사방으로 튀어가니까 나는 발로 한 벌 밟아가지
고 두드려. 그러면 튀어가지 않고 좋아.

"치요." 혹은 "아:따, 너무 친편이요"라고 한다.

감자농사

◯

상천 워::매:, 감자마랑께 지비내뿐딸랑께. 여그서딱 발쭉뺀때믄내키찔레기마나
해. 이른놈도드러써. 그래가꼬 나머굴롬충부나니캐나땅께.

　워매, 감자 말항께 집이 내 뿐딸랑께. 여그서 딱 발 쭉 뺏대믄 내 키
찔레기마나 해. 이른놈도 들었어. 그래갖고 나 머울 놈 충분하니 캐 낫
당께.

▶ 오매, 감자 말하니까 집이 내 본 따르시오. (우리 밭 길이가) 여기서
발 쭉 뻗으면 내 키만큼이나 해. 이만한 것도 들었어. 그래가지고 나
먹을 것은 충분하게 캐 놓았다니까.

조 요번에 캐셨어요.

상천 응. 아야, 생각또아낸는데그러고마니캐써:.

　응. 아야, 생각도 안했는데 그러고 만이 캤어.

▶ 응. 아니 생각도 하지 않았는데 그렇게 많이 캤어.

강진 비누리씨어:서:?(R)

　비누리 씨어서?

▶ 비닐 씌워서?

상천 아니, 비누리씨:믄 거: 민수기어매그란디: 북깜자비누리씨:지말란다네:. 더:
안넌다고:.

아니, 비누리 씨믄 거 민숙이 어매 그란디 북감자 비누리 씨지 말란다
네. 더 안 넌다고.

▷ 아니, 민숙이 엄마 그러는데 하지감자는 비닐 씌우지 말라네. 잘 열지
않는다고.

강진 안넌다고:. 부시랑해:줘써써?(R)

안 넌다고. 붓이랑115) 해줬었어?

▷ 열지 않는다고. 북은 돋워줬어?

상천 부슨 일치가니해:쩨:. 부선: 그 순:뇨만할띠게: 요팔로고랑을딱:처가꼬: 거
루물쭈욱:허처서:(R) 부슨 일찌거니해:줘써. 아이, 그미: 뚝:똡버러저가꼬잉: 이
른:놈드럳땅께:.

붓은 일칙하니 했제. 붓언 그 순 요만할 떡에 요팔로 고랑을 딱 쳐갖고
거룸울 쭈욱 허쳐서 붓은 일찍허니 해줬어. 아이, 금이 뚝뚝 벌어져갖
고 잉 이른놈 들었당께.

▷ 북은 일찍 했지. 북은 순이 이만할 때 옆으로 고랑을 쳐가지고 거름을
뿌려서 일찍 해줬어. 그런데 금이 벌어지면서 이런 것이 들어있다니까.

조 붓이라고 하면?

강진 흐그로부대준다고:.

흑으로 붓 해 준다고.

---

115) '붓'은 '북'의 방언형이다. '북'은 식물의 뿌리를 싸고 있는 흙을 일컬으며 '培養'의 의
미로 '북돋우다'라는 표현과 함께 쓰인다. 그런데 <訓蒙上5>와 <類合下41>을 보면
한자 '籽', '培', '癰'의 새김이 '붓도돌'로 표기되어 있고, 문장의 쓰임에서는 '그 불휘
롤 붓도며'<宣小題辭2>, '미거니 붓도도와 빗김에 달화내니'<고시조>, '⋯⋯셰우
중의 붓도며'<답사향곡> 등으로 수록되어 있다. 새김 및 문장에 쓰인 어간을 분석
하면 '붓돋오-'가 된다. 이것으로 보아 현대국어의 어간 '북돋우-'는 '붓돋오-'(붓+돋
+오-)의 첫음절 종성 위치에서 'ㅅ>ㄱ'의 변화가 있었던 것으로 보인다. 그러나 영암
지역어는 표준어와 달리 옛 형태를 그대로 간직하여 쓰고 있다.

▷ 흙으로 북돋아준다고.

상천 여:차로:, 이:처너나치만줘:. 나무굴랑께 째:깜만나볼랑께에: 그래뜨니, 몰:라메깨주도아나데. 거:짐말핟:나도아내. 나: 발 쭉:뺃때믄내키찔래기여:.(R) 그란디그래:.

여차로, 이천언아치만116) 줘. 나 묵울랑께 째깐만 나볼랑께에 그랬드니, 몰라 멧 개 주도 안하데. 거짓말 한나도 안 해. 나 발 쭉 뺃대믄 내 키찔래기여. 그란디 그래.

▷ 이 천원어치만 줘. 나 먹을 것 조금 놓아 보려니까 그랬더니, 몰라 몇 개 주도 않더라고. 거짓말 하나 않고, 나 발 쭉 뻗으면 내 키만이나 해. 그런데 그래.

이마낭거 메깨주데. 먹꼬나믄찌끄레기를메깨해:뜨니 앙크드라고.

이만한 거 멧 개 주데. 먹고 남은 찌끄레기를 멧 개 했드니 안 크드라고.

▷ 이만한 것 몇 개 주데. 먹고 남은 찌꺼기를 몇 개 심었더니 안 크더라고.

강진 안쪼개고오:니시머써?

안 쪼개고 온이 심었어?

▷ 쪼개지 않고 온이 심었어?

상천 쪼:개야제메깨대도안안디:.

쪼개야제 멧 개 대도 안한디.

▷ 쪼개야지 몇 개 되지도 않은데.

조 키찔레기이라는 말은?

116) 접미사 '-아치'는 '-어치'의 옛말이다.

상천 키찔레기: 하하하 키질레기마나싱권는디: 자룹따:그마리어.

키찔레기 하하하 키질레기마나 싱궜는디 자룹다 그 말이어.

▣ 키찔레기 하하하 내 키 길이만큼 심었는데, 짧다 그 말이어.

인:자 밥차란능가비오. 인자 밥 먹꼬 하까:? "우리가:? 우리 가까요:?(R)"

인자 밥 차랐능갑이오. 인자 밥 먹고 하까? "우리 가? 우리 가까요?

▣ 이제 밥 차렸는가 보오. 밥 먹고 할까? "우리 가? 우리가 갈까요?"

이장 으음:. 당아몰랐어:.

음, 당아 몰랐어.117)

▣ 아직 멀었어.

조 몰랐어. 그러네요.

상천 당아몰:라써그라요?

당아 몰랐어 그라요?

▣ 아직 멀었어 그러요?

조 여기서는 몰:랐어?

상천 응. 바비당아몰:라써. 밥 당아: 안디얻따. "밥 당아 몰:라써?"(R) …… "전주떡:! 당아몰:라쏘?"

응. 밥이 당아 몰랐어. 밥 당아 안 디았다. "밥 당아 몰랐어?" …… "전주떡! 당아 몰랐소?"

---

117) '몰랐어'는 표준어 '멀다'의 과거형 '멀었어'에 대응되는 표현이다. 그런데 영암에서는 '몰:랐어'와 같이 표준어와 다르게 'ㄹ'이 중첩되어 나타나고 있다. 글쓴이의 조사에 따르면 이러한 표현은 함평에서도 확인되었다. 다만 함평은 '멀랐어'라고 하여 첫음절 어간의 모음에서 '오'와 '어'의 차이가 있을 뿐이다. 이러한 중첩표현이 그 외 전남의 다른 지역에서도 쓰이는지 확인하였는데 발견되지 않았다.

▣ 응. 밥이 아직 멀었어. 밥이 아직 안 되었다. (부엌을 향해)"밥 아직 멀었어?" …… "전주떡! 아직 멀었소?"

전주 예:. 쪼깐더푸이쑈.
　예 쪼깐 더 푸이쇼.
▣ 예 조금 더 이야기 하시오.

깨는 울고 맨다

○

상천 간:디 껍떡차갈:믄 껍떠기안나가자나, 지끔 껍떠근: 꼬:꼬다자네: 거:버들버
드래부러, 흐:가니.

간디 껍떡차 갈믄 껍떡이 안 나가자아, 지끔 껍떡은 꼿꼿하잔에 거 버
들버들해부러, 흐가니.

▶ 그런데 껍질째 갈면 껍질이 나가지 않잖아, 지금 껍질은 꼿꼿하지 않
고 버들버들해, 하얗게.

이장떡 깨도 인자 잔 소까줘야쓰거써라잉:? 비인자 개:쓩께.

깨도 인자 잔 소까줘야 쓰겄어라잉? 비 인자 갰응께.

▶ 깨도 이제는 솎아줘야 쓰겠어요? 비 갰으니까.

상천 꽤:. 인자소끄제. 이르코생기믄. 강께 그거또:함뻐네다:소끄지말고: 여:차
로. 여:차로 예비적으로 소까가꼬: 또: 한나둘로소꿀롬 인자.

꽤. 인자 소끄제.118) 이릏고 생기믄. 강께 그것도 함번에 다 소끄지
말고 여차로. 여차로 예비적으로 소까갖고 또 한나 둘로 소꿀놈 인자.

▶ 깨. 솎지. (그런데) 한꺼번에 솎지 말고, (상태를 보면서 단계적으로)
솎아.

이장 이:망쿰씨가믄 옹겨도대까? 너무일르까?

이만쿰씩 하믄 옮겨도 대까? 너무 일르까?

---

118) 어간 '소끄-'는 '솎-'의 방언형으로 어간이 확장되었다.

▣ 이정도 하면 옮겨도 될까? 너무 이를까?

상천 쪼깐더:커야. 너무:에링:거엥기무느낭커. 너:마에린데엥기믄……그랑께 쪼:깐뇨마:이나 커야. 마:치모중이조:타하므넹기제:.

　쪼깐 더 커야. 너무 에린거 엥기무는119) 안 커. 너마 에린데 엥기믄……그랑께 쪼깐 요마이나 커야 써. 마치 모중이 좋다하믄 엥기제.

▣ 조금 더 커야. 너무 어린 것 옮기면 안 커. 너무 어릴 때 옮기면……그러니까 조금 더 커야 써. 마치 모종이 좋다할 때 옮기지.

이정 아:니저기애써. 안나서: 기냥:수머꺼등. 그놈도: 난노믄나고 막, 숭권는디 거: 척처갈때시머가꼬:. 척처갈때수머떠니: 깨씨가한나썩 그우게가부터뜽가 그놈새가:아주삐두리가 대:차 가뜨니 차자무거부렁능가안나야:.

　아니 저기했어. 안 나서 기냥 숨었거등. 그놈도 난 놈은 나고 막 숭궜는디 거 척척할때 심어갖고. 척척할 때 숨었더니 깨씨가 한나썩 그 욱에가 붙었든가 그놈 새가 아주 삐두리가 대차 갔드니 찾아 묵어불었는가 안 나야.

▣ 안 나서 그냥 심었거든. 그것도 난 것은 나고, 막 심었는데 척척할 때 심었더니 깨 씨가 하나씩 위에 붙었던가, 갔더니 비둘기가 찾아 먹어버렸는가 안 나야.

상천 그란데 엠마:나므나넹게야써. 이노미이러:코이써도: 이러코딱: 아울라저. 이러:코 붙 노믄: 시:개나:두고 여으 시:개 나:두므나울라저부러. 그러코엥길꺼덥써.

　그란데 엔만하믄 안 엥게야써. 이놈이 이렇고 있어도 이렇고 딱 아울라져. 이렇고 붙 노믄 시개 나두고 여으 시개 나두믄 아울라져 붙어. 그렇고 앵길것 없어.

▣ 그런데 웬만하면 옮기지 않아야 대. (듬성듬성 해도) 아우러져. 세 개

---

119) '엥기-'는 사동어간 '옮기-'의 전남방언형이다.

놓아두고 여기 세 개 놓아두면 아우러져. 그렇게 옮길 것 없어.

이장 마:리, 마:리깨도울:고매야써: 울:고맨다개써잉.

말이, 말이 깨도 울고 매야 써. 울고 맨다갰어잉.

▷ 말이 깨도 울고 매야 써. 울고 맨다고 했어.

상천 잉:. 울:고맨다고: 그 가치가 이땅께:. 요로코 드무러도 여귿따시:개, 여귿따
시:개 나:두믄 여그엥길꺼덥:써.

잉. 울고 맨다고 그 가치가 있당께. 요롱고 드물어도 여긋다 시개 여긋
다 시개 나두믄 여그 엥길 것 없어.

▷ 응. 울고 매도 그 가치가 있다니까. 드물게 여기 세 개 저기 세 개 놔
두면 옮길 것 없어.

이장 시:번차숭거논, 나:도: 그노미모:쓰거뜨마.

시번차 숭거논, 나도 그놈이 못 쓰것드마.

▷ 세 번째 심어놓은, (싹이) 나도 못 쓰겠더구먼.

상천 아따그거슨 메:: 메썽제 모써. 깨는 메썽제대믄 모써.

아따 그것은 메 멧성제 못써. 깨는 멧성제 대믄 못써.

▷ 아따 그것은 몇 형제(를 이뤄) 못써. 깨는 몇 형제 되면 못써.

이장 그랑께 인자 냅:둬불라고. 함번시먼는디: 그놈도 안난노미써. 냅 둬불라마.

그랑께 인자 냅둬불라고. 한번 심었는디 그놈도 안 난 놈이 있어. 냅둬
불라마.

▷ 그러니까 이제는 내버려 두려고. 한번 심었는데 그것도 안 난 것이 있
어. 내버려 두련만.

상천 그가치가댕당께. 그노미 울:고매도: 다, 어울러저:. 엔마나등기:냥키워야대.

그라고아:주 드문데는앵기고.

　그 가치가 댕당께. 그놈이 울고 매도 다, 어울러져.120) 엔만하믄 기냥 키워야대. 그라고 아주 드문데는 엥기고.

▷ 그 가치가 된다니까. 울고 매도 (자라면서) 다 어우러져. 웬만하면 그 냥 키워야 돼. 그리고 아주 드문 곳만 옮겨주고.

이장 응 아:주드문데느넹게보고. 그랑께 장녀네우리꺼보고아짐네꺼봉께 시:개 둘: 씩 다불트마:.

　응 아주 드문데는 엥게보고. 그랑께 장년에 우릿 거 보고 아짐넷 거 봉 께 시개 둘썩 다 붙드마.

▷ 아주 드문 곳은 옮겨보고. 작년에 우리 (깨)보고 아짐네 (깨) 보니까 세 개 둘씩 다 붙더구먼.

상천 시:개 드문데는시:개써올레줘라:.

　시개 드문데는 시개썩 올레줘라.

▷ 세 개 드문 곳은 세 개씩 올려줘요.

이장 아니 안드무러도. 두:개시개다:부:뜨라고. 가니나는장녀네: 한나씽만둬:뜨 니: 깨 무시안나모:쓰거써. 깨:무시안나와.

　아니 안 드물어도. 두개 시개 다 붙드라고. 가니 나는 장년에 한나씩만 됐드니 깨 뭇이 안나 못쓰겄어. 깨 뭇이 안 나와.

▷ 아니 드물지 않아도. 두 개 세 개 다 붙더라고. 작년에는 하나씩만 됐 더니 깨 뭇이 안 나와 못 쓰겠어. 깨 뭇이 안 나와.

상천 이러코 구녕마당게:소긴는디는:(R) 붇:쩨. 또:한나썩:띠운:디는 시:개. 그 르케대:. 내:머리대로해:.

---

120) 깨는 드물게 싹이 나도 크면서 가지가 생겨 불어난다고 한다. 이러한 상태를 어우러진 다고 표현하고 있다.

이렇고 구녕마당 계속 있는디는 분제. 또 한나썩 띠운디는 시개. 그릏
게 대. 내 머리대로 해.

▶ 구멍마다 계속 있는 데는 붙지. 하나 씩 떠운 곳은 세 개. 그렇게 돼.
내 계산대로 해.

이장 잉:. 그르케나야제. 한나씩둥께모:쓰거띠다. 한나씩뒈뜨니깨가: 안나부러모:
쓰거뜨마:.

잉. 그릏게 나야제. 한나씩 둥께 못쓰겄디다. 한나씩 됐드니 깨가 안
나불어 못쓰겄드마.

▶ 응. 그렇게 놔야지. 하나씩 두니까 못쓰겠습디다. 하나씩 됐더니 깨가
안 나 못쓰겠더구먼.

상천 한나썩두문수아기안나. 그란다고 아:무리그란다고한나씩둔다우:?

한나썩 두문 수학이 안 나. 그란다고 아무리 그란다고 한나씩 둔다우?

▶ 하나씩 두면 수확이 안 나. 아무리 그런다고 하나씩 둔데요?

이장 한나씩뒈써나는. 그랑께그노미인자 깨가: 저무시안나불드라:. 깨가: 저무시
안나부러모써.

한나씩 됐어 나는. 그랑께 그놈이 인자 깨가 저 뭇이 안 나 불드라. 깨
가 저 뭇이 안 나 불어 못써.

▶ 나는 하나씩 됐어. 그러니까 깨가 뭇이 안 나 못써.

상천 아:니나는그러코 한나씨간뒈. 두:개썩뒈야대. 너:머한나씩두믄: 너:머수아기
안나자나. ……어:따어지께 토랜때베께논놈비:다:마꼬.

아니 나는 그릏고 한나씩 안 뒈. 두개썩 뒈야대. 너머 한나씩 두믄 너
머 수학이 안 나잔아. ……어따 어지께 토랜대 벳게 논놈 비 다맞고.

▶ 나는 하나씩 안 돼. 두 개씩은 돼야 돼. 하나씩 두면 수확이 안 나잖아.
……아따 어제 토란대 벗겨놓은 것 비 다 맞고.

조 토란대요.

상천 토랜때. 오늘또: 이:러코해나써어. 그란디: 인자사두놔서모:대부러. 인자나코 벤나믄할라고. 나코또벤나제안난다우.

　토랜대. 오늘 또 이렇고 해났어. 그란디 인자 사둔와서 못해부러. 인자 나코121) 벳나믄 할라고. 나코 또 벳나제 안 난다우.

▶ 토란대. 오늘 또 해났어. 그런데 사돈 와서 못 하겠네. 나중에 볕 나면 해야지. 나중에 또 볕 나지 않겠소.

---

121) '나코'는 '나중, 후제' 등의 의미를 지니고 있는데 어디에서 유래된 말인지 분명하지 않다.

너룹기는 너룹드마, 너루와

○

상천 코:키리니 거근따가: 거그 이:라더니 콩:, 깨: 차악::풀도업씨 흐글 착 뿌레
주더니: 이 바슬맹기라가꼬 지금밭짠바바:. 깸마리나하거써라:. 아조: 푸란나도업
시잘::골라나따:지끔:. 크:나큰두기::. 아주 허발란당께.

코키린이122) 거긋다가 거그 일하더니 콩, 깨 차악 풀도 없이 흑을 착
뿌레주더니 이 밧을 맹기라갖고 지금 밭 잔 바바. 깻말이나 하겄어라.
아조 풀 한나도 없이 잘 골라났다 지끔. 큰아큰 둑이. 아주 허발란당
께.123)

▷ 굴착기로 일을 하더니 콩, 깨를 풀도 없이 흙으로 뿌려주더니 밭을 만
들어가지고 지금 밭 좀 봐봐. 깨 말이나 하겠어요. 아주 풀 한포기 없
이 잘 골라놓았다니까. 큰 둑이.

평동떡 장녀네도 철쌍이가 포슬무지무지아게자랟따개:서. "내가 한주먹쭈서쏘."
"자래:쏘." 그라드랑께.

작년에도 철쌍이가 퐀을 무지무지하게 잘했다개서. "내가 한 주먹 줏
었소." "잘했소." 그라드랑께.

▷ 작년에도 철상이가 팥을 무지하게 잘했다고 해서 "내가 한 주먹 주웠
소." (하니까) "잘했소." 그러더라니까.

상천 아:니:. 지끔깨잔바:바:.

---

122) '코키린'은 '코크렝인'와 함께 '포크레인'의 방언형으로 쓰인다.
123) '허발나-'는 '허벌나-'와 같이 쓰이며 '굉장하-'의 방언형이다.

아니. 지끔 깨 잔 바바.

▶ 아니, 지금 깨 좀 봐봐.

내가깨:갈:기저네이래써:. 웃똥네 내가물질러감스로 "지비, 오래는: 우리두게다가
하지마러. 거시기 내가논친 가라써라우:." 그랑께, "이잉, 가라뜽마. 자성이가 벌:
덩만." 그람스로 거그다하지말랑께는. 크람스롱 "폴::쎄해:난는디." 그래서는 오래
망그람하라고 핸:는디:. 거근따 해:마다하거써:.

　내가 깨 갈기 전에 이랬어. 웃동네 내가 물 질러감스로 "집이, 올해는
우리 둑에다가 하지 마러. 거시기 내가 논 친 갈았어라우." 그랑께, "이
잉, 갈았등마. 자성이가 벌덩만." 그람스로 거그다 하지 말랑께는. 크
람스롱 "폴세 해 났는디." 그래서는 올해만 그람 하라고 했는디. 거긋
다 해마다 하겠어.

▶ 내가 갈기 전에, 윗마을 물 길러가면서 "집이 올해는 우리 둑에 하지
마러. 내가 논 쳐서 갈았소." 그러니까, "응 갈았더구면. 자성이가 벌더
구면." 그러면서 거기다 하지마라고 했는데, "벌써 해 났는데." 그래서
는 올해만 그럼 하라고. 그런데 해마다 하겠어.

평동 하걱꼬마응. 너룹뜨마:. 거:리거리 너루와.

　하겄고마 응. 너룹드마. 거리거리 너루와.

▶ 하겠구면. 넓더구면. 넓어.

상천 ㄱ:두기:: 지끔 놈더런 정부두기라간디:, 우리두기나다르멉써. 시:민장이
민:장알때게 돈:줘? 우리논 그:리 그짜그로 우구로올라감스로 신장노널핌스로 도:
난나안주고: 널레써. 그랜쩨. 우리두기어어:.

　그 둑이 지끔 놈덜언 정부 둑이라간디, 우리 둑이나 다름 없어. 시민장
이 민장 할 땍에 돈 줘? 우리 논 그리 그짝으로 욱우로 올라감스로 신
작로 넓힘스로 돈 한나 안 주고 널렜어. 그랬제. 우리 둑이어어.

▶ 그 둑을 남들은 정부 둑이라고 하지만 우리 둑이나 다름없어. 시면장

이 면장 할 때 돈도 안주고 우리 논 위로 올라가면서 신작로를 넓혔어.

깨:가아주 푸란나도업씨 맴바다게다가 무::자게자래나땅께:.

깨가 아주 풀 한나도 없이 맨바닥에다가 무자게 잘해났당께.

▣ 깨가 풀 한포기도 없이 맨바닥에 무지하게 잘 해났다니까.

평통 뿌:렌는디:? 믄:재주로자라까:.

뿌렜는디? 믄 재주로 잘하까.

▣ 뿌렸는데? 무슨 재주로 잘할까.

상천 으응. 뿌렌는디. 허:발라:. 깸마른틀:리멉씨하거써. 그라고 종자 싹:골라농께 빔::틈한나돕씨: 크나:큰 두기 아주 짝:까라부러써.

으응. 뿌렜는디. 허발나. 깻말은124) 틀림없이 하겄어. 그라고 종자 싹 골라농께 빈틈 한나듧이 큰아큰 둑이 아주 짝 깔아불었어.

▣ 응. 뿌렸는데 굉장해. 깨 말은 틀림없이 하겠어. 그리고 종자 골라놓으니까 빈틈 하나도 없이 그 큰 둑에 쫙 깔았어.

갈쿠로극쩨:. 거시기저 코끼링이: 거그거 물래레간: 꼬:를침스로: 흐그로조:케 챂:뿌레나뜨랑께:. 그래가꼬 거긋따가 내가 모신닙또 모시받또 할라고: 모시바설 놔써라. 그노미번:성애서모시바시대꺼인디:, 아이, 이, 자꺼뜨리 으:디가 먹께하요:. 크나큰그 뽕:나무도인는디 다:파서업:쌔불고 아주 그:르코조케해:나써.

갈쿠로 긁제. 거시기 저 코끼링이 거그 거 물 내레간 꼴을125) 침스로 흑으로 좋게 착 뿌레났드랑께. 그래갖고 거긋다가 내가 모싯입도126) 모시밭도 할라고 모시밧얼 놨어라. 그놈이 번성해서 모시밧이 대꺼인디, 아이, 이, 잡것들이 으디가 먹게하요. 큰아큰 그 뽕나무도 있는디

---

124) '말'은 곡식의 부피를 나타낸다. 한 말은 한 되의 열 배로 약 18리터에 해당한다.

125) '꼴'은 '꼬랑'의 줄임말로 '도랑'의 방언형이다.

126) 음성형 [모신닙]은 '모시+ㅅ+ㄴ+입(<잎)'으로 분석된다.

다 파서 없애불고 아주 그릏고 좋게 해났어.
▷ 갈퀴로 긁지. 굴착기가 물 내려가는 도랑을 치면서 흙으로 보기 좋게
뿌려놓았다니까. 내가 거기다 모시밭 만들어 놨어요. 그것이 번성해서
모시밭이 될 것인데, 아니 이 잡것들이 어디 벌어먹게 하요. 큰 뽕나무
도 있었는데 다 파버리고 좋게 만들어놨어.

평등 너룩낀너룹뜨마.
　너룹긴 너룹드마.
▷ 넓기는 넓더구먼.

상천 아:니 그두기욕씸나써. 철쌍이가. 맹녀네는 나:모:다게할랑마.
　아니 그둑이 욕심났어. 철쌍이가. 맹년에는 나 못하게 할랑마.
▷ 철쌍이가 그 둑이 욕심났어. 내년에는 내가 못하게 하련만.

평등 미러서마래. 그거시 인자 칠씹 둘:빼께암머거써.
　미러서 말해. 그것이 인자 칠씹 둘백에 안 먹었어.
▷ 미리 말해. 그 사람이 일흔둘밖에 먹지 않았어.

상천 칠씹 두:링가:? 그랑께 절뭉께항당께. 지끔 칠씹두른청녀니어청년.
　칠십 둘인가? 그랑께 젊웅께 항당께. 지끔 칠십 둘은 청년이어 청년.
▷ 일흔 둘인가? 젊으니까 한다니까. 지금 일흔 둘은 청년이어 청년.

다래

○

조 미엉 열매를 뭐라고 하나요?

상천 다:래. 다:래를따머그믄 조타가데:. 저네: 저네다:래모:따머께써. 병:생긴다
고. 그란디:지끄믄.

다래. 다래를 따 먹으믄 좋다가데. 전에 전에 다래 못 따먹겠어. 병 생
긴다고. 그란디 지끔은.

▹ 다래. 다래가 (몸에) 좋다고 하데. 예전에는 따먹지 못하게 했어. 병
생긴다고. 그런데 지금은.

강진 거짐마리어써.

거짓말이었어.

▹ 거짓말이었어.

상천 지끔그:짐마리어써. 지끔다:조타가네. 잉: 다:래가조타간당께:.(F) 강:께:
미엉씨 터에다멘낭구싱궈서. 따머거. 다:래가 다:래보들보드란놈달#차그나니만
나.

지끔 그 그짓말이었어. 지끔 다 좋다가네. 잉 다래가 좋다간당께. 강께
미엉씨 터에다 멧낭구 싱궈서. 따먹어. 다래가 다래 보들보들한 놈 달
차근하니 맛나.

▹ 이제 보니 거짓말이었어. 지금은 (다래가) 좋다고 하더라고. 그러니까
목화씨 터에 몇 나무 심어서 따 먹어. 부들부들한 다래는 달착지근하

게 맛나.

조 저도 그 씨앗이 있는데요.

강진 그노미지끔 바테인는놈 가으레: 화나니꼽핀놈 멥모가지끄너다 싱궈야제:. 도
라댕기믄느리써:.

　그놈이 지끔 밭에 있는 놈 가을에 환하니 꽃 핀 놈 멧 모가지 끈어다
　싱궈야제. 돌아댕기믄 늘 있어.

▣ 지금 밭에 있는 가을에 환하게 꽃 핀 것 몇 모가지 끊어다 심어야지.
　돌아다니다 보면 항상 있어.

상천 미엉씨. 그놈 화붕그르게싱궈. 화붕그러그로도충부나니다:.

　미엉씨. 그놈 화분 그륵에 싱궈. 화분 그럭으로도 충분하니 댜.

▣ 목화씨를 화분에 심어. 화분으로도 충분해.

강진 아따, 해넝깅거슨 소양업땀마리야:.

　아따, 해 넘긴 것은 소양없단 말이야.

▣ 아따, 해 넘긴 것은 소용없단 말이오.

조 네. 그러면 목화솜 속에서 나온 것은 뭐라고 하나요?

상천 모카소:게서?(R) 미엉씨:. 미엉 씨가야기어:. 그거또야기어:. 그거시므:세
조타개쏘그때?

　목화 속에서? 미엉씨. 미엉씨가 약이어. 그것도 약이어. 그것이 믓에
　좋다갰소 그때?

▣ 목화 속에서? 목화씨. 목화씨가 약이어. 그것이 뭐에 좋다고 했소 그
　때?

강진 몰:라 므세조타갑띠오마는…….

　몰라 믓에 좋다갑디오마는…….

▣ 몰라. 뭐에 좋다고 했지마는…….

상천 (박수치며) 여그물팍:. 물파ᄀᆞᆨ:네:. 골: 골숨나깅가몰라. 골숨낙또우리머긍
다해:땅께. 거으지름짜서도: 거:지름짜믄또지르미줄줄라와. 강:께마:니구알때이
쓰믕구애다지름짜:머거. 절뭉께.

　여그 물팍. 물팍 안에. 골 골숨약잉가 몰라. 골숨약도 우리 먹읍다 했
　당께. 거으 지름 짜서도 거 지름 짜믄 또 지름이 줄줄 나와. 강께 만이
　구할 때 있으믄 구해다 지름 짜 먹어. 젊웅께.

▣ 여기 무릎. 칼슘약인가 몰라. 칼슘약도 우리가 먹는다고 했다니까. 그
　리고 기름 짜면 기름이 줄줄 나와. 그러니까 많이 구할 곳 있으면 구해
　다 기름 짜 먹어. 젊으니까

이라이라 이라자라

◌

조 사람이 소 새끼를 부를 때는 어떻게 부를까요?

상천 매:리매리. 그르케불러써. 그라믄: 지:가:알고와:. 매::리! 그래. 그라믄 지:
가아러먹#뜨랑께. 어:디한쪼게허까네가이따가: 매::리그라믐뽈:꺼니드러와.

매리 매리. 그렇게 불렀어. 그라믄 지가 알고 와. 매리! 그래. 그라믄
지가 알어 먹드랑께. 어디 한쪽에 헛간에가 있다가 매리 그라믄 뽈꺼
니 들어와.

▶ 매리 매리 그렇게 불렀어. 그러면 제가 알고 와. 알아듣더라니까. 어디
한쪽 헛간에 있다가도 매리 그러면 폴짝 뛰어 들어와.

나가고업:써 지를이저머거도. 저네저네소킬때게펍불러쩨.

나가고 없어 질을 잊어 먹어도. 전에 전에 소 킬 땍에 픅 불렀제.

▶ 나갔다가 길을 잊어도. 예전에 소 키울 때 픅이나 불렀지.

조 수소와 암소를 부르는 이름이 다르나요?

상천 쑤:쏘가 뿌사리고. 암소는 기냥암소여.

쑷소가 뿌사리고.[127) 암소는 기냥 암소여.

▶ 수소는 뿌사리고 암소는 그냥 암소여.

---

127) '뿌사리'는 '황소'의 방언형이다.

조 소가 성질이 사나우면 질드린다고 하나요.

상천 뿌사리: 달게야제. 이잉 달게. 달게야: 코뚜레작꼬: 달게야대. 쎄멘때도찌른
당께.
　뿌사리 달게야제. 이잉 달게. 달게야 코뚜레 잡고 달게야대. 쎄멘대도
　찌른당께.
▷ 뿌사리 달래야지. 달래야 코뚜레를 잡고 달래야 돼. 세숫대야도 찌른
　다니까.

조 소를 모는 소리도 다르죠?

상천 이라:이라. 이라자라. 이:라자라. 자라자라자라. 쟁길질할 때 소리. 그랑께
이르코 고랑을파고가자나:. 비낄리믄 이라이라이라. 얼릉가라고.
　이라이라. 이라자라. 이라자라. 자라자라자라. 쟁길질할 때 소리. 그랑
　께 이릏고 고랑을 파고 가잔아. 비낄리믄 이라이라이라. 얼릉가라고.
▷ 이랴이랴. 이랴자라. 자라자라. 쟁기질 할 때 소리. 이렇게 (밭이나
　논) 고랑을 파고 가잖아. 방향을 틀 때 이랴이랴. 얼른 가라고.

조 비낄리면요?

상천 아:니:고랑을타고가자나:. 쟁기지랄때 비:트러질때.
　아니 고랑을 타고 가잔아. 쟁기질 할 때 비트러질 때.
▷ 이랑을 타면서 갈잖아. 방향을 틀 때.

조 그 자리에 서라고 할 때는요?

상천 스라:할때는 와: 와: 와. 잉:이르코 카만니쓰란소리가 와: 와.
　스라 할 때는 와와와. 잉 이릏고 카만 있으란 소리가 와와.

▣ 서라 할 때는 와와와. 가만히 있으란 소리가 와와.

조 그러면 오른쪽으로 돌라고 할 때는.

상천 이라:이라이라이라. 엔:쪼그로갈때자라라개. 엔:쪼그로자라자라.
　이라이라이라이라. 엔쪽으로 갈 때 자라라개. 엔쪽으로 자라자라.
▣ 이라, 이라이라이라. 왼쪽으로 갈 때 자라 자라라고 해.

조 그러면요. 앞으로 가라고 할 때는 어떻게 말하나요?

상천 그랄때는 이라! 그라제.
　그랄 때는 이라! 그라제.
▣ 그럴 때는 이라! 그러지.

조 뒤로 물러나라고 할 때는요?

상천 물:라:물라그라제. 물르라고.
　물라물라 그라제. 물르라고.
▣ 물라물라 그러지. 무르라고.

조 소 모는 소리가 다 다르네요. 그 소리를 소가 다 알아듣는다는 거잖아요.

평동 잉. 아러무거라.
　잉. 알어 묵어라.
▣ 응. 알아들어요.

상천 강께소만또모단사라미따아납띠오.
　강께 소만도 못한 사람 있다 안 합디오.

▷ 그러니까 소만도 못한 사람 있다고 하잖아요.

조 닭도 먹이를 줄때 부르는 소리가 있지요.

상천 에미더를부르제:. 모시줄때 주주: 주주주주. 그거시 부른소리.
　에미덜을 부르제. 모시줄때 주주 주주주주. 그것이 부른 소리.
▷ 어미들을 부르지. 모이줄때 주주주주. 그것이 부르는 소리.

조 돼지를 부르는 소리는요.

상천 둘:둘 부르는소리가둘:둘.
　둘둘 부르는 소리가 둘둘.
▷ 둘둘 부르는 소리가 둘둘.

조 돼지와 닭은 어디로 밥을 먹나요?

상천 됴지는나발. 다근주댕이. 주댕이로 모시를 주서머거.
　됴지는 나발. 닥은 주댕이. 주댕이로 모시를 주서 먹어.
▷ 돼지는 나발. 닭은 주둥이. 주둥이로 모이를 주워 먹어.

4 산천을 닮은 이야기

굿을 좋아하는 호랭이

○

상천 호:랭이가: 저네: 사:람무러가자나:. 저네는: 저네느니이:호:랭이가: 사:라므로 뵈이므남머근디:(R) 그:사라미 개:로배잉께그래. 지:누네는 개:로배잉께무러가제: 사:라므로 뵈이므남무러간당만:.

호랭이가 전에 사람물어 가잔아. 전에는 이이 호랭이가 사람으로 뵈이믄 안 먹은디 그 사람이 개로 배잉께 그래. 지 눈에는 개로 배잉께 물어가제 사람으로 뵈이믄 안 물어간당만.

▣ 예전에는 호랑이가 사람도 물어 갔잖아. 그런데 호랑이도 사람으로 보이면 잡아먹지 않은데, 개로 보이니까 그래. 제 눈에 개로 보이니까 물어가지 사람으로 보이면 물어가지 않는다는구먼.

그이산신녕:.

그이 산신령.

▣ 그것이 산신령.

평동 그랑께 옌:나레는 시리업:쓰믄떠글모:다자나지:사때. 그노머더노코:므:슬해야쓴디. 바메너무느:께어드로강께 호:랭이가무러가부따개. 옌:나레는그래써라우. 그랑께시리를미리몬자어더다노코장마늘해:야제:.

그랑께 옛날에는 시리 없으믄 떡을 못하잔아 지사 때. 그놈 얻어놓고 뭇을 해야쓴디. 밤에 너무 늦게 얼으로 강께 호랑이가 물어가붰다개. 옛날에는 그랬어라우. 그랑께 시리를 미리 몬자 얻어다 놓고 장만을 해야제.

▣ 옛날에는 시루가 없으면 떡을 못하잖아. 시루를 먼저 얻어다 놓고 (다른) 일을 해야 하는데, 너무 늦게 얻으러 가니까 호랑이가 물어 가버렸다고 했어.

상천 저네우리어머니: 거:일:꾼둘ː썩데리고사러쌍께:. 일:꾼들데꼬 방애를: 무:ː 자게 그 보리방애: 찌:어가꼬 거시기저: 인자 잠자러다:가불고. 우리어머니는 덕쌩마당다페노코. 크나큼마당에 다페노코 그놈 까불라서: 함불까불라서 점:ː부널: 고이쓰믄 이: 호:랭이가 따악: 새르파게쪼그리고앙거따개:.

전에 우리어머니 거 일꾼 둘썩 데리고 살었응께. 일꾼들 델꼬 방애를 무쟈게 그 보리방애 찧어갖고 거시기 저 인자 잠자러 다 가불고. 우리어머니는 덕썩 마당 다 페 놓고. 큰아큰 마당에 다 페 놓고 그놈 까불라서 한불 까불라서 전부 널고 있으믄 이 호랭이가 따악 새르팍에128) 쪼그리고 앙거따개.129)

▣ 예전에 우리 어머니 일꾼들 둘씩 데리고 살면서, 보리방아를 찧고 그러셨는데, 잠자러 다 가버리고 나면 우리 어머니 (혼자) 너른 마당에 멍석을 펴 놓고. 그것을 한 벌 까불라 전부 널고 있을 때면, 호랑이는 사립문 앞에 쪼그리고 앉아 있다고 해.

우리어머니 시:집싸리가무:ː자게개:파가고: 니:가나무굴라디야:그라고 통크게일: 만해:따개:. 그랑께는: 새르파게가: 도와주니라고그래:.

진짜로. 우리어머니 시집살이가 무자게 개팍하고 니가 나 묵울라디야 그라고 통 크게 일만 했다개. 그랑께는 새르팍에가 도와주니라고 그래.

▣ 진짜로. 우리 어머니 시집살이가 무지하게 괴팍하고 그래서 네가 나

---

128) '새르팍'은 '사립문 밖' 언저리를 이르는 전남방언형이다. 전남의 남부지역을 중심으로 나타나는 어휘이며 '설팍~설팍'형 '샐팍~샐팍'형 '새르팍~새르팍'형이 지역에 따라 교체를 한다. 북부지역은 '사름문밖/밖'으로 실현되었다.

129) 어간 '앙그-'의 경우 어간 '가라앉-'의 활용형이 '가랑그고'를 반영하여 실현되어 어간 '앙지-'과 다르게 어간이 확장된 것으로 보아 '앙그-'로 한다.

잡아먹을라든 그러고 통 크게 일만 했다고 해. 그러니까 사립문 밖에
서 도와주려고 그래.

사:라므로 뵈믄도와준다개.

사람으로 뵈믄 도와준다개.

▶ 사람으로 보이면 도와준다고 해.

으응. 그러고 도와주니라고그래:. 그리고 장:을댈:라고 베를 땅:땅저니게짜
자나:. 그:장담마처서: 창으로모래를 착:착 뿌린다개. 장:담마처서. 인자그거또:
거시기도:와주니라고: 도와주니라고: 호:랭이가그러코도와줘:. 사:랑가트믄: 도
와줘.

으응. 그러고 도와주니라고 그래. 그리고 장을 댈라고 베를 땅땅 저녁
에 짜잔아. 그 장단 마쳐서 창으로 모래를 착착 뿌린다개.130) 장단 마
쳐서. 인자 그것도 거시기 도와주니라고 도와주니라고 호랭이가 그렇
고 도와 줘. 사람 같으믄 도와 줘.

▶ 응. 그렇게 도와주니라고. 그리고 장에 (내다) 파려고 베를 저녁에 짜
잖아. 그러면 호랑이가 장단맞춰서 모래를 착착 뿌린다고 해. 그것도
도와주니라고 호랑이가 도와 줘. 사람으로 보이면 도와 줘.

따가:따각따:가가고 솜뻬를짜:무는 거 장담마차서: 호:랑이가: 그::르케구슬조아
애:. 이: 농약: 군:: 거: 꽹메기뚜둘고:막 깅:깡게뚜둥거:. 그::르코조:아하고 그
래따개. 저네그랑께 서오면장불꾹써: 궁기를뚜둔디: 서:레. 정올따레. 궁기를뚜둔
디 밤::발뚜둘고인는디: 이::르코 뻗때고담너머보고이뜨라개.

따가따가각따각하고 손 베를 짜무는 거 장단 마차서 호랑이가 그릏게 굿
울 좋아해. 이 농약군 거 꽹메기 뚜둘고 막 깅깡게 뚜둔 거. 그릏고 좋

---

130) 영암에서는 베틀 소리를 호랑이가 문밖에서 꼬리로 모래를 창가로 뿌리는 소리라 여
겼다. 구례 지역에서도 이와 비슷한 전설이 내려오고 있었다. 구례의 제보자는 실제
냇가에서 호랑이가 꼬리로 물을 뿌리며 사람을 쫓는 경험을 하였다.

아하고 그랬다개. 전에 그랑께 서호면 장불국서 군기를 뚜둔디 설에. 정올딸에. 궁기를 뚜둔디 밤발(?) 뚜둘고 있는디 이릏고 뻗대고 담 넘어보고 있드라개.

▷ 딸가닥 딸각하고 손 베를 짜면 장단 맞춰서, 호랑이가 그렇게 굿을 좋아해. 농악놀이 할 때 꽹과리 징 두드리면, 그렇게 좋아하고 그랬다고 해. (설날) 서호면 장북골에서 악기를 두드리는데 담 너머로 보고 있더라고 해.

🔲조 호랑이가요?

🔲상천 이잉. 담너머. 그:굽뽀고이뜨라개. 으::뜬 개잡쓰런 저:남자가:: 똥:꾸녀글 찌세붕께는:. 거시기 지붕머리 퐙퐝넝꼬가드라개. 도망가따개.
  이잉. 담 너머. 그 굿보고 있드라개. 으뜬 개잡스런 저 남자가 똥구녁을 찌세붕께는. 거시기 지붕머리 팍팍 넘고가드라개. 도망갔다개.

▷ 응. 담 너머로 그 굿을 보고 있더라고 해. 그런데 어떤 짓궂은 남자가 (호랑이) 똥구멍을 찌르니까 지붕을 팍팍 넘어가더라고 해. 도망갔다고 해.

🔲평몽 챵:심시:고마.
  장심 시고마.
▷ 담력이 세구먼.

🔲상천 그사람 개독스런남자가이쏘:. 저네 옏:나레도 개독스런남자가이써.
  그 사람 개독스런 남자가 있소. 전에 옛날에도 개독스런남자가 있어.
▷ 옛날에도 짓궂은 남자가 있었어.

🔲조 호랑이가 정말로 장단을 맞춰서.

상천 응:. 장담마차서: 그러코그거시: 그 구술조아애:. 이르트믄 사:람가트믄즐거우마마나제.

응. 장단 마챠서 그렇고 그것이 그 굿울 좋아해. 이르트믄 사람 같으믄 즐거움이 만아제.

▣ 응. 장단 맞춰서 (호랑이가) 그렇게 굿을 좋아해. 사람 같으면 즐거움이 많지.

조 호랑이가 담 너머서 보고 있으면 무섭지 않았을까요.

상천 아:따: 무섭쩨:. 어째암무석껀능가:. 간:디 그거또: 함:부로쮜신사라미씅께 그라제. 개덕스런남자가이썯땅께. 통크고:. 그랑께쮜시제:. 엠:마난남자모:쮜세::. 무솨서저자버머그까메모:쮜세:.

아따 무섭제. 어째 안 무섭겄는가. 간디 그것도 함부로 쮜신 사람이 있응께 그라제. 개덕스런 남자가 있었당께. 통 크고. 그랑께 쮜시제. 엔만한 남자 못 쮜세. 무솨서 저 잡어먹으까메 못 쮜세.

▣ 아따 무섭지. 왜 무섭지 않겠는가. 그런데 그것도 함부로 찌르는 사람이 있으니까 그러지. 짓궂은 남자가 있었다니까. 통도 크고 그러니까 찌르지. 웬만한 남자는 (무서워서) 못 찌르지. 저 잡아먹을까봐 못 찔러.

이빨 빠진 개오랭이

○

상천 이빨빠징개오랭이 하하하. 개오랭이 내:까에가지마라 하하하.

이빨 빠진 개오랭이 하하하. 개오랭이131) 냇가에 가지마라 하하하.

▷ 이빨 빠진 개호랭이 하하하. 개호랭이 냇가에 가지마라 하하하.

조 개오랭이가 뭐에요?

상천 이빨빠:지믕:개오랭이. 이빨빠지내기더를개오랭이라개써 하하하.

이빨 빠지믄 개오랭이. 이빨 빠진 애기덜을 개오랭이라겠어 하하하.

▷ 이빨 빠진 아이들을 개호랭이라고 했어 하하하.

쉬영 하하하 그나 어째서: 내:까에 가지마라개쓰까?

하하하 그나 어째서 냇가에 가지마라겠으까?

▷ 하하하 그나저나 왜 냇가에 가지 말라고 했을까?

상천 미:기안테빰:마진다고:. 새비안테침마꼬, 붕:어안테 빰마꼬. 옌:날마리써.

미기한테 빰 맞인다고. 새비한테 침 맞고, 붕어한테 빰 맞고. 옛날 말
있어.

▷ 메기한테 빰 맞는다고. 새우한테 침 맞고, 붕어한테 빰 맞고. 옛날 말

---

131) '개오랭이'는 '호랑이'를 닮은 짐승을 이른다. 구례에서는 '개오자' 또는 '개호자'로 불
린다. 들고양이가 산으로 가서 자라면 호랑이 몸짓만큼 자라 '개오자~개호자'가 된다
고 하였다. 그러나 영암과 같이 호랑이를 '호자'라 한다거나 이빨빠진 아이와 개호랑
이에 얽힌 이야기는 들을 수 없었다.

있어.

이장 그랑께우리아더리: 이빠람:니빠리 빠:저써요. 네:이놈새끼: 너:이빨빠징개
오랭이새끼 내:까에 가지마라개뜨니 이빠랄라빠저가꼬 그라고 댕기냐: 하하하.
　그랑께 우리아덜이 이빨 앞 이빨이 빠졌어요. 네 이 놈 새끼 너 이빨 빠
　진 개오랭이 새끼 냇가에 가지마라겠드니 이빨할라 빠져갓고 그라고
　댕기냐 하하하.
▣ 우리아들이 앞 이가 빠졌어요. 네 이 녀석 이빨 빠진 개호랑이 녀석 냇
　가에 가지마라고 했더니 이빨조차 빠져가지고 그러고 다니냐 하하하.

상천 인자 핸:능가:?
　인자 했능가?
▣ 이제 했는가?

이장 아직또멀란쩨:. 이빠라기가그르케식:까니:. 검:나게오래댕게야대:.
　아직도 멀랐제. 이빨하기가 그릏게 십가니. 겁나게 오래 댕게야대.
▣ 아직도 멀었지. 이빨하기가 그렇게 쉬운가, 겁나게 오래 다녀야 돼.

상천 조:케할라믄 당아멀란네.
　좋게 할라믄 당아 멀랐네.
▣ 좋게 하려면 아직 멀었네.

조 멀랐네는 아직 멀었다는 말이죠.

상천 당아머럳쩨:. 우리는 보:통해도: 여그는다르케드러. 하하하.
　당아 멀었제. 우리는 보통해도 여그는 다릏게 들어. 하하하.
▣ 아직 멀었지. 우리는 다 알아들어. 하하하.

도깨비

○

상천 귀:신. 저네 도깨비:마니썰쩨:.

　귀신. 전에 도깨비 만있었제.

▷ 귀신. 예전에는 도깨비도 많이 있었지.

쉬영 응. 옏:나레 도깨비불보러간다고그래 어:르싱께라우: 해:만너머가무너:디로 보러갑띠다냅:따꾸리장덕꿀로. 그라나나도함번따라가떠니:, 믄: 믄사:라마닝그릉 거또아이고. 막까지망가꼬 쭈::루라니가따또 땁부터따또: 쭈::라니가따⋯⋯.

　응. 옛날에 도깨비불 보러간다고 그래 어르신께라우 해만 넘어가문 어 디로 보러갑디다 냅닷구리(?) 장덕굴로. 그라나 나도 한번 따라갔더 니, 믄 믄 사람아닌 그른것도 아니고132) 막가지만 같고 주루라니 갔다 또 딱 붙었다 또 주라니 갔다⋯⋯.

▷ 응 옛날에 도깨비불 보러간다고 어르신들이요, 해만 넘어가면 보러갑 디다, 장덕골로. 나도 한번 따라갔더니, 무슨 사람도 아닌 그런 막대기 만 같고 주루라니 갔다 또 붙었다 또 주루라니 갔다⋯⋯.

상천 지베누네베입띠어?

　집에 눈에 베입디어?

▷ 집의 눈에 보입디까?

---

132) 부사 '아니'와 부정을 나타내는 형용사 '아니다'는 각각 '아이'와 '아이다'와 같이 모 음과 모음 사이에서 'ㄴ'이 탈락되어 쓰이기도 한다.

쉬영 몰:라. 나는한:나도암베어. 불:맘베이:, 불:맘보이제. 꼭:머막까지마이로생
게써. 끔:방저케쭉::뻗때저:. 짝:깔라 짝써저써. 거이도깨비부리라갑띠다:. 해만
너머가믄슬푸다고.

몰라. 나는 한나도 안 베어. 불만 베이, 불만 보이제. 꼭 머 막가지마
이로 생겠어. 금방 젖게 쭉 뻗대져. 짝 갈라 짝 서졌어. 거이 도깨비불
이라갑디다. 해만 넘어가믄 슬푸다고.
▷ 몰라. 나는 하나도 안 보여. 불만 보이지. 꼭 막대기처럼 생겼어. 금방
쭉 뻗더져. 짝 갈라졌다 섰어. 그것이 도깨비불이라고 합디다. 해만 넘
어가면 슬프다고.

상천 장:심무른사라미. 나는 장:시미싱:가. 암보여. 장:시미싱:께믄 기:신 불다암
바, 나는. 파:람불도암바.

장심 무른 사람이. 나는 장심이 신가. 안보여. 장심이 싱께 뭇 기신 불
다 안바, 나는. 파란불도 안바.
▷ 담력 약한 사람이. 나는 담력이 센가. 안 보여. 담력이 세니까 뭐 귀신
불도 안 보여. 파란불도 안 보여.

조 사람한테 해코지는 안 해요.

상천 해꼬지를으애아네:. 이른대:지고기나 소:고……딱 엉거부터부러, 저네:. 그
릉거들고가바:. 도깨비기:시니아주 따골게서으:〔ㄹ〕데로애서데꼬가부러.

해꼬지를 으애 안해. 이른 대지고기나 소고……딱 엉거 붙어 불어, 전
에. 그른 거 들고 가바. 도깨비 기신이 아주 딱 홀게서 으데로 해서 델
꼬 가부러.
▷ 해코지를 왜 안 해. 이런 돼지고기나 소고기……딱 엉겨 붙어버려. 예
전에 그런 것 들고 가봐. 도깨비 귀신이 홀려서 어디로 데리고 가버려.

강진 장:심그르케신:사람도:우리일:꾼한나는: 주군성제가모:개딛쌍금:재가딱쓸뜨

라개:. 내:까테가. "내가아:무개동생이오. 걱쩡말고가쇼:." 그말드꼬엉: 기:어서와
가꼬:. 우리큰방으로와가꼬 수물몯:신다개.

장심 그릏게 신 사람도 우리 일꾼 한나는 죽운 성제가 모개 덧산 금재
가 딱 섰드라개. 냇같에가. "내가 아무개 동생이오. 걱정 말고 가쇼."
그 말 듣고 엉 기어서 와갖고. 우리 큰방으로 와 갖고 숨울 못 신다개.

▶ 담력 그렇게 센 사람도, 우리 일꾼 한명은 죽은 형제가 모개 뒷산 금재
에 섰더라고 해. "내가 아무개 동생이오. 걱정 말고 가시오." 그 말 듣
고 (겨우겨우) 기어서, 우리 큰방으로 와 가지고 숨을 (제대로) 못 쉬
더라고 해.

상천 성제가주건는디:? 게기드러써?

성제가 죽었는디? 게기133) 들었어?

▶ 형제가 죽었는데? 고기 들었어?

강진 이잉성제가주건는디. 그:러케쟝:심신:사람누네도봬이듬마:. 올:케드러당께
우리아부지안테.

이잉 성제가 죽었는디. 그렇게 장심 신 사람 눈에도 봬이듬마. 옳
게134) 들었당께 우리아부지한테.

▶ 응 형제가 죽었는데. 그렇게 담력 센 사람 눈에도 보이더구먼. 실감나
게 들었다니까 우리아버지한테.

쉬영 장:시맘:만 시어도: 그:저네 우리친정에: 당:수기 나락쌍시를해:. 나락쌍시
를한디, 그:엔:나레는 자징게타고마:니댕게쩨:. 그랑께술:먹꼬댜:지게기를사가꼬
자전차에다딱씰:코. 쟈:게가쟝:다믈해:써.

---

133) '게기'는 '괴기'에서 변화된 것이다. 그러나 전남방언은 '에'와 '애'가 'E'로 합류되어
'E'를 나타낼 모음이 없기 때문에 '에'로 전사한다.

134) 여기서의 '옳게'는 형용사 '옳다'의 의미보다, 본문의 사건에 대하여 '실감나게' 혹은
'사실적으로' 등의 의미에 가깝게 쓰였다. 그 외에 '~옳게 당했다, ~옳게 혼났다' 등
의 표현에도 쓰인다.

장심 암만 시어도 그전에 우리친정에 당숙이 나락장시를 해. 나락장시를 한디, 그 옛날에는 자징게 타고 만이 댕겠제. 그랑께 술 먹고 댜지게기를 사갖고 자전차에다 딱 쓿고. 자게가 장담을 했어.

▣ 담력 아무리 세도, 예전에 우리친정 당숙이 벼 장사를 해. 옛날에는 자전거를 많이 타고 다녔는데, 술 마시고 돼지고기를 사가지고 자전거에 신고는, 당신이 장담을 했어.

나는도채비절ː ː때암보인다ː. 장ː심싱ː께도채비암보인다그라고장ː다므라고저니게 가다딱ː 앵겐네ː. 거어 자징게ː 거디ː에를 딱ː ː트러잡뜨라개라ː? 그래가꼬그때사 인자자게가ː 요거시도채빙ː갑따그때그래가꼬는 댜ː지개기를 막ː자버 후려 다ː뗑 게부러따개ː. 하하하.

나는 도채비 절때 안 보인다. 장심 신께 도채비 안 보인다 그라고 장담을 하고 저녁에 가다 딱 앵겠네. 거어 자징게 거 디에를 딱 틀어잡드라개라? 그래갖고 그때사 인자 자게가 요것이 도채빙갑다 그때 그래갖고는 댜지개기를 막 잡어 후려 다 뗑게불었다개. 하하하.

▣ 나는 도깨비 절대 안 보인다, 그러고 장담을 하고 저녁에 가다 딱 걸렸네. 자전거 뒤를 딱 틀어잡더라고 해요? 그때서야 이것이 도깨비인가 보다 그러고는 돼지고기를 던져버렸어 하하하.

상천 함ː번녕금바ː야쓰고ː 그래영금보기를자래꼬마, 아~야ː.

한번 연금바야 쓰고 그래 연금보기를 잘했고마, 아야.

▣ 한번 당해봐야 쓰고, 당하기를 잘했구먼.

강진 우리숭모는ː 그때 콩뽀따리이고오는디ː. 아침뽀거ː오지기사ː람마니주거쏘ː?

우리숭모는 그때 콩보따리 이고 오는디. 아침보 거 오직이 사람 만이 죽었소?

▣ 우리숙모는 콩 보따리 이고 오는데, 아침보 오죽이 사람 많이 죽었소?

상천 아첨보거가무:선디어:.

아첨보 거가 무선 디어.

▶ 아첨보 그곳이 무선 곳이어.

강진 이잉. 사쿠라나무가 한나이꺼등간데 거그를저::넝내올라가따내려가따 밤:새
내올라가따내리가따해:가꼬: 피:가다그케무더:써도: 개:도오:래삽:띠다야:.

이잉. 사쿠라나무가 한나 있거든 간데 거그를 저녁 내 올라갔다 내려
갔다 올라갔다 밤새 내리갔다 해갖고 피가 다 긇게 묻었어도 개도 오
래 삽디다야.

▶ 응. 벚나무가 한그루 있거든. 그런데 그 나무를 저녁 내 올라갔다 내렸
다 해가지고 피가 묻었어도 그래도 오래 삽디다.

조 왜 올라갔다 내려갔다 했어요?

쉬영 인자 끄께끼께댕게:. 끼께댕게:.

인자 끗게 끼게 댕게. 끼게댕게.

▶ 끌려 다녀.

조 아첨보가 왜 무서운가요?

강진 저네잉공때 사:람들겁:나게마:주게써.

전에 인공 때 사람들 겁나게 만 죽엤어.

▶ 예전에 인공 때 (아첨보에서) 사람들 무척 많이 죽었어.

평동 엔:나레우리오빠가 또:깨비불만나, 깍::짜매노코 아치게강께 비찌랑몽댕이
가 피가흐르드라개. 저네는천지랑께:, 도깨비가:.

엣날에 우리오빠가 또깨비불 만나, 깍 짜매놓고 아칙에 강께 빗지락
몽댕이가 피가 흐르드라개. 전에는 천지랑께,135) 도깨비가.

▧ 옛날에 우리오빠가 도깨비불을 만나, (나무에) 묶어놓고 아침에 가서 보니까 빗자루 몽당이에서 피가 흐르더라고 해. 예전에는 천지라니까, 도깨비가.

상천 그:몽댕이:, 비찌랑몽댕이가모:쓴다개 그거다라지믄 불로태와불고. 부사게다 태와불고해:.

그 몽댕이, 빗지락 몽댕이가 못 쓴다개 그거 다라지믄 불로 태와불고.136) 부삭에다 태와불고 해.

▧ 그 몽당이, 빗자루 몽당이는 못써. 그것은 닳으면 아궁이에 태워버려 야 해.

---

135) '천지'는 대단히 많음을 뜻한다.
136) '타-'(燒)의 사동사 '태우-'는 '태-'와 공존하여 나타나고 있다.

노리뻬 삼년 우려먹은다

상천 노리채막때기 삼:녀누레머근다고 마:리써:잉?

노리채 막때기 삼년 우레 먹은다고 말 있어잉?

▶ 노루 뼈 삼년 우려먹는다는 말이 있어?

조 노리채 막때기는 노루의 뼈를 말하는가요.

상천 으응. 그거또: 속따메마리어:. 이러트믄: 내가 게기를 머거서만 삼념마누레 먹짜내: 그: 속땀마:리써. 그거시 한니비 열리비라고: 그른 니:리 이쓰므는: 거:가 사: 노리채막때기 삼:녀누레머근다는 말:도 머글껏 대:애서맘마랑거시아니어.

으응. 그것도 속담에 말이어. 이러트믄 내가 게기를 먹어서만 삼년만 우레먹잔애 그 속담 말 있어. 그것이 한 입이 열 입이라고 그른 일이 있으므는 거 가사 노리채 막때기 삼년 우레 먹은다는 말도 먹을 것 대 해서만 말한 것이 아니어.

▶ 그것도 속담이어. 이를테면 고기 뼈를 (진짜) 삼년 우려먹는 것이 아니라 속담이어. 한 입이 열 입 된다고 노루 뼈 삼년 우려먹는다는 것은 먹는 것에 대해서만 말하는 것이 아니어.

우레머근다는그:식이어.

우레먹은다는 그 식이어.

▶ (사람을) 우려먹는다는 그 식이어.

전주 그:만치: 거시기저 노리뻬따구가조:타그마리어. 삼녀누레머거도갠차나다그
마리어.

그만치 거시기 저 노리 뻬따구가 좋다 그 말이어. 삼년 우레먹어도 갠
찬하다 그 말이어.

▷ 그만큼 노루 뼈가 좋다는 말이어. 삼년 우려먹어도 괜찮다 그 말이어.

상천 그:말도거글따비아믄 그로코도머꼬. 또: 비:유애서마:라자믄: 그 '삼녀누레
머근' 그 비:게애서마랑거또 이써. 아:무리조아도 삼녀늘머꺼쏘? 그란디: 그:속따
메마:리어.

그 말도 거긋다 비하믄 그롱고도 먹고. 또 비유해서 말하자믄 그 '삼년
우레먹은' 그 비게해서 말 한 것도 있어. 아무리 좋아도 삼년을 먹겄
소? 그란디 그 속담에 말이어.

▷ 그 말도 거기에 비하면 맞고. 비유해서 말하자면 '삼년 우려먹는' 비교
해서 말 한 것도 있어. 아무리 좋다고 삼년을 먹겠소? 속담이어.

강진 오지가믄 그르케오래우려머거도조:타는 거시제. 인자말:하자고들믄. 이잉 그
마:리어.

오직하믄 그릏게 오래 우려먹어도 좋다는 것이제. 인자 말하자고 들
믄. 이잉 그 말이어.

▷ 오죽하면 그렇게 우려먹을 수도 있다는 것이지. 말하자면. 그 말이
어.

전주 그라제:. 믄:념:병아고삼녀누레머꺼쏘:. 저머:시기메뻠마누레먹쩨:. 옌:나레
하::다업시사러가꼬 그:.

그라제. 믄 염병하고137) 삼년 우레먹겄소. 저 머시기 멧 번만 우레먹
제. 옛날에 하다 없이 살어갖고 그.

▷ 그러지 (진짜) 삼년을 우려먹겠소. 몇 번만 우려먹지. 옛날에 하도 없

---

137) '염병'은 '장티푸스'를 이르는 방언형으로 전남방언에서는 속된 표현으로 쓰인다.

이 살아가지고.

상천 그르케생가가믄또 좀:마린디:. 비:게애서도말애. 그걸 꼭: 머거서망그렁거시
아:니랑께!

그렇게 생각하믄 또 존 말인디. 비게해서도 말해. 그것 꼭 먹어서만 그
런것이 아니랑께!

▷ 그렇게 생각하면 좋은 말인데. 비교해서도 말 해. 먹어서만 그런 것이
아니라니까!

전주 옌:나레 소뻬따구 여서뻐늘 과:머거도 히:카니 거:뼴무리 여서뿔고아도 한::
넙시나오데:.

옛날에 소뻬따구 여섯번을 과 먹어도 힉하니 거 뼛물이 여섯불 고아도
한 없이 나오데.

▷ 옛날 소뼈는 여섯 번을 고아 먹어도 하얀 뼈 국물이 우러나오데.

상천 아니 이:하:누도머거보믄: 이새〔ʃ〕끼 두:마리시:마리난:노미 딱 거시기 뻬가
궁무리마:니나오제 우리하:누소도 새끼마::니노고늘금뻬는 안나와. 또절믐뻬 새끼
안남뻬도 안나와. 저녀안나와.

아니 이 한우도 먹어보믄 이 새끼 두 마리 시 마리 난놈이 딱 거시기
뻬가 국물이 만이 나오제 우리 한우소도 새끼 만이 노고138) 늙은 뻬는
안 나와. 또 젊운 뻬 새끼 안난 뻬도 안 나와. 전혀 안 나와.

▷ 아니 이 한우도 먹어보면 새끼 두세 번 낳은 소뼈가 국물이 많이 나오
지 새끼 많이 논 늙은 소는 안 나와. 젊은 소뼈, 새끼를 한 번도 낳지
않은 소도 (국물이) 안 나와.

---

138) 어간 '낳-'(産)의 방언형으로 '놓-'가 있다. 본문에 쓰인 '노고'에서 유기음화가 적용되
지 않은 것으로 보아 기저형은 /노-/가 된다. 영암의 경우 어간 '낳-' 외에 '노-'가 더
나타나고 있다. 참고로 이진숙(2012)에 의하면 전남 진도의 경우 '나-'와 '낳-'이 공존
하고 있다.

전주 세:번 네:번째까장도 안나와.

세 번 네 번째까장도 안나와.

▶ 세 번 네 번까지도 안 우러나와.

가라고 가랑비, 있으라고 이슬비, 자라고 잔비

○

조 비에 대해서 말해볼까요. 가늘게 내리는 비를 뭐라고 하나요?

상천 시우비. 또:이슬비라고도하고. 사우가처가찍까서:(R) 장:모가가라강께는:
이쓰라고이슬비오요:.
　시우비. 또 이슬비라고도 하고. 사우가 처갓집 가서 장모가 가라강께
　는 있으라고 이슬비 오요.
▣ 시우비. 또 이슬비라고도 하고. 사위가 처갓집을 갔는데 장모가 가라
　고 하니까 (사위가) 있으라고 이슬비 오요.

장:모가또 "어야:, 가라고가랑비옹가:." 사우가 또 "자:라고잔비오요." 하하하.
　장모가 또 "어야, 가라고 가랑비 온가." 사우가 또 "자라고 잔비 오요."
　하하하.
▣ 장모가 또 "어야, 가라고 가랑비 오는가." 사위가 "자라고 잔비 오요."
　하하하.

조 잔비는 어떻게 내리는가요?

상천 잔비도 펭야: 이슬비여.(R) 마:를맨드라서. 시우비에 옫쩌진다고마:리써.
또: 쏘:나기는 갑:짜기옹께 갑짝비:. 비가 한줄그몽께 조:타그라고.
　잔비도 펭야 이슬비여. 말을 맨들아서. 시우비에 옷 젖인다고 말 있어.
　또 쏘나기는 갑자기 온께 갑작비. 비가 한 줄금 온께 좋다 그라고.

▣ 잔비도 평야 이슬비여. 말을 만들어서. 시우비에 옷 젖는단 말도 있어. 소나기는 갑자기 내리는 비라고 해서 갑작 비. 비가 한 줄금 오니까 좋다 그래.

노숭 베락치믄: 우리 함범베랑마저가꼬 테레비랑다:베레부럳땅께:. 베라기그루코와::따 어:디 드론지도모르게 번#쩌기거덩. 내가 창뭄빨로 앙거쓰믄 내가 탁#마저부러쓰거인디:. 내가 테레비케:노코 이라고보고이씅께 나는 아램묵에 여가앙거꼬 지:대고앙건는디: 와아:……그란디:로무쏴죽꺼써. 대:방에내가 폴:쎄주거쓰꺼인디.

　노숭 베락치믄 우리 한번 베락 맞어갖고 테레비랑 다 베레불었당께. 베락이 그룿고 와따 어디 들온지도 모르게 번쩍이거덩. 내가 창문발로 앙겄으믄 내가 탁 맞어붙었을 거인디. 내가 테레비 케 놓고 이라고 보고 있응께 나는 아랫묵에 여가 앙겄고 지대고 앙겄는디 와아……그란디로 무쏴 죽겄어. 대방에 내가 폴쎄 죽었을 거인디.

▣ 뇌성 벼락 치면, 우리 벼락 맞아가지고 텔레비전 버렸다니까. 벼락이 어디로 들어오는지 모르게 번쩍하거든. 내가 창문께 앉았으면 맞았을 텐데, 다행히 아랫목에 기대 앉아……그런 뒤로 무서워 죽겠어. 단번에 이미 죽었을 텐데.

조 집 안에 있었잖아요.

상천 지바네이써도: 창뭄빨로드롸분디:. 암:문다처써도. 암:문다천는디: 아:니믄:니런쪼:가기 끄:만쪼가기 방꾸서게궁굴러댕게:. 베락때린디로:. 개서 봉께는: 그 때게저:나: 거: 들고댕기는 그거세서쪼가기나와써.

　집안에 있어도 창문발로 들와분디. 앞문 다쳤어도. 앞문 다쳤는디 아니 믄 이런 쪼각이 끄만 쪼각이 방구석에 궁굴러댕게. 베락 때린 디로. 개서 봉께는 그 땍에 전하 거 들고 댕기는 그것에서 쪼각이 나왔어.

▣ 집안에 있어도 창문께 들어오는데. 앞문은 닫았어도. 앞문 닫았는데

무슨 조각이 방구석에 굴러다녀. 벼락 때린 뒤로. 그래서 보니까, 전화
들고 다니는 그것에서 조각이 나왔어.

조 무선전화기요.

상천 무전기무전기:. 그래가#꼬전:축 ᆖ나큰전:추글 딱:베레노코: 이:만저마니
어. 거: 거:시기까장 방: 보일라: 그:래서내가가라써라우:. 지름보일라도그때딱
베레부러.

무전기. 그래갖고 전축 큰아큰 전축을 딱 베레놓고 이만저만이어. 거
시기까장 방 보일라 그래서 내가 갔어라우. 지름보일라도 그때 딱
베레부러.

▣ 무선전화기. 큰 전축도 버려놓고 이만저만 아니었어. 보일러까지 갔
어요. 기름보일러도 그때 버려버렸어.

믐:베랑마꼬내가전:추글부리도아남스로 정:기를꼬바노꺼시오. 꼬바노키그래써.
항:시꼬바나. 나능그르케무선지몰란땅께:. 거 아부지항:갑섬무린디.

믄 베락 맞고 내가 전축을 부리도 안함스로 전기를 꼽아놀 것이오. 꼽
아놓기 그랬어. 항시 꼽아나. 나는 그릏게 무선지 몰랐당께. 아부지 한
갑 선물인디.

▣ 무슨 벼락 맞는 일이라고 전축을 쓰지도 않으면서 플러그를 꽂아놓을
것이오. 꽂아놓기 그랬어. 항상 꽂아 놔. 나는 (벼락이) 그렇게 무서운
지 몰랐다니까. 저희 아버지 환갑 선물이었는데.

워:따::송꾸락뗑이 ᄋᆞ대지끔다:베레나짜나:. 꼬:치몽댕이맹기라불고:. 폴:쎄온
ᄋᆞ:바게:. 거 테레비에다:비처중게 내가본농가칠로알:거써. 얼:처겁써. 다:베레나
써.

워따 송꾸락땡이 우대139) 지끔 다 베레났잔아. 꼬치몽댕이 맹기라불

---

139) '우대'는 고어 '우다히'(옿+-다히)<新語5:23>에서 소급된 것으로 '위쪽' 혹은 '윗녘'

고. 폴세 온 우박에. 거 테레비에 다 비쳐중께 내가 본 놈가칠로 알겄어. 얼척없어. 다 베레났어.

▷ 아따 (지난 번 온 우박에) 윗녘 다 버려놨잖아, 고추몽둥이 만들어버리고. 텔레비전에서 보여주니까 내가 본 것처럼 알겠어. 어처구니없어. 다 버려놓았어.

을 가리키는 말이다.

지끔 젊은 사람들 때알 모르제

○

상천 깨처럼잘자래가꼬. 때알:. 우리거때알따:머긍거. 때알따먹짜나.

　깨처럼 잘잘해갖고. 때알. 우리 거 때알 따먹은 거. 때알 따 먹잔아.

▷ 깨처럼 자잘해가지고. 딸기. 우리 딸기 따 먹었잖아.

그겁뽀고딸기보고 때아리라개우리가. 딸:기가때아리어. 때알따먹꼬: 온다고. 하하하 아:이지끔절문사람덜때알모:르제:.

　그것보고 딸기보고 때알이라개 우리가. 딸기가 때알이어. 때알 따먹고 온다고. 하하하 아이 지끔 젊운사람덜 때알 모르제.

▷ 딸기보고 때알이라고 해. 때알 따먹고 온다고 하고. 하하하 지금 젊은 사람들은 때알 모르지.

조 옛날에는 따올이라고도 했어요.

상천 때아리: 지바네도이썩꼬: 또:저받뚝가튼디: 바테가믐받뚝가튼디 이써.

　때알이 집안에도 있었고 또 저 밭둑 같은디 밭에 가믄 밭둑 같은디 있어.

▷ 딸기가 집안에도 있었고, 밭둑 같은 곳에도 있었어.

조 그러면 뱀딸기도.

상천 뱀:때알 그거또 때아른 때아리어. 배암딸기가아니라때알.

뱀때알 그것도 때알은 때알이어. 배암 딸기가 아니라 때알.
▣ 뱀 때알도 때알이어. 뱀 딸기가 아니라 때알.140)

강진 어떤사라믄 설탕처가꼬배암띠알도먹떼.

어떤 사람은 설탕 쳐갖고 배암 띠알도 먹데.

▣ 어떤 사람은 뱀 딸기도 설탕 쳐가지고 먹데.

상천 아:니: 안도개. 배암때아를살마서머거봉께알:거써. 한:나도안도개배암때알
라무가:. 이이:오줌소태가나무는: 배암때아리 그::르코야기어.

아니 안 독해. 배암 때알을 삶아서 먹어봉께 알겄어. 한나도 안 독해
배암 때알나무가. 이이 오줌소태가141) 나무는 배암 때알이 그릏고 약
이어.

▣ 독 하지 않아. 뱀 딸기를 삶아서 먹어보니까 알겠어. 하나도 독하지 않
아. 오줌소태가 나면 뱀 딸기는 약이어.

오줌소태나먼:, 그놈 쌀마서 물먹꼬: 마:이쌀마서 냉:장고에다물: 물마니로머거.
아:무:이녁물머긍거가터. 한:나도안도개. 그리고 여그오줌소태가아주백빨백쭝나
승당께에.

오줌소태 나먼, 그놈 쌂아서 물먹고 마이 쌂아서 냉장고에다 물 물 마
니로 먹어. 아무 이녁 물먹은 거 같어. 한나도 안 독해. 그리고 여그
오줌소태가 아주 백발백중 낫응당께에.

▣ 오줌소태 나면 삶아서 물로 마시고 냉장고에다 보관했다가 물처럼 먹
어. 일반 물 마시는 것 같아. 하나도 독하지 않아. 백발백중으로 낫는
다니까.

---

140) 윗 문장과 이 문장의 '딸기'에 대한 해석은 제보자의 의도를 고려하여 방언을 그대로
적는다.
141) '오줌소태'는 방광염이나 요도염을 말한다.

조 배암때알 나무를 삶아 먹었겠죠.

상천 띠알:나무만:. 나:무:(R)거이파리조차뿌렁구조차캐다가:. 기냥그놈깨끄다니
시처서:. 쌀마 머거. 그리고 오줌소태가 시:마먼: 그 요강에다가 지:물거그앙거서
쐬:고.

    띠알나무만. 나무 거 이파리조차 뿌렁구조차 캐다가. 기냥 그놈 깨끗
    하니 시처서. 쌂아 먹어. 그리고 오줌소태가 심하면 그 요강에다가 짐
    울 거그 앙거서 쐬고.

▣ 나무줄기, 뿌리조차 캐다가 깨끗이 씻어서 삶아먹어. 그리고 오줌소태
   가 심하면 (우려낸 물을 담은) 요강에 앉아서 김을 쐬고.

조 그러니까 먹기도 하고 거기에다가 짐을 쐬기도 하고요.

상천 거:미설오강에앙지믄:. 뜨건뜨거나니조:아. 시:어나니.

    거 밋얼 오강에 앉이믄. 뜨건뜨건하니 좋아. 시언하니.

▣ 밑을 요강에 앉아 (쐬면), 따뜻하고 좋아. 시원하게.

조 그래서 약 안 먹고도.

상천 야감머거도: 백빨백쭝나서. 내가무::자게시:마게핸는디: 그놈먹꼬나서당께.
그래내가다::갈차줄라고작쩡이어. 그:거저담방야그로능그거시질:조아.

    약 안 먹어도 백발백중 낫어. 내가 무자게 심하게 했는디 그놈 먹고 낫
    었당께. 그래 내가 다 갈차 줄라고 작정이어. 그거 저 단방약으로는 그
    것이 질 좋아.

▣ 약 먹지 않고도 백발백중으로 나아. 내가 무척 심했는데 그것 먹고 나
   았다니까. 그래서 내가 가르쳐 주려고 작정했어. 단방 약으로 제일 좋
   아.

조 때알도 여러 종류가 있죠.

상천 이거시 수̆리때아리꼬. 수리때아른: 이:까시나무가: 나:무가틀려. 수̆리때아릉 거: 이러코 큰노메가 수리때아리고 또 앙증배기때아리써. 아:니: 쪼까난때아리써.
이것이 수리때알142) 있고. 수리때알은 이 까시나무가 나무가 틀려. 수
리때알은 거 이렇고 큰놈에가 수리때알이고 또 앙증배기 때알143) 있
어. 아니 쪼까난 때알 있어.
▣ 수리딸기가 있는데 가시나무가 달라. 수리딸기는 큰 것이 수리딸기고
앉은뱅이 딸기도 있어. 조그만 딸기도 있어.

상천 땅까시마이로생게가꼬 밀:카니이거가꼬이써. 마시써. 쪼깐 새금할라해:가꼬:
다디다라.
땅까시마이로 생게갖고 밀(?)카니 익어갖고 있어. 맛있어. 쪼깐 새금
할라 해갖고 다디 달아.
▣ 땅가시처럼 생겨가지고 있어. 맛있어. 조금 새콤하면서 달디 달아.

조 우리는 그것을 산딸기라고 따먹고 그랬는데요.

상천 그겁뽀고 산딸기라항감네:. 벨거덥써 펭야 그거시어.
그것보고 산딸기라 한갑네. 벨것 없어 펭야 그것이어.
▣ 그것보고 산딸기라고 하는구나. 별것 없어.

---

142) '수리때알'은 '산딸기'를 이른다. 4~6월에 꽃이 피고, 6월에 열매가 익는다.
143) '앙증배기'는 '앉은뱅이'의 방언형이다. '앙증배기때알'은 '애기딸기'를 말하며 '좀딸
기'라고도 한다. 7월에 노란 꽃이 피고, 8월에 열매가 익는다.

하룻밤에 오손을 뻗치는 깨까름

○

조 저수지 같은데 별모양으로 생긴 열매는 뭐라고 하나요?

강진 이써. 그란디이름:모리건네:. 그따:먹꼬그란디:. 아:니방쭉까에: 떠가꼬이써라. 별모냥으로생게가꼬게미가이써:. 머그믕구:수아니만나.

있어. 그란디 이름 모리겄네. 그 따먹고 그란디. 아니 방죽가에 떠갖고 있어라. 별모냥으로144) 생게갖고 게미가145) 있어. 먹으믄 구수하니 만나.

▣ 있는데 이름은 모르겠네. 방죽가로 떠 가지고 있어. 별모양으로 생겼는데 먹으면 구수한 게 게미가 있어.

상천 그노네도이써. 쟁기지라믄 늘:따머거. 그걷따:머그믐무금무그나니만나:.

그 논에도 있어. 쟁기질 하믄 늘 따 먹어. 그것 따 먹으믄 무근무근하니 맛나.

▣ 논에도 있어. 쟁기질 할 때 늘 따 먹고 그랬어. 무근무근한 게 맛나.

조 혹시 마름이나 말밤이라 하지는 않나요?

---

144) '별모냥'에서 '모냥'의 경우 '모양'의 방언형으로 읽혀지지만 한편으로는 조사 '-처럼'으로 해석되기도 한다. 본문을 보면 '누룩과 막걸리' 편에서 '죽모냥 낄이믄 맛있어.'와 같이 표현되기도 한다. 여기서는 형상을 가진 '별'이기 때문에 '모양'으로 해석한다.

145) '게미'에 대응되는 말은 없다. '게미'는 전남방언형으로 '음식 속에 녹아 있는 독특한 맛'을 가리킬 때 쓴다.

상천 아:니:. 그걱깨까르메서생게. 노네서생깅검머긍거슨. 깨까르미라고이써. 그:
뿌리: 깨까름뿌리에서 이:열매가딱쌩기거덩. 간:디그거시마시써.

아니. 그것 깻가름에서146) 생게. 논에서 생긴 것 먹은 것은. 깻가름이
라고 있어. 그 뿌리 깻가름 뿌리에서 이 열매가 딱 생기거덩. 간디 그
것이 맛있어.

▷ 그것은 마름에서 생겨. 논에 있는 것은 마름이라고 있어. 그 뿌리에서
열매가 생기는 데 맛있어.

강진 마시뜨랑께.

맛있드랑께.

▷ 맛있더라니까.

상천 깨까르미라고 이르고앙:골지슴마이로생게가꼬:. 그거시: 뿌리가무서워:. 그:
노네깨까름생게따하믄 큰니:리어:.

깨까름이라고 이르고 앙골 지슴마이로147) 생게갖고. 그것이 뿌리가
무서워. 그 논에 깨까름 생겠다 하믄 큰일이어.

▷ 마름이라고 이렇게 왕골 뿌리처럼 생겨가지고. 그것이 뿌리가 무서워.
논에 마름이 성했다 하면 큰일이어.

조 왜요.

상천 지끔 오::매 그걷짭뜰모:대. 지끔 야그로자붕께그라제:.

지끔 오매 그것 잡들 못해. 지끔 약으로 잡웅게 그라제.

▷ 오매 잡을 수 없어. 지금은 농약으로 잡으니까 그러지.

---

146) '깨까름'은 '마름'의 방언형이다. 마름과의 한해살이풀로 연못이나 늪에서 자란다. 여
   름에 흰 꽃이 피고 열매는 핵과(核果)로 식용한다.
147) '지슴'은 '김'의 방언형으로 '앙골 지슴'은 '왕골 뿌리'를 의미한다.

강진 하리찌녀게오::소느로뻐든다개써.

하릿지녁에 오손으로 뻗은다갰어.

▷ 하룻밤이면 오대로 뻗는다고 했어.

상천 겁:또안나. 그걷:.

겁도 안나. 그것.

▷ 겁도 안 나.

강진 아:부지에:하라부지:징조하라부지……오:소늘뻐친당께:하래빠메. 강께야글
잘처부러:. 하래빠메오:대까지뻐든다그마리어.

아부지에 할아부지 징조할아부지……오손을 뻐친당께 하랫밤에. 강께
약을 잘 처불어. 하랫밤에오대까지 뻗은다 그 말이어.

▷ 아버지에 할아버지 증조할아버지…… 하룻밤에 오대를 뻗는다니까. 그
러니까 약을 (독하게) 쳐버려.

상천 으응그거뿌리가무서웅께: 나:그겁뿌:린줄도몰:라써. 개:뜨디 내가따:머거봉
께는: 깨까르미데야. 깨까르메서뿌리에서그러코열:매가딱:생겨. 그랑그놈베께서:
머그므나:리 흐:가니나와. 마시써.

으응 그거 뿌리가 무서웅께 나 그것 뿌린줄도 몰랐어. 갰드디 내가 따
먹어봉께는 깨까름이데야. 깨까름에서 뿌리에서 그렇고 열매가 딱 생
겨. 그람 그놈 벳게서 먹으믄 알이 흐가니 나와. 맛있어.

▷ 그것은 뿌리가 무서우니까 나는 그 뿌리인줄 모르고 먹었는데 마름이
대야. 뿌리에서 열매가 생겨. 그것 벗겨 먹으면 알이 하얗게 나와.

장마 지면 나무 없어 밥 못해먹어

◯

조 나무 때고 살던 시절 얘기를 해볼까요.

상천 나:무로 이잉. 나무퍼개써, 나:무. 갈쿠나무하로 퍼개서댕게써:, 우리:. 저
저:까:끄미로. 금:정명까끔.
　나무로 이잉. 나무 퍽 했어, 나무. 갈쿠나무하로 퍽해서 댕겼어, 우리.
　저저 까끔이로. 금정면 까끔.[148]
▷ 나무 으응. 나무 퍽이나 했어. 갈퀴나무 하러 퍽이나 다녔어. 저 금정
　면 산으로.

조 갈쿠나무는 어떤 나무인가요.

강진 갈:쿠로: 나:무이파리떠러징거: 갈쿠로글긍거승갈쿠나무. 물구나무는 순:놈
처서항거시제.
　갈쿠로 나누 이파리 떨어진 거 갈쿠로 긁은 것은 갈쿠나무. 물구나무
　는 순놈 쳐서 한 것이제.
▷ 솔가리 떨어진 것을 갈퀴로 긁어모은 것이 갈퀴나무. 물거리나무는 나
　무의 가지를 (낫으로) 쳐서 한 것이지.

상천 물거리나:무는: 비서리때나무모도 굴:군대나무로항거: 그거시.
　물거리나무는 비서릿대 나무 모도 굵운 대나무로 한 거 그것이.

---

148) '까끔'은 '산'을 이르는 전남방언형이다.

▣ 물거리나무는 싸리나무나 대나무의 굵은 가지로 한 것이.

조 비서리나무는 어떤 나무에요?

상천 그억씬 물거리나무라개. 억씬나:무보고.
  그 억씬 물거리나무라개. 억씬 나무보고.
▣ 억센 (잡목을) 물거리나무라고 해. 억센 나무보고.

조 그러니까 물구나무는.

상천 나스로 칭거:. 그거시:물거리나:무.
  낫으로 친 거. 그것이 물거리나무.
▣ (잡목 가지를) 낫으로 친 것.

조 갈쿠나무는 묶기가 쉽지 않았을 텐데요.

상천 그랑께 이:르케깍:찌를처. 치믄: 딱 덩어리저. 엉거저가꼬이써. 갸꼬 사내끼
사내끼시:설 깔고. 깍찌를처가꼬 그로코뭉꿀쭈라러. 그르코뭉꺼써. 우리고생무자:
게해:써.
  그랑께 이릏게 깍찌를149) 쳐. 치믄 딱 덩어리 져. 엉거져갖고 있어.
  갖고 사내끼 사내끼 싯얼 깔고. 깍지를 쳐갖고 그릏고 묶울줄 알어. 그
  릏고 묶었어. 우리 고생 무쟈게 했어.
▣ 그러니까 깍지를 쳐서 덩어리를 만들어. 새끼 세 가닥을 깔아 놓고 (차
  곡차곡) 얹어 (깍지를 쳐). 깍지를 쳐가지고 묶을 줄 알아. 우리 고생
  무지하게 했어.

---

149) 여기서 '깍지'를 친다는 것은 마른 솔잎 즉 솔가리를 묶기 좋게 하는 것을 말한다. '손
   깍지'에서 알 수 있듯 솔가리와 솔가리를 엇갈리게 뭉쳐 흩어지지 않도록 해준 다는
   것을 뜻한다.

강진 솔까지메깨미테노체인자.

솔가지 멫 개 밑에 놓제 인자.

▣ 솔가지를 몇 개 꺾어 밑에 놓지.

조 그렇게 한 번 묶은 것을 뭐라고 하나요?

상천 나:무둥치. 갈쿠나무둥치. 한통치뭉꺼서이르코오제. 이:고와:.

나무둥치. 갈쿠나무 둥치. 한 통치 뭉꺼서150) 이릏고 오제. 이고 와.

▣ 나무둥치. 갈퀴나무 둥치. 한 둥치 묶어서 (머리에) 이고 오지.

조 그 한 둥치는 며칠이나 땔까요?

강진 이녁때이기에매엳쩨. 마:니땐사라믄 새밀도때고 그:라난닐쭈일도더때:. 모:
돠라우.

이녁 때이기에 매엿제. 만이 땐 사람은 샘일도 때고 그란한 일주일도
더 때. 모돠라우.151)

▣ 이녁 때기에 매였지. 삼일도 때고 그러지 않으면 일주일도 더 때. 마뎌
요.

상천 모다잉:. 이녁때이기:매여써. 그란디: 마리:보통우리가바배머그믄 끄:니때마
당:물디어먹꼬므:다믄: 한 사홀 나으리믄 때:부러.

모다잉. 이녁 때이기 매엿어. 그란디 말이 보통 우리가 밥해 먹으믄 끄
니때마당 물 디어 먹고 뭇하믄 한 사흘 나흘이믄 때부러.

---

150) 어간 '묶-'은 본문에서 '뽁-'과 '무꾸-'이 확인된다. 본문 3장 '여그는 나락이라개' 편
　　을 보면 '무꾸제'가 나온다. 어간 '묶-'의 경우 자음어미 활용형은 본문에서는 확인이
　　안되어 어간을 '뽁-'으로 한다.
151) '모돠라우'에서 어간 '모{도~두}-'는 표준어 '모으-'의 방언형이라고 할 수 있는데,
　　어간 '모으-'에는 '모태-'가 직접적으로 대응되어 쓰인다. 본문의 의미상으로 보면 나
　　무를 생각보다 오래 땐다는 의미로 쓰인 것으로 보아 표준어 '마디다'에 대응된다. 어
　　간 '마디-'는 'ㅁ듸-'에서 소급된 것으로 표준어와 다르게 음운변화한 것으로 보인다.

▣ 마져. 그런데 말이 우리가 끼니때마다 밥하고 물을 데워먹고 하면 한 사흘 나흘이면 때.

조 그럼 나무가 또 떨어지기 전에 해와야겠네요.

상천 또:나:무하러가고그라제. 날마당밥먹꼬그랑께나무아기가일:이어시아니믄:.
또 나무하러 가고 그라제. 날마당 밥 먹고 그랑께 나무하기가 일이어 시한이믄.
▣ 또 나무하러 가고 그러지. 날마다 밥 먹고 그러니까 세한이면 나무하 기가 일이어.

조 나무는 시안에만 하는 건가요?

상천 여:르메는: 여르메는또풀라무:. 풀라무또 해:서또 말려서때:제. 저네옌:나레
이잉: 장마가지믄또나:무업써밥: 모:대머거:.
여름에는 여름에는 또 풀나무. 풀나무 또 해서 또 말려서 때제. 전에 옛날에 이잉 장마가 지믄 또 나무 없어 밥 못해 먹어.
▣ 여름에는 풀 나무를 말려 때지. 옛날에는 장마 지면 나무 없어서 밥도 못해 먹었어.

조 맞아요. 그때는 사계절 모두 나무가 필요했네요.

상천 거멍소테: 다:불때서해머거써:, 저네는:. 옌:나레는아조옌:나레능거곤노도
업:써써:. 거지끔까:쓰씅께시:상조아.
거멍솥에 다 불때서 해먹었어, 전에는. 옛날에는 아조 옛날에는 거 곤 로도152) 없었어. 거 지끔 가스 있응께 시상 좋아.

---

152) '곤로'는 '석유'를 이용하는 취사도구이다. 가스레인지가 상용화되기 이전에 대중적으 로 사용하던 도구이다.

▶ 가마솥에 불 때서 해 먹었어. 예전에는 곤로도 없었어. 지금은 가스가
있어서 세상 좋아.

조 풀나무는 어떤 나무를 말하는가요?

강진 푸리케나서말려서해:. 덤불라무그거이풀라무. 갈때가틍거.
풀 잎게 나서 말려서 해. 덤불나무 그거이 풀 나무. 갈대 같은 거.
▶ 풀이 나면 말려서 때는데 (주로) 검불 그것이 풀 나무. 갈대 같은 것.

조 장작도 있잖아요.

상천 장작. 장:자근 아조 그 도꾸로팬놈:. 그:장작 베느리고.
장작. 장작은 아조 그 도꾸로 팬놈. 그 장작 베늘이고.
▶ 장작은 도끼로 팬 것. 그 장작을 낟가리로 쌓아놓기도 하고.

조 도꾸는?

상천 장잡팬도꾸. 장잡팬도꾸읻짜나:. 그거시도꾸여. 도꾸도대고도치도대고.
장작 팬 도꾸. 장작 팬 도꾸 있잖아. 그것이 도꾸여. 도꾸도 대고 도치
도 대고.
▶ 장작 패는 도끼 있잖아. 도꾸도 되고 도치도 되고.

조 그렇게 나무를 다 해버리면?

강진 그랑께옛:나레는 상가미모:다게핻쩨. 몰:례하던가:.
그랑께 옛날에는 상감이[153] 못하게 했지. 몰례 하던가.
▶ 그러니까 옛날에는 나라에서 못하게 했지. 몰래 하던가.

────────────────────

153) '상감'은 임금을 높여 부르는 말이다. 여기서는 '산림계'의 감독관을 지칭하고 있다.

상천 옌:나레는 그거또맘대로모:대:. 몰:례해:. 몰:례. 지녁까: 지녁까부러:. 샹:
감드리:갈쿠나무도모:대써:.(R) 지끄믄 시:상도조:체:.

옛날에는 그것도 맘대로 못해. 몰례 해. 몰례. 지녁 가 지녁 가부러.
상감들이 갈쿠나무도 못했어. 지끔은 시상도 좋제.

▷ 예전에는 나무도 마음대로 못하게 했어. 그래서 몰래 해. (걸리면) 징
역 가. 감독관들이 갈퀴나무도 못하게 했어.

강진 지끔 참#말로존시상이어. 수를내서수를내먹끼를항가믄:…….

지끔 참말로 존 시상이어. 술을 내서 술을 내 먹기를 한가 믄…….

▷ 지금은 참말로 좋은 세상이어. 술을 만들어 내 먹기를 하는가 하
면…….

조 자기 산인데도 못하게 해요.

상천 상감, 살링계:서모:다게애. 살링계:서상가미제:. 살링계상:감. 저네는나:무
아다들케가꼬아주 쪼께댕긴닐생가가믄.

상감, 산림계서 못하게 해. 산림계서 상감이제. 산림계 상감. 전에는
나무하다 들케갖고 아주 쫓게댕긴 일 생각하믄.

▷ 산림계 감독관이 못하게 해. 산림계 감독관이 상감이지. 예전에 나무
하다 들켜 쫓겨 다닌 일 생각하면.

강진 나:무매는기가니써.

나무매는 기간 있어.

▷ 나무하는 기간 있어.

조 나무하는 기간이 따로 있었군요. 그런데 생솔을 하게 되면 잘 안타잖아요.

강진 음:안타. 그랑께나:무를 어느정도 디레나:따가: 인자 메치리 지:나믄그때.

음 안 타. 그랑께 나무를 어느 정도 딜에났다가 인자 메칠이 지나믄 그 때.

▷ 안 타. 그러니까 나무를 (집으로) 들여놓았다 며칠이 지나면 때.

상천 그랑께 말려서땔랑께:. 므:시거나말려서때:. 칙치가믄나:무가 타가써:?(R) 안타.

그랑께 말려서 땔랑께. 믓이거나 말려서 때. 칙칙하믄 나무가 타갔어? 안타.

▷ 그러니까 말려서 때. 어떤 나무이건 말려서 때. 칙칙하면 나무가 타겠어? 안 타.

강진 가을구얼:따레는 잘:말라. 사네댕게. 깍:찌처 나:둬. 잘:말라

가을 구얼달에는 잘 말라. 산에 댕게. 깍지 쳐 나 둬. 잘 말라

▷ 가을, 구월 달에는 잘 말라. 산에 다니면서 깍지를 쳐 두면 잘 말라.

상천 그놈도:누가가저가:. 그라고또: 송:충이:! 송충이자부로도댕기고그래:, 사람 드리. 나:무들다:죽꼬항께 정부에서: 시:게시게.

그놈도 누가 가져 가. 그라고 또 송충이! 송충이 잡우로도 댕기고 그 래, 사람들이. 나무들 다 죽고항께 정부에서 시게시게.

▷ 그것도 누가 가져 가. 그리고 송충이도 잡으러 다니고 그랬어. 나무들 이 죽으니까 정부에서 시켰어.

조 그걸 어떻게 잡어요.

강진 믄 가꼬댕김스로 일:리리 잡쩨. 지끄믄냐그로 해:가꼬무꺼놉띠다소나무에다 가. 그거시 송:충이잠는 방버비라가대: 소나무마#다무꺼나머:.

믓 갖고 댕김스로 일일이 잡제. 지끔은 약으로 해갖고 무꺼 놉디다 소 나무에다가. 그것이 송충이 잡는 방법이라가대 소나무마다 무꺼나 머.

▶ 뭐 가지고 다니면서 일일이 잡지. 지금은 약으로 해서 소나무에 묶어 놓습디다. 그것이 송충이 잡는 방법이라고 하대 소나무마다 묶어나.

상골

○

상천 서호면 쌍궁린데 상:골정이어, 상:골정. 거가 바우에서상:골도나와. 그딘:싸네서

서호면 쌍궁린데 상골정이어, 상골정. 거가 바우에서 상골도 나와. 그 딋산에서

▣ 서호면 쌍풍리인데 상골정이어. (마을 뒷산) 바위에서 상골도 나와.

조 상골이 뭐에요.

상천 상골:? 뻬분지러지믕가라서먹꼬. 그바우에서: 상:고리나와. 그랑께상:골정이어. 거 디:쌍까끄메 상:골바우가이써. 거그서상:골 그란데지끄믄 타파네서다::파간다고마.

상골? 뻬분지러지믄 갈아서 먹고. 그 바우에서 상골이 나와. 그랑께 상골정이어. 거 딋산 까끔에 상골바우가 있어. 거그서 상골 그란데 지끔은 타관에서 다 파간다고마.

▣ 상골? 뼈 부러지면 갈아서 먹어. 바위에서 상골이 나와. 그러니까 상골정이어. 그런데 지금은 타관에서 다 파간다고 하더구먼.

쉬엉 상:골지끄미쓰께라우?

상골 지끔 있으께라우?

▣ 상골이 지금도 있을까요?

상천 상:골 지끔 하:넙시나와. 이:라고지끔파저부러써인자 바우……. 으::떠께파
냉께. 그랑께 딴디서알:고다:파러와.

상골 지끔 한없이 나와. 이라고 지끔 파져불었어 인자 바우……. 으떠
께 파냉께. 그랑께 딴디서 알고 다 파러와.

▣ 상골이 지금 한 없이 나와. 이러고 (움푹) 파였어, 바위가……어떻게
파내니까. 그러니까 타관에서 알고 다 파러와.

쉬엉 감:바우여페가이써?

감 바우 옆에가 있어?

▣ 그러면 바위 옆에 있소?

상천 바우에가읻쩨. 이:거시바우냐믄, 요로코니:모빤듭빤드당거시 히:끼디끼다니
다:이써. 거가끄:(ㅋ)마니부터이써. 그노물 도:글꾀믄상:골 니:모 장기짝가튼노미
딱땅나와. 그히아내. 니:모 빤#드빤드다니 독:쏘게나옹거뽀믄:.

바우에가 있제. 이것이 바우냐믄, 요롱고 니모 빤듯빤듯 한 것이 히낏
히낏하니 다 있어. 거가 끄마니 붙어 있어. 그 놈울 독을 꾀믄 상골 니
모 장기짝 같은 놈이 딱딱 나와. 그 히안해. 니모 반듯하니 독 속에 나
온 것 보믄.

▣ 바위에 있지. 이것이 바위라고 하면 까맣고 네모 반듯반듯한 것이 희
끗희끗하게 붙어 있어. 그 돌을 깨면 네모 장기짝 같은 상골이 떨어져
나와. 그 희한 해. 돌 속에서 네모반듯하게 나온 걸 보면.

그거슨 노킨다우:?(R) 거 새떵어리가칠로끄:마니 그르케생게써. 그래가꼬 이르케
가:라. 이러케 도구마늘께 찌긍거에다 이르코찌:믄: 찌어저:. 그래가꼬 가:라가꼬
그 상:골 가:리를 물로 마세불제. 뻬:가분지러지믄 그래써.

그것은 녹힌다우? 거 새떵어리가칠로 끄마니 그릏게 생겼어. 그래갖고
이릏게 갈아. 이릏게 도구 마늘께154) 찍은 거에다 이릏고 찌믄 찔어

─────────────
154) 여격조사 '-에게'는 영암에서 '사람께'와 같이 '에'가 생략된 후 자음 뒤에서 '-께'로

져. 그래갖고 갈아갖고 그 상골가리를 물로 마세불제. 뻬가 분지러지
믄 그랬어.

▣ 그것은 녹인데요? 쇳덩어리처럼 까맣게 생긴 것을 같아. 마늘 빻는 절
구에 넣고 찧으면 찧어져. 그렇게 간 상골가루를 물로 마셔버리지. 뼈
가 부러지면 그랬어.

그라므닌자그거시: 뻬가 스스:로부튼다고. 거그서부터 소:게서. 그거시이 큰냐기
어. 옌:나레늠병:오녁:꼬그랑께:.

　그라믄 인자 그것이 뻬가 스스로 붙은다고. 거그서 붙어 속에서. 그것
이이 큰 약이어. 옛날에는 병온 없고 그랑께.

▣ 그렇게 하면 뼈가 스스로 붙는다고. 그것이 큰 약이었어. 옛날에는 병
원도 없고 그러니까.

　나타나기도 한다. 그런데 '마늘께'의 '-께'와 같이 무정명사에 쓰이는 경우도 있어 특
이하다.

상골정은 서가 터

○

조 상골정에는 이천 서가들만 모여 사나요?

상천 그라제. 온:동네가 맨: 서가. 상:구정은 서가터제:. 이: 타:성이 잘싼사:라미 우리동네로 이사오요? 그라믄, 살리미 도라게가꼬나가부러. 셩:하더를모대. 묘: 애. 셩아더라내.

　그라제. 온 동네가 맨 서가. 상구정은 서가 터제. 이 타 성이 잘 산 사
람이 우리 동네로 이사오요? 그라믄, 살림이 돌아게갖고 나가불어. 성
하덜을 못해. 묘해. 성하덜 안해.

▷ 그러지. 온 동네가 서가야. 상골정은 서가 터지. 타 성을 (가진) 잘 사
는 사람이 우리 동네로 이사를 오지요? 그러면 살림이 죽어가지고 나
가. 성하지를 못해. 묘해.

쉬영 그런다 허등마. 등리를모던다허등마.

　그런다 허등마. 등리를 못헌다 허등마.

▷ 그런다고 하더구먼. 등리를 못한다고 하더구먼.

조 등리요?

쉬영 잘 쌀들 잘:대들모:단다그마리어. 아이, 그랑께요홍앙까박씨드리 안씨따개:. 박씨드리한집빼께업써.

　잘 살들 잘 대들 못한다 그 말이어. 아이, 그랑께 요 홍안가 박씨들이

안 씼다개.155) 박씨들이 한 집 밲에 없어.

▣ 잘 살들 잘 되들 못한다 말이어. 아니 홍안도 박가들이 성하지 못해서 한 집 밖에 없어.

상천 그란디: 상구정 우리서가는 그디에: 쪽똘바우이씁띠오?(F)

그란디 상구정 우리 서가는 그 디에 쪽똘바우 있습디오?

▣ 그런데 우리 서가는 상골정 그 뒤로 쪽돌바위 있지 않습니까?

쉬엉 몰:르제나는 거그를앙가봉께.

몰르제 나는 거그를 안가봉께.

▣ 나는 모르지 거기를 가보지 않았으니까.

상천 여그서보자믄쪽똘바우이써. 거그바우가: 우리서가바우여. 긋:사니 우리서가 선산닌디, 그: 바구남세 병:신도업써. 대:문도업써. 성주해:도 대:문도안다라. 기 냥, 기냥사라.

여그서 보자믄 쪽똘바우 있어. 거그 바우가 우리서가 바우여. 그 산이 우리서가 선산인디, 그 바구 남세 병신도 없어. 대문도 없어. 성주해도 대문도 안달아. 기냥, 기냥 살아.

▣ 여기서 보자면 쪽돌바위가 있는데, 그 바위가 서가 바위여. 그 산은 우 리서가 선산인데, 그 바위 때문에 병신도 없어. 성주를 해도 대문도 달 지 않고 그냥 살아.

우리추서기믄 장부꿀크내기들: 우리 상:구정크내기들 딱 모여서 강:강도해. 바우 가커. 딱! 그드러노:서잠자믄조아. 바우가아주 짝:빠라저가꼬 널루와:.

우리 추석이믄 장북굴 크내기들 우리 상구정 크내기들 딱 모여서 강강 도 해. 바우가 커. 딱! 그 들어 노서 잠자믄 좋아. 바우가 아주 짝 바라 져갖고 널루와.

---

155) '씼다개'는 '씼(<쌔-)다고 해'의 줄임말로 '많다'에 대응되는 전남방언형이다.

▣ 추석이면 장북골 처녀들 상골정 처녀들 다 모여 강강술래를 할 정도로
  바위가 넓어. 드러누워 잠자기 좋아. 바위가 쫙 바라져 가지고 넓어.

올라가서노래도부르고: 강강쉴:래도 하고 그래. 저네:, 저네 우리클때게는 악끼도
어:꼬그랟짜나:. 그랑께노래나 이부로불루고그래:. 솜빽치고노래부루고.
  올라가서 노래도 부르고 강강쉴래도 하고 그래. 전에, 전에 우리 클 땍
  에는 악기도 업고 그랬잔아. 그랑께 노래나 입우로 불루고 그래. 손빽
  치고 노래 부루고.
▣ 노래도 부르고 강강술래도 하고. 우리 클 때는 악기가 없으니까 입으
  로 노래 부르며 손뼉치고 (그랬지).

그라고 저네는 우리 클때게능귀생꾼. 페냥기생꾼. 페냥: 페냥기:생드리여까장내롸
서 노래부루고. 그라믄 그:노래를나는 페냥기생더리노래를부르믄 그날저니게배와
부러.
  그라고 전에는 우리 클 땍에는 귀생꾼. 페냥156) 기생굿. 페냥 페냥 기
  생들이 역까장 내롸서 노래 부루고. 그라믄 그 노래를 나는 페냥 기생
  덜이 노래를 부르믄 그날 저닉에 배와불어.
▣ 그리고 우리 클 때는 평양 기생들이 여기까지 내려와서 기생 굿을 하
  면서 노래도 부르고. 그리고 나는 평양 기생들이 부른 노래는 그날 저
  녁에 배워버려.

쉬영 노래 소지리씅께: 고노마니지고: 기에가, 소지럼:는사라믄 드른대로이저부
러.
  노래 소질 있응께 고놈 안 이지고 기에가, 소질 업는 사람은 들은 대로
  잊어불어.
▣ 노래에 소질이 있으니까 잊지 않고, 소질 없는 사람은 들은 즉시 잊어
  버려.

---

156) '페냥'은 '평양'의 방언형이다.

상천 소지리쌩께: 노래 그때기:냥거그 서너자리맘배우믄 안:저니배와부러, 나는. 그:러코얼름배아부러.

소질 있응께 노래 그때 기냥 거그 서너자리만 배우믄 안전히 배와불어, 나는. 그렇고 얼른 배아불어.

▷ 소질 있으니까 그 자리에서 서너 자루만 (따라 부르면) 완전히 배워버려.

쉬영 소지럼:는사라믄 글로써야밴디.

소질 업는 사람은 글로 써야 밴디.

▷ 소질 없는 사람은 글로 써야 배우는데.

조 할아버지께서 좋아하셨겠네요. 노래도 잘 부르고 하니까.

상천 첨:에는 노래잘부릉께조:아라하등마. 내가 못:뿌릉께맘:대로부르라고:. 그걸 또배와라우. 강진냥바니고누구고: 그:러코노래부릉걷 귀녀망께는 딱, 그:귀념하드랑께:. 농:거슬귀녀매:.

첨에는 노래 잘 부릉께 좋아라하등마. 내가 못 부릉께 맘대로 부르라고. 그것도 배와라우. 강진양반이고 누구고 그렇고 노래 부른 것 귀념항께는 딱, 그 귀념하드랑께. 논 것을 귀념해.

▷ 처음에는 노래 잘 부르니까 좋아라고 하더구먼. (당신) 못 부르니까 마음껏 부르라고. (그런데) 그것도 배워요. 강진양반이고 누구고 노래 부르는 것을 못마땅하니까. (따라서) 노는 것을 못마땅하더라니까.

조 귀념이요?

상천 놈덜뽄딸드랑께. 그걷또:. 나뿡거슨 다:뽄따라:.

놈덜 뽄 딸드랑께. 그것도. 나쁜 것은 다 뽄 따라.

▷ 그런 것도 남들 따라하더라니까. 나쁜 것은 본 따라.

5 생활은 자기 스스로
자기의 길을 만들어간다

싯둘은 갈드래도 시금창에 갈고 유자는 얽엤어도 솎아야 좋다

◯

상천 내가여: 오돌라땅께. 자:꼬숨만대고자버.

　내가 여 옷157) 올랐당께. 자꼬 손만 대고 잡어.

▣ 내가 옻이 올랐다니까. 자꾸 손 대고 싶어.

강진 씨금창에다바르쇼거:

　시금창에다 바르쇼 거.

▣ 시궁창에 바르시오.

상천 시금창을?(R) 시금창이믄 먿 딘:디아:니고도보른데?

　시금창을? 시금창이믄 멋 딘디 아니고도 보른데?

▣ 시궁창에? 데인 곳 아니어도 바른데?

강진 아, 덜:잘라드러서 바르제. 얼릉시처부라고.

　아, 덜 잘라늘어서 바르제. 얼릉 시처부라고.

▣ 상처가 더 깊지 않을 때 바르지. 얼른 씻어버리라고.

조 시금창이 뭐에요?

상천 꼬랑 물레레간데. 시암물: 꼬랑내레간디 거으시금창. 거그: 이러트믄 어깨이

---

157) '漆'을 뜻하는 어간은 '옻'으로 나타난다.

른디 디:자나:. 시금창흥맘보르믄 시금만니쓰믄 딱: 하:급따빼부러. 기냥:.

꼬랑 물내레간데. 시암물 꼬랑 내레간디 거으 시금창. 거그 이러트믄 어깨 이른디 디잔아. 시금창 흑만 보르믄 시금만 있으믄 딱 하급 다 빼부러. 기냥.

▷ 도랑물 내려가는 곳. 샘물이 (흘러) 도랑으로 내려가는 그 시궁창. 이를테면 어깨 이런 곳 데이잖아. 시궁창 흙만 바르면 화기를 빼줘.

조 하급은?

강진 하:그하그 뜨건하그.

하그하그 뜨건 하그.

▷ 화기 뜨거운 화기.

상천 뜨건하:그를빼:부러. 여그딘:디. 딘:디는하그맘빼믄다:나서. 이러트믄, 여가 불로디얻따.

뜨건 하그를 빼부러. 여그 딘디. 딘디는 하그만 빼믄 다 낫어. 이러트믄, 여가 불로 디었다.

▷ 뜨거운 화기를 빼버려. 여기 데인 곳 화기만 빼면 다 나아. 이를테면, 여기를 불로 데었다.

조 화기요?

상천 화그: 하그를빼:부러. 딘:데는하:그맘빼믄나슴포기어.

화그 하그를 빼부러. 딘데는 하그만 빼믄 낫은 폭이어.

▷ 화기를 빼버려. 데인 곳은 화기만 빼면 (다) 나은 샘이어.

조 시금창 흑을?

상천 잉:. 시금창흑. 흐기여 흐기라해.

잉. 시금창 흑. 흑이여 흑이라해.

▷ 응. 시궁창 흙, 흙이라고 해.

강진 싣:뚜릏갈드래도시금창에갈고 유:자는 얼게써도 소까야조:타납띠오! 싣뚜릏갈드래도시금창에서노라:! 시금창에서:. 유:자느널거써도 지:쌍에다올라. 지:쌍에.

싯둘은 갈드래도 시금창에 갈고 유자는 얽엤어도 솕아야 좋다납디오! 싯둘은 갈드래도 시금창에서 놀아! 시금창에서. 유자는 얽었어도 짓상에 다 올라. 짓상에.

▷ 숫돌은 갈더라도 시궁창에 갈고, 유자는 얽었어도 솎아야 좋다고 했소! 숫돌은 갈더라도 시궁창에서 놀아. 유자는 얽었어도 제사상에 올라.

상천 ♪오돌톨돌미나리~ 시금창~ 가스로논단다~ 그래. 미나리능거시금창에서 크잔아:.

오돌톨돌 미나리~ 시금창~ 갓으로 논다다~ 그래. 미나리는 거 시금창에서 크잔아.

▷ 오돌톨돌 미나리~ 시궁창~ 가로 논단다~ 그래. 미나리는 시궁창에서 크잖아.

초꼬지불

○

조 초도 아닌데 왜 초꼬지불이라고 했을까요?

상천 거시기 촉꾸녀게꼬징께 초꼬지불158) 지름부서노코 초꼬지불 그거뽀고 몰:
라어:짱고초꼬지부리라해:써, 우리말로. 서규지름부서서:(R) 불써. 그거또아까와
서:(R) 저네우리어머니: 놀:러가따오믄 부:란쓩거가터. 촉:꼬지부를 요마이나:
사:당뿔해:노코 미엉한저금…… 지름다라진다고 그놈도.

거시기 촉구녁에 꼬징께 초꼬지불 지름 붓어 놓고 초꼬지불 그것보고
몰라 어짠고 초꼬지불이라 했어, 우리말로. 석유지름 붓어서 불 써. 그
것도 아까와서 전에 우리어머니 놀러갔다오믄 불 안 쓴거 같어. 초꼬
지불을 요마이나 사당불159) 해놓고 미엉 한 저금…… 지름 다라진다
고160) 그놈도.

▶ 촉구멍에 꽂으니까 초꼬지불. 석유기름 부어 놓고 초꼬지불, 왜 그런
지는 모르고 초꼬지불이라고 했어. 예전에 우리 어머니 그것도 아까워
서 놀러갔다 오면 (불빛이 얼마나 희미하던지) 켜지 않은 것 같았어.

---

158) '초꼬지불'은 '촉꽂이불'에서 변화된 것으로 '호롱불'의 방언형이다. 여기서 '촉'은 '燭'
을 뜻하는 것으로 보인다. 이 불(燭)은 심지에서 타오르는 것으로 심지를 호롱의 뚜껑
에 구멍을 뚫어 박아 사용한다. 즉 '촉'이 되는 심지를 꽂아 사용한다는 과거 백열등
을 사용하던 시기 등이 나가면 '불 나갔다' 보다는 '촉(燭) 떨어졌다'고 표현하였다.

159) '사당불[사당뿔]'은 '사당포리'가 축약된 말이다. '포리'는 '파리'(蠅)의 방언형으로 '사
당포리'는 일반적인 파리를 가리킨다. 주로 말을 많이 하는 사람들을 비유하여 '사당
폴' 혹은 '사당불'이 '엉거 붙었다'(엉거 붙었다)라고 한다. 본문에서는 호롱불의 흔들
리는 모습을 '사당불'(사당포리)에 비유한 것은 아닌가 한다.

160) 여기서 '다라지-'는 사람의 됨이 야무짐을 뜻하는 것이 아니라 '기름'이 소진(消盡)되
었음을 의미한다.

무명 한 조금 …… 기름 닳는다고.

조 한 저금이요.

상천 그: 미엉꼬:치읻짜나:. 지드러난놈. 미엉그놈한저울. 한:저우리요마:나해:. 한저울썩짜. 아:조소네이거가꼬기술짜제:. 그:르코미엉잘자사:.

그 미엉꼬치 있잔아. 지드런한 놈. 미엉 그놈 한 저울. 한 저울이 요마
나 해. 한 저울썩 짜. 아조 손에 익어갖고 기술자제. 그릏고 미엉 잘
잣아.

▶ 무명꼬치 있잖아. 기다란 것. 그 무명 한 저울, 한 저울이 이만큼 해.
한 저울씩 짜. 아주 손에 익어가지고 기술자지. 그렇게 무명을 잘 자
아.

강진 창호지로 쉬에기를만드러꼬자:. 창호지로 비베서:(R) 초꼬지를만드러.

창호지로 쉬에기를161) 만들어 꽂아. 창호지로 비베서 촉꽂이를 만들
어.

▶ 창호지로 심지를 만들어 꽂아. 창호지를 비벼서 촉꽂이를 만들어.

상천 이거시창호지냐믄: 이러꼬딸딸:딸:모라가꼬. 이거이초꼬지뚜겅이다믄 여근따
찡궈. 찡궈가꼬 요:마낭거: 읻짜나:불쑹걷. 그거세다꼬옹누르이거시인자쪼깐나오
거끄롬 하:믄초꼬지지르미인자 써:올라가꼬: 이거시불써저.

이것이 창호지냐믄 이러꼬 딸딸 몰아갖고. 이거이 촉꽂이 뚜겅이다믄
여긋다 찡궈. 찡궈갖고 요만한 거 있잔아 불 쓴 것. 그것에다 꼬옥 누,
이것이 인자 쪼깐 나오거끄롬 하믄 촉꽂이 지름이 인자 써올라갖고 이
것이 불 써져.

▶ 이게 창호지라면 딸딸 말아가지고. 이게 촉꽂이 뚜껑이면 거기에 끼워.

---

161) '쉬에기'는 '심지'를 이른다. 심지는 주로 무명실이나 창호지를 비벼서 만들었다고 한
다.

끼워가지고 (심지를 조금 빼서 뚜껑 밖으로 나오게 하면) 기름이 올라
와서 불을 붙이면 켜져.

조 이것을 뭐라고 해요?

상천 심:지. 어:따: 동지수:노코앙거서모도 이러코삥:삥둘러. 등잠뿔료:마난노망
저가꼬 삥:삥둘러앙거서 우리저네 수:놔써. 크내기때. 그거시 눈 볼궁께그라제잉?
그라고모냐잔사람 깨할:딱베께불고.

　심지. 어따 동지 수놓고 앙거서 모도 이렇고 삥삥 둘러. 등잔불 요만한
　놈 앙저갖고 삥삥둘러 앙거서 우리 전에 수 놨어. 큰애기때. 그것이 눈
　붉웅께 그라제잉? 그라고 모냐 잔 사람 깨 할딱 벳게불고.
▷ 심지. 아따, 동지에 등잔불 삥 둘러앉아서 수놓고, 처녀 때. 눈이 밝으
　니까 그랬지? 그리고 먼저 잠든 사람은 옷을 홀딱 벗겨버리고.

조 하하하 깨를 할딱 베께부러요?

상천 하하하. 께: 할:딱베께가꼬 저네 소:게우리클때고쟁이버써:.(R) 고쟁이그놈
말뚜게딱꺼러노코:. 또 밋처는:(R) 이런, 화장지로: 종우때기딱:께레나. 더퍼나.
"느그보고심냐:?" 그라믄 막꼬 게독쓰렁거시인:땅께:.

　하하하. 께 할딱 벳게갖고 전에 속에 우리클 때 고쟁입었어. 고쟁이 그
　놈 말뚝에 딱 걸어놓고. 또 밋천은 이런, 화장지로 종우때기 딱 게레
　나. 덮어나. "느그 보고 싶냐?" 그라믄 막 그 게독스런 것이 있당께.
▷ 하하하. 우리 클 때는 고쟁이를 입었는데 (옷을) 홀딱 벗겨가지고, 말
　뚝에 걸어놓고. 또 밑은 화장지 같은 종이로 덮어서 가려 놔. "너희 보
　고 싶냐?" 그런 짓궂은 것이 있었다니까.

조 뭐 스런거요.

강진 게독씨렁거.

게독시런 거.

▷ 짓궂은 것.

상천 괘독쓰렁거시써.

패독스런 것 있어.

▷ 짓궂은 것 있어.

강진 음:마나부나까.

은마나 분하까.

▷ 얼마나 분할까.

상천 으응. 갸꼬: 아치게사 이러난다마리오:. 옽뻐서도몰:라.

으응. 걏고 아칙에사 일어난다 말이오. 옷 벗어도 몰라.

▷ 응. 그래가지고 아침에야 일어난다 말이오. 옷 벗겨도 몰라.

강진 허망꼴봔:네, 참말로.

험한 꼴 봤네, 참말로.

▷ 험한 꼴 당했네. 참말로.

상천 "내:옫쭤야::." 염:병아네: 하하하. 그라고: 아이지비갈람스로사: 오차자:. 그건또모릅띠다. 자와도 저녕:내: 자도몰:라. 응:. 그런디 나늠모:뻐서. 나는 모: 삐께.

"내 옷 줘야." 염병하네 하하하. 그라고 아이 집이 갈람스로사 옷 찾아. 그것도 모릅다. 잠와도 저녁 내 자도 몰라. 응. 그런디 나는 못 벗어. 나는 못 삣게.

▷ "내 옷 줘야." 아니 집에 가려고 할 때야 옷을 찾아. 졸려도 저녁 내 잤어도 몰라. 나는 못 벗겨.

조 왜요.

상천 지끔도자미: 싱경예매가꼬 자미 여시자미어. 누가나:몽까땅:만하믄 윔::매: 신난다:. 내:이불더퍼. 딴:사람또베께야쓩께.
　지끔도 잠이 신경 예매갖고 잠이 여시 잠이어. 누가 나 몸 까딱만 하믄 원매 신난다. 내 입울 덮어. 딴 사람 또 벳게야 쓰께.
▸ 지금도 신경이 예민해서 여우 잠이어. 누가 내 몸 (살짝만 건드려도) 원매 신난다. 내 입을 막아. 다른 사람 또 벗겨야 하니까.

강진 부리나:, 초꼬지뿔미테다나:노코:.
　불이나, 촉꽂잇불 밑에다 나 놓고.
▸ 불이나 (밝으면), 초꼬지불 밑에 놓고.

상천 어엉:.(R) 초꼬지뿔지끔 쩌정:기뿌리나이쓰믄. 참말로호강알야리네.
　어엉. 촉꽂잇불 지끔 쩌 전깃불이나 있으믄. 참말로 호강 알얄이네.
▸ 으응. 초꼬지불 전깃불이나 있으면. 참말로 호강이지.

조 호강뭐요?

상천 하하하 호강:알랴리가: 지끔싸람더런 호강알랴리어. 그랑께 조:타그마리어:.
　하하하 호강 알얄이가 지끔 사람덜언 호강 알얄이어. 그랑께 좋다 그 말이어.
▸ 하하하 호강 알얄이는 지금 사람들은 좋다 (편하다) 그 말이어.

그 애기 밍 질겄다

○

상천 여그:여그내:까는 덕찜바다로가. 덕찜바다가저네이써써.

　여그 여그 냇가는 덕진 바다로가. 덕진 바다가 전에 있었어.

▷ 여기 냇물은 덕진 바다로 흘러가. 전에 덕진 바다가 있었어.

조 과거에는 여기도 바다였다는 거네요.

상천 응. 바다로흘러내레가. 그랑께 사:람도: 여그보:내:까에빠:지믄 바다로흘러
내레가부러. 그랑께 재:광이아빠가: 애기안나 살과쩨:.

　응. 바다로 흘러 내레가. 그랑께 사람도 여그 보 냇가에 빠지믄 바다로
흘러 내레가불어. 그랑께 재광이 아빠가 애기한나 살괐제.162)

▷ 바다로 흘러 내려가. 그러니까 냇물에 빠지면 바다로 흘러가버려. 그
래서 재광이 아빠가 애기 하나 살렸어.

조 떠내려가는 애기를요.

상천 떠내레간놈:. 일붐만틀레도바닥 덕찡강이로가부러러쓰거인디. 이:애기 퐁:드러
가따 퐁나와따. 거: 큼물지믐보쿰지고막: 물 크:게쏘다진데이짜나. 거그서: 므:이
저거시므:싱고아고 찬:차니봉께는 사:라미드라개. 퐁:드러가따퐁나와따 퐁:드러
가따퐁나와따.

---

162) 어간 '살구-'는 '살리-'에 대응된다. '살구-'는 전남방언에서 일반적인 표현이 아니다.
　　다른 방언에서 유입된 것으로 보인다.

떠내레간 놈. 일분만 틀레도 바닥 덕진강이로 가불었으 거인디.163) 이 애기 퐁 들어갔다 퐁 나왔다. 거 큰물 지믄 보쿰지고 막 물 크게 쏟아 진데 있잔아. 거그서 므이 저것이 믓잉고 하고 찬찬히 봉께는 사람이 드라개. 퐁 들어갔다 퐁 나왔다 퐁 들어갔다 퐁 나왔다.

▷ 떠내려가는 애기. 일분만 어긋났어도 덕진 바다로 떠내려갔을 텐데. 애기가 퐁 들어갔다 나왔다. 큰물만 지면 거품 일며 쏟아지는 곳 있잖아. 거기서 뭐가 들어갔다 나왔다 해서 보니까 사람이더라고 해.

그랑께: 큼:물만지믄 마당#바:리짜나: 그노물게기자불라고: 그놈치로가:, 은:제나. 마당에서밭:페고밥먹꼬: 그래가꼬 비:망큼비마노:믄녀그 거시기 보망으로가. 거그게기자불라고, 물꼬기. 그래가꼬인자 사:람믈살콰쩨.

그랑께 큰물만 지믄 마당밭 있잔아 그놈울 게기 잡울라고 그놈 치로가, 은제나. 마당에서 발 페고 밥 먹고 그래갖고 비만 큰비만 오믄 여 그 거시기 보 막으로가. 거그 게기 잡울라고, 물고기. 그래갖고 인자 사람을 살콰제.

▷ 그러니까 큰물만 지면 마당발 그것으로 고기 잡으려고 치로가, 언제나. 마당에서 발 펴고 밥 먹기도 하는데, 큰비만 오면 보 막으러 가. 고기 잡으려고. 그러다가 사람을 살렸지.

강진 그애기가뉘애기랍띤자? 누:애기여써?

그 애기가 뉘 애기랍띤자? 누 애기였어?

▷ 그 아이가 뉘 집 아이랍니까? 누구 애기였어?

상천 기펭이랑께에:. 기펭이:. 그래가꼬 쩌그대:실리누:나가새비자부로강께는 인 자므이라하까미: 디:에따라가다가:.

기펭이랑께에. 기펭이. 그래갖고 쩌그 대실리 누나가 새비 잡우로 강

---

163) '거인디'는 '것인데'의 방언형이다. 전남방언의 경우 모음과 모음 사이에서 'ㅅ'이 탈락되어 쓰인다.

께는 인자 므이라 하까미 디에 따라가다가.

▷ 기평이라니까. 대실리로 (시집 간) 누나가 새우 잡으러 가는데 뭐라고 할까봐 뒤에 따라가다가.

발목빠:저부러써. 그래가꼬:요마낭거이, 아주, 우렁 집똥마이로내론디: 거 으:드로간지모르게가꺼시오예. 간디: 바다그때게: 이르코퉁퉁내레간디서: 퉁내레 여그바로내레간디가트믐바로가부러쓰껀디:.

발목 빠져불었어. 그래갖고 요만한 것이, 아주, 우렁 집동마이로 내론디 거 으드로 간지 모르게 갈 것이오 예. 간디 바다 그땍에 이롷고 퉁퉁 내레간디서 툭 내레 여그 바로 내레간디 같으믄 바로 가불어 쓸건디.

▷ 발목이 빠져버렸어. (물이) 우렁차게 짚동처럼 내려오는데 거 어디로 가는지 모르게 내려갔을 것이오. 만약에 바다로 바로 내려가는 곳 같았으면 바로 가버렸을 거야.

강진 이잉.

이잉.

▷ 으응.

상천 여그서: 멈추고이써써:. 그랑께는 찬차니봉께 사:라밍께는 그:대로드러가서 기냥 자붕께는 머끄동자붕께는: 확:딱 딱::끄러잡뜨라가요, 이잉.

여그서 멈추고 있었어. 그랑께는 찬찬히 봉께 사람잉께는 그대로 들어가서 기냥 잡웅께는 머끄동 잡웅께는 확딱 딱 끌어 잡드라가요, 이잉.

▷ 여기에서 멈추고 있었어. 그래 찬찬히 보니까 사람이니까 그대로 들어가 머리통을 잡으니까 (애기가) 확 끌어 잡더라고 하요.

강진 아:따그애기밍:질:거따:.

아따 그 애기 밍 질겄다.

▷ 아따 그 애기 명 길겠다.

상천 아니일:붐만틀려써도: 기냥가분다해:. 아이 집:똥마이로 보가한:나차게비가 와부런는디:. 그:럴띠게애기가: 빠저부러쓰니 으짤리:리어:. 내가그래서 서남냥반 황:갑때잉: 상:천냥밤머그라고믄: 싸:줄쭈앙께 안싸줘. 그때서울까고업:썬는디. 그래서 내:소그로는 솔차니서우내: 멀떵구를모:르고.

아니 일분만 틀렸어도 기냥 가분다개. 아이 집동마이로 보가 한나 차
게 비가 와불었는디. 그럴 떡에 애기가 빠져불었으니 으짤 일이어. 내
가 그래서 서남양반 환갑 때잉 상천양반 먹으라고 믓 싸줄 줄 앙께 안
싸줘. 그때 서울 가고 없었는디. 그래서 내 속으로는 솔찬히164) 서운
해. 멋덩굴을 모르고.

▷ 아니 일분 만 틀렸어도 가버린다고 해. 아니 짚동 같은, 보가 가득 차
게 비가 왔는데. 그럴 때 애기가 빠져버렸으니. 그래서 서남양반 환갑
때 상천양반 드시라고 뭐라도 싸줄 줄 알았더니 안 싸줘. 그때 서울 가
고 없었거든. 그래서 내 속으로는 많이 서운해. 뭐도 모르고.

강진 그라고도사:남떠기무시매:라.

그라고도 사남떡이 무심해라.

▷ 그러고도 서남댁이 무심해요.

상천 아:니 인자 흐:강고무신항커리어:더시너써. 그란데: 저:믈항께는그래라우.
"노무적써늘하라개꼬마:." 그릉거시나오네.

아니 인자 흐간 고무신 한 커리 얻어 신었어. 그란데 점을 항께는 그래
라우. "놈우 적선을 하라갰고마." 그른 것이 나오네.

▷ 흰 고무신 한 켤레 얻어 신기는 했어. 그런데 점을 치니까 "남 적선을
하라고 했구먼." 그런 것이 나오네.

---

164) '솔찬히[솔차니]'는 '제법'의 전남방언형이다. 본문에서는 '아주 많이' 의미로 쓰였다.

강진 큰:적써니제.

큰 적선이제.

▷ 큰 적선이지.

상천 그라고또 그놈만살과따우:? 여그여새:〔∫〕보서도누구한:나건저줘써.

그라고 또 그놈만 살괐다우:? 여그 여 새 보서도 누구 한나 건져 줘써.

▷ 그 애만 살렸데요? 새 보에서도 하나 건져 줬어.

여그 지품보이꼬 새보이꼬 해:꺼든. 아니쩌:우게집:꺼시기 지펭이를살구고:. 또여그아래: 새보에서 누구 건저줘써. 그랑께 우리가 공은댜:쩨어쩨라. 공:댜:서 내야 크나들살구고.

여그 지푼 보 있고 새 보 있고 했거든. 아니 쩌 욱에 집 거시기 지펭이를 살구고. 또 여그 아래 새 보에서 누구 건저줬어. 그랑께 우리가 공은 댰제 어쩨라. 공 댜서 내야 큰아들 살구고.

▷ 깊은 보 있고 새 보 있거든. 저 윗집(에 살 때는) 기평이 살리고. 그 아래 새 보에서도 건저줬어. 그러니까 우리가 공은 되었지요. 우리 큰아들 (교통사고 나서) 살리고.

새〔∫〕보는더:야차. 그:래도거그도보:마거노믄 이러코빠저:. 큰:닐라.

새 보는 더 야차. 그래도 거그도 보 막어 노믄 이렇고 빠져. 큰일 나.

▷ 새 보는 더 앝아. 그래도 보를 막아 노면 큰일 나.

간상구마이로 비만 오려고 하면 앵두가 디아

○

상천 우리아그덜클때게. 머스마사:형제 지푼데서 모요가고와서 우리막뚱이지비마이로. 거:마리 그:때거:마리뜨낑거신자: 그: 습:찡이댜부러써:. 걔꼬 몰:라 장녀넹가:나서따가데:. 아주꼭: 질부 다리갇땅께:. 걔꼬그거또번:성아덩마:. 딴디가또아퍼부러.

우리 아그덜 클 땍에. 머스마 사형제 지푼데서 모욕하고 와서 우리 막둥이 집이마이로. 거마리 그때 거마리 뜯긴 것 인자 그 습징이 댜불었어. 걓고 몰라 작년엔가 나섰다가데. 아주 꼭 질부 다리 같당께. 걓고 그것도 번성하덩마. 딴디가 또 아퍼불어.

▷ 우리 애들 클 때 사내아이 사형제가 깊은 (냇가에서) 목욕하고 왔는데, 우리 막둥이가 거머리 뜯긴 것이 습진이 되어버렸어. 그래가지고 작년엔가 나왔다고 하데. 질부 다리 같았다니까. 그것도 번성하더구먼. 다른 곳이 아파버려.

조 거마리가 물어서.

상천 멕#까무먼: 엉거부터: 뜨더머굴라고:. 거:마리느나조 사:람 환장아제:.
멕감우먼165) 엉거붙어 뜯어 먹울라고. 거마리는 아조 사람 환장하제.
▷ (냇가에서) 목욕하면 (사람 피를) 뜯어 먹으려고 엉겨 붙어. 사람을 미치게 만들어.

---

165) '멕'은 '목욕'의 전남 방언형이다. '멕+감-'이 결합하여 '목욕'의 의미로 쓰인다. 또한 '목욕'은 첫음절의 종성 'ㄱ'이 탈락된 형태의 '모욕'으로 실현된다.

조 손으로 뜯어도 안 떨어져요?

상천 안:떠러저:. 피뽀라먹 아:니: 이르코뚝: 띠어내:불문한디: 몰:라가꼬:. 아푸
도아나고항께: 피뽀라머그므나푸도아나고항께 몰:라. 뜨더머거도몰:라써. 그랑께:
그러코 여가인자살까시허러부런쩨:.

　안 떨어져. 피 뽈아먹 아니 이릏고 뚝 띠어내불문 한디 몰라갖고. 아푸
　도 안하고 항께 피 뽈아먹으믄 아푸도 안하고 항께 몰라. 뜯어 먹어도
　몰랐어. 그랑께 그렇고 여가 인자 살갓이 헐어불었제.

▣ 피 빨아먹으려고, 뚝 떼어내면 되는데 몰라가지고. 아프지도 않고 하
　니까 뜯어먹어도 몰랐어. 그래서 살갗이 헐어버렸지.

강진 그:[ㅋ]마리: 거:머리:. 아이고:먼:넉씨니 거:머리가대능고잉:?

　그마리 거머리. 아이고 먼 넉신이 거머리가 대능고잉?

▣ 거머리. 어떤 넋이 거머리가 될까?

상천 질부는므:대서 그러코나서쓰그람.

　질부는 믓해서 그렇고 낫었소 그람.

▣ 질부는 어떻게 해서 나았소, 그럼.

강진 주사를마저쩨:. 한: 일쭈일가늘. 아̐::주 왕치늠모:던다갑뜨마:. 아̐:니, 비가
올라가믄 여가므:시기불구스러마니나와.

　주사를 맞었제. 한 일주일간을. 아주 완치는 못헌다갑드마. 아니, 비가
　올라가믄 여가 므시기 불구스럼하니 나와.

▣ 주사를 맞았지. 한 일주일간을, 완치는 못한다고 하더구먼. 비만 오려
　고 하면 붉게 올라와.

상천 여그여여가: 쟝녕까지도간상구마이로올라가므냉두가디아:, 빠알가니.

　여그 여 여가 작년까지도 간상구마이로166) 올라가믄 앵두가 디아, 빠

알가니.

▷ 여기가 작년까지만 해도 기상대처럼 (비만) 오려고 하면 빨갛게 앵두
가 돼.

강진 불굼무리솟꾸처.

붉운 물이 솟구쳐.

▷ 붉은 물이 솟구쳐.

상천 비아노믄쏙:드러가따가 또:비마놀:라가믄 앵두가대고. 아, 영:나겁시간상구
가대드니:.

비 안오믄 쏙 들어갔다가 또 비만 올라가믄 앵두가 대고. 아, 영락없이
간상구가 대드니.

▷ 비가 오지 않을 때는 쏙 들어갔다가, 비만 오려고 하면 앵두가 되고.
영락없이 기상대가 되더니.

---

166) '간상구'는 '관상구'의 첫음절에서 'w'가 탈락된 것으로 '기상대'의 전 명칭이다.

보릿고개

○

상천 보리고개라는 마:른: 내가 그:망큼배고팓따그마리어. 머글꺼시업:써서 배고 파써. 그랑:께보리꼬개여. 보리때보리, 싸:알때쌀. 아, 엄:는사람마리어ˇ. 인는사 라먼, 항:시곡써글쟁에노코산:디, 엄:는사라믄: 그냥 쌀:보믄 쌀: 파:싹찌저먹꼬. 또: 보리보믄: 보리밥 파:싹쌀무고그래. 그랑께 살림도모:단담말드꼬그래:. 그르 코 쌀마머긍께.

보리고개라는 말은 내가 그 만큼 배고팠다 그 말이어. 먹을 것이 없어 서 배고팠어. 그렇게 보릿고개여. 보리 때 보리, 싸알 때 쌀.[167] 아, 없는 사람 말이어. 있는 사람언, 항시 곡썩을 쟁에 놓고 산디, 없는 사 람은 그냥 쌀보믄 쌀 파싹 지져 먹고. 또 보리보믄 보리밥 파싹 쌀무 고[168] 그래. 그랑께 살림도 못한단 말 듣고 그래. 그릏고 쌀마 먹응 께.

▷ 보릿고개라는 말은 먹을 것이 부족했던 배고픈 시절을 말해. 보리 때 보리, 쌀 때 쌀 없는 사람 말이어. 있는 사람은 항상 곡식을 재 놓고 사는데 없는 사람은 쌀 보면 쌀 바싹 지져 먹고, 보리 보면 보리밥 바 싹 삶고 그래. 그러니까 살림도 못한단 말 듣고 그랬어. 그렇게 삶아먹 으니까.

조 그것도 없으면 무얼 먹었을까요.

---

167) 부자들은 묵은 쌀도 밀쳐놓고 먹지만, 없는 사람들은 보리 나오면 보리쌀만 먹고 쌀 나오면 쌀만 먹으니까 '보리 때 보리 쌀 때 쌀'이라는 말이 생겨났다.
168) 어간 '삶-'과 '쌀무-'가 공존하고 있다.

상천 그건또업:쓰믄, 항끄니썩 궁:끼도하고:. 저네: 이:르코 부순사람더리, 나 부순사람 그때봔:네:. 부순사람더리 우리오빠가 배:급써기를해써. 배:급써기를하믄 이:르코 부순사라미 배:급쭈라고우리지비로다:와.

그것도 없으믄, 한 끄니 썩 굼기도 하고. 전에 이릏고 붓운 사람덜이, 나 붓운 사람 그때 봤네. 붓운 사람덜이 우리오빠가 배급 서기를 했어. 배급 서기를 하믄 이릏고 붓운 사람이 배급 주라고 우리집이로 다 와.

▣ 그것도 없으면 한 끼니씩 굶기도 하고. 예전에 부은 사람들 봤네. 우리 오빠가 배급 서기를 했는데 부은 사람들이 배급 달라고 우리 집으로 오고 그랬어.

몸머그뭄부서. 앙:끄또몸:머그믄 부상난다고 마:리 이러꼬 띵:띵부서부러. 땡땡부:코쿠름 굴머따 이거시어. 그래따가인자: 또 밤먹꼬아믄 우:여니 조::케 빠:저. 인자 스스로빠:저.

못 먹으문 붓어. 암꿋도 못 먹으믄 부상난다고 말이 이러꼬 떵떵 붓어 불어. 땡땡 붛고 쿠름 굶었다 이것이어. 그래갖고 인자 또 밥 먹고하믄 우연히 좋게 빠져. 인자 스스로 빠져.

▣ 아무것도 못 먹으면 말이 부상난다고 땡땡 부어버려. 땡땡 부을 정도로 굶었다 이 말이어. 그러다가 밥을 먹으면 (어느 사이 붓기가) 스스로 빠져.

금당 그렁게엔:나레는: 쑤기 이른데가안나머. 다: 재너머서까지 쑥뜨러가고.

그렇게 옛날에는 쑥이 이른데가 안 남어. 다 재 넘어서까지 쑥 뜯으러 가고.

▣ 그러니까 옛날에는 쑥이 남아나지를 않았어. 재 넘어 먼 데까지 쑥 뜯으러 가고.

상천 저네 쑥강가마니 쌀랑가마니 암바까써:. 쑤기그러코: 사람께조:아:.

전에 쑥 한 가마니 쌀 한 가마니 안 바꽜어. 쑥이 그렇고 사람께 좋아.

▣ 예전에는 쑥 한 가마니 쌀 한 가마니 안 바꿨어. 쑥이 사람에게 좋아.

금당 쑵:빠배먹꼬 쑥:쭉쒀먹꼬: 옌:나레는. 옌:나레 진짜: 엄:는사람덜, 요즈믄: 일: 하래나가믐막 나라강가마니썩 벌:제마는 옌:나레는 하루내:: 이:래도: 쌀:한 대를몹:뻘고 쌀:반성안데벌:고.

　쑥밥 해먹고 쑥죽 쒀 먹고 옛날에는. 옛날에 진짜 업는 사람덜, 요즘은 일 하래 나가믄 막 나락 한 가마니썩 벌제마는 옛날에는 하루 내 일해 도 쌀 한 대를 못 벌고 쌀 반성한데[169] 벌고.

▣ 옛날에 진짜 없는 사람들은 쑥밥이나 쑥죽 쒀 먹고. 요즘은 일 하루 나 가면 나락 한 가마니씩 벌지만 옛날에는 하루 온종일 일해도 반 승 한 되 밖에 못 벌고.

---

169) '쌀 반성한데'에서 '성'과 '데'는 각각 '승'(朿)과 '되'(朿)에서 음변화가 일어난 결과이 다. 이때 단모음 'ö'의 경우 영암지역어는 'wE'와 같이 쓰이고 있고, 단모음 'e'와 'ε' 가 'E'로 합류된 상황에서 '되'의 음성형으로 [데]와 [대] 중 어느 것인지 정확하게 알 수 없다. 이는 역사적으로 하향이중모음 'oy'가 어떤 변화를 겪었는가에 따라 달라진 다 할 수 있겠는데 이에 대한 영암지역어의 논의는 이루어지지 않았다. 그러므로 단모 음 'ö>e'와 같은 일반적인 변화를 반영하여 한글표기는 '데'로 한다.

부숫돌

조 성냥이 없을 때는 어떻게 불을 붙였을까요?

상천 부수똘. 저네: 거성:낭도억:꼬할띠게부수또리써. 이르미부수또리어.

부숫돌. 전에 거 성냥도 업고 할 떡에 부숫돌 있어. 이름이 부숫돌이
어.

▷ 부싯돌. 성냥도 없을 때 부싯돌 있어.

강진 쑤:걸말려서:.

쑥얼 말려서.

▷ 쑥을 말려서.

상천 아니어. 쑤:기아니어. 쩌:그산처네: 거:삐비꼬가트니르코올라온 푸리이:써.
그노물말려가꼬: 땅:땅:몽꾸라가꼬 거:부수또라고치덩마. 그라믐부리나. 옏:나레
나일:꾼들한디바:써. 그라고또: 도:라고도라고 부디치믄또부리 나!

아니어. 쑥 아니어. 쩌그 산천에 거 삐비꽃 같은 이롱고 올라온 풀이
있어. 그놈울 말려갖고 땅땅 몽꾸라갖고 거 부숫돌하고 치덩마. 그라
믄 불이 나. 옛날에 나 일꾼들 한디 봤어. 그라고 또 돌하고 돌하고 부
디치믄 또 불이 나!

▷ 쑥이 아니어. 산에 삘기 꽃 같이 올라오는 풀이 있어. 그것을 말려가지
고 부스러뜨려 부싯돌로 쳐. 그러면 불이 붙어. 옛날에 일꾼들이 하는
데 보았어. 또 돌과 돌이 부딪치면서도 불이 나!

그랑께: 믄: 푸리이뜨랑께:. 그: 부수똘 친: 동:이이르케올라와:. 입싹쨀::자:래
가꼬 동올라: 그라믄 비어가꼬 땅땅몰려가꼬: 몽쿠래서 그부수또를처:. 그거세다:
영근다고애:그랑께: 그놈 몬지마이로해:가꼬 부수또레영거:. 그름푸리 이써:. 풀
도 잘로당아내.

그랑께 믄 풀이 있드랑께. 그 부숫돌 친 동이 이렇게 올라와. 입싹 쌀
쌀해갖고 동올라 그라믄 비어갖고 땅땅 몰려갖고 몽쿨해서 그 부숫돌
을 쳐. 그것에다 영근다고[170] 해 그랑께 그놈 몬지마이로 해갖고 부숫
돌에 영거. 그른 풀이 있어. 풀도 잘로당 안해.

▶ 그러니까 (부싯돌에 치는) 무슨 풀이 있더라니까. 잎은 자잘해가지고
동이 올라오면 베어 말려가지고 부스러뜨려서 부싯돌에 쳐. 그러면
(담배에 불이 옮겨) 붙어. 그러니까 먼지처럼 부스러뜨려야 부싯돌에
얹어. 풀도 짧지 않아.

이이:봉다리를, 이마:이남봉다리가이써. 댐:배봉다리. 그래가꼬 저네: 마리 마리
그놈끄:꼬오제:. 댐:배찌비가따로이꼬:. 우리가사로댕기고:. 봉초. 봉초이써.

이이 봉다리를, 이마이난 봉다리가 있어. 댐배 봉다리. 그래갖고 전에
말이 말이 그놈 끊고 오제. 댐뱃집이가 따로 있고. 우리가 사로 댕기
고. 봉초. 봉초 있어.

▶ 이만한 봉지가 있어. 담배 봉지. 예전에 말이 그걸 끌고 오지. 담배 가
게가 따로 있는데 봉초를 우리가 사러 다녔어.

그거또: 우리가암몰리고 댐:배 전매청에서나와, 그거또. 봉다리 이르꼬요:마남봉
다리. 그라민자또 말구루마가: 싹:끌코오등마 댐:배찌비로.

그것도 우리가 안 몰리고 댐배 전매청에서 나와, 그것도. 봉다리 이르
꼬 요마난 봉다리. 그람 인자 또 말 구루마가 싹 끓고[171] 오등마 댐뱃
집이로.

---

170) '영그-'는 '얹-'의 방언형이다. 여기서는 '불이 옮겨 붙다' 정도의 뜻으로 풀이된다.
171) '끓고[끌코]'는 발음 오류로 보인다.

▣ 그것도 말리지 않은 상태로 전매청에서 (수매하러) 나와. (그러면 봉지담배를 만들어서) 담배 가게로 달구지에 끌고 오더구먼.

그랑께 오래살믄 못쓴다가제

○

길동 거이 지비아페머이다. 문아케.

　거이 집이 앞에 머이다. 문앜에.

▷ 댁에 앞에 (그것이) 뭐요. 문 앞에.

상천 과자고만. 자:. 허리곧꼬다니정정하시네. 우리동네 아근니:살 잡쑨냥바니꼬
우리동네 유정떠근 아온 다서시다:.

　과자고만. 자:. 허리 곳곳하니 정정하시네. 우리동네 아근 니살 잡쑨
　양반있고 우리동네 유정떡은 아온 다섯이다.

▷ 과자고만. 허리 곳곳하고 정정하시네. 우리동네 아흔 네 살 드신 양반
　있고, 유정댁은 아흔 다섯이요.

간:디 에양오네가:, 에오네가 읻따가:, 딸더리 데레가따가데. 광주딸더리.

　간디 에양온에가 소란, 에온에가 있다가, 딸덜이 데레갔다가데. 광주
　딸덜이.

▷ 그런데 유정댁은 소란 요양원에 있다가, 광주에서 사는 딸들이 데려갔
　다고 하데.

길동 거시개따가대:. 소란: 시:민장집써 시:민장 거그도 따리한나 주건따가대.
딱::숭케부러따개. 즈그어메를 숭:케부러:.

　거시갰다가대. 소란 시민장 집서 시민장 거그도 딸이 한나 죽었다가
　대. 딱 숭케부렀다개. 즈그 어메를 숭케부러.

▣ 거시기 했다고 하대. 소란 시면장 집에서도 딸이 하나 죽었다고 하대. 그런데 숨긴다고 해. 저희 어매를 숨긴대.

상천 어메를숭:케불믄 어짠다냐:.
　어메를 숭케불믄 어짠 다냐.
▣ 어메를 숨기면 어쩐 다냐.

길동 어매! 숭케야제안댄다개. 인자날:마다 울:고날:리낭께라:. 숭케분디 "으채: 느그 언니는 내가인는디 아논다냐: 아논다냐:." 그란다가요::. 그리고 당:삼바께 고: 영암떼기도:.
　어매! 숭케야제 안댄다개. 인자 날마다 울고 난리낭께라. 숭케분디 "으채 느그 언니는 내가 있는디 안 온다냐 안 온다냐." 그란다가요. 그라고 당산밖에 고 영암떡이도.
▣ 어머! 숨겨야지 안 된다고 해. 날마다 울고 난리가 나니까, "왜 너희 언니는 내가 있는데도 오지 않는 다냐." 그런다고 하요. 그리고 당산 밖 그 영암댁도.

상천 잉? 영암떡 당:삼바케 영암떡또.
　잉? 영암떡 당산 밖에 영암덕도.
▣ 응? 영암댁 당산 밖 영암댁도.

길동 거그도 따란나가 주거따가댜: 어쌔따가댜. 그랜는디 거그도아논다고 지달린다개.
　거그도 딸 한나가 죽었다가댜 어쨌다가댜. 그랬는디 거그도 안 온다고 지달린다개.
▣ 거기도 딸 하나가 죽었다가든가 어쨌다가든가. 그랬는데 거기도 기다린다고 해.

상천 영암떡또 딱, 숭케붕마. 영암떡또. 어타메: 그랑께:: 그랑께 오래살믐모:쓴다가제:.

영암떡또 딱, 숭케붕마. 영암떡도. 어타메 그랑께 오래 살믄 못 쓴다가제.

▷ 영암댁도 숨기는구나. 영암댁도. 그러니까 오래 살면 못 쓴다고 하지.

길동 잉. 그란데 음:마암무거써라:. 마:니무긍거가터도:.

잉. 그란데 은마 안 묵었어라. 만이 묵은 거 같아도.

▷ 응. 그런데 많이 먹은 것 같아도, 얼마 안 먹었어요.

상천 아이 그란디: 오매: 어메를싱키믄 믇:땨:. 오:매무섭쏘잉:. 어:매무서와:. 지끔 늘그믄 숭킨당께:,

아이 그란디 오매 어메172)를 싱키믄 믇댜. 오매 무섭쏘잉. 어매 무서와. 지끔 늙으믄 숭킨당께.

▷ 그런데 어메를 숨기면 무엇이 돼. 오매 무섭소, 무서워. (부모가) 늙으면 숨긴다니까.

길동 내중에느나러도 시방은숭케야쓴다가드랑께:. 소란싸람더리 다:그라덩마.

내중에는 알아도 시방은 숭케야 쓴다가드랑께. 소란 사람덜이 다 그라덩마.

▷ 나중에는 알게 되어도 지금은 숨겨야 된다고 하더라니까. 소란 사람들 모두 그러더구먼.

---

172) '오매'와 '어메'는 각각 다르다. '오매'는 '원매'와 같이 쓰이는데 '예상 밖의 일'을 의미하는 감탄사이다. 후자의 '어메'는 '어머니'의 전남방언형이다.

꺼멍치매 한번 안 입어봤어

○

상천 어따, 그 니:째메느리 잘:사러:?

어따, 그 닛째 메느리 잘 살어?

▷ 그 넷째 며느리 잘 살아?

금당 에:. 쩌:번나른 "현지 터파럳따냐:?" "터, 터가 머시어요:?" 그래. 그래서 "터도 모:리냐?" 하하하. "아이, 우리 현지: 엄마 배쏘게: 아:기드런냐 그 소리란다." 긍께 디:진다고 우스면써:, 턱 파란냐개서: 여그여 터가지, 터가지: 파런냐헌줄 아럳따고 그래서 "이:때까 터판단 소리도 몰:란냐?"

에. 저번 날은 "현지 터 팔었다냐?" "터, 터가 머시어요?" 그래. 그래서 "터도 모리냐?"[173] 하하하. "아이, 우리 현지 엄마 배속에 아기들었냐 그 소리란다." 긍께 디진다고 웃으면써, 턱 팔았냐개서 여그 여 터가지, 터가지 팔았냐 헌줄 알었다고 그래서 "이때까 터 판단 소리도 몰랐냐?"

▷ 예. 저번 날은 "현지 터 팔았냐?" "터가 뭐에요?" 그래서 "터도 모르냐?" "우리 현지 엄마 배속에 아기 들었냐. 그 소리란다." 그러니까 죽는다고 웃으면서, 턱 팔았냐고 해서 턱주가리 팔았냐 하는 줄 알았다고 그래서 "지금까지 여태 터 판단 소리도 몰랐냐?"

나:는 식꾸가마:난디로 시지부롸가지고: 너::무나부엉니리마:내서 애기볼사이도

---

173) '터'는 '아기집' 즉 '자궁'을 가리키며, '팔다'와 결합하여 쓰이는 데 '아우보다'는 뜻을 갖는다. '아시보다'와 함께 쓰인다.

업:써써. 저시나 머겯쩨:. 칭칭시아라: 애기를: 애기를래가은:제 돌:본 사이가업:
써. 우리어머니가:고생해게쩨.

  나는 식구가 만안디로 시집울 와가지고 너무나 부억일이 만애서 애기
볼 사이도 없었어. 젓이나 먹였제. 칭칭시하라 애기를 내가 은제 돌본
사이가 없어. 우리어머니가 고생해겠제.

▷ 나는 식구가 많은 곳으로 시집을 와서 부엌일이 많아 애기 볼 사이도
없었어. 젖이나 먹였지. 층층시하라 돌 볼 사이가 없어. 우리어머니가
고생하셨지.

상천 지비서방님 아조 무::자게 게리고 장개가써.

  집이 서방님 아조 무자게 게리고 장개 갔어.

▷ 집의 서방님 무지하게 가리고 장가갔어.

금당 믇: 개레라우. 오매: 미와죽꺼쏘. 부자찌바드리라도 옹께, 일:만허고 닝:장,
나는 조:케를 안사라봐써. 으:째 미아가꼬. 나는 어:른드리조:코 시#동생드리조
아써.

  뭇 개레라우. 오매 미와 죽겄소. 부잣집아들이라도 옹께, 일만허고 닝
장, 좋게를 안 살아봤어. 으째 미아갗고. 나는 어른들이 좋고 시동생들
이 좋았어.

▷ 뭘 가려요. 미워 죽겠소. 부잣집아들이라도 오니까, 일만하고 (금술)좋
게 살아보지를 않았어. 미워가지고. 나는 어른들이 좋고 시동생들이
더 좋았어.

조 몇 살에 시집오셨어요.

금당 이십삼세. 신랑보도아내써.

  이십 삼세. 신랑보도 안했어.

▷ 스물 셋. 신랑보지도 않았어.

상천 지비도 암바쏘:. 나도 암보고와따이:. 아이나도: 체일미테서 이르코절, 온:
삭쪽또리가 거고:사지아나:. 고사, 고사가이르코널분디:. 아이, 그: 누니로실랑을
봉께는 개:조까치생게머거써.

집이도 안 봤소. 나도 안 보고왔다이. 아이 나도 체일174) 밑에서 이릏
고 절, 온삭 쪽또리가 거 고사지아나. 고사,175) 고사가 이릏고 널분디.
아이, 그 눈이로 신랑을 봉께는 개 좆같이 생게 머었어.

▷ 집이도, 나도 안 보고 왔소. 차양 밑으로 이렇게 절을 하는데 원삼 족
두리가 고사잖아. 고사가 이렇게 넓은데. (그리로 비춰진) 신랑을 보니
까 개좆같이 아주 못생겼어.

조 고사는.

상천 고사:? 이 비:다니르미고사여. 그 드리비칭거. 얄:띠얄분 요새임는 옥까미고
사여. 공:다는 겨으레 임는 옥까미고. 고사 이르케 온삼쪽또리익꼬 털:렁하자나:.

고사? 이 비단 이름이 고사여. 그 들이 비친 거. 얄디얇은 요새 입는
옷감이 고사여. 공단은 겨을에 입는 옷감이고. 고사 이릏게 온삼쪽또
리 입고 털렁 하잔아.

▷ 고사는 비단 이름이어. 다 비친 것. 얇디얇은 요즘에 입는 옷감이어.
공단은 겨울에 입는 옷감이고. 원삼은 팔랑하잖아.

나는: 저네: 하:도 우리오빠 목씸바치고: 혼자데놀케가: 암:데라도여울라고 애:를
쓰등마. 그래서:, 니:미작껃 내가 살:쭈라냐 그라고해:떠니, 자서간나 나농께는
어::떠께나 우리크나드리 이:뻬떤지:, 서방이: 나뻐도살:고 조:아도살:고 이르케
시:상이생게꾸나 사러써.

나는 전에 하도 우리오빠 목씸바치고 혼자덴올케가 암데라도 여울라고
애를 쓰등마. 그래서, 니미 잡것 내가 살 줄 아냐 그라고 했드니, 자석

---

174) 여기서 '체일'은 '차양'의 방언형으로 보인다.
175) '고사'는 여름 옷감으로 쓰는 비단의 한 종류이다.

한나 나농께는 어떠께나 우리큰아들이 이뺐던지, 서방이 나뻐도 살고 좋아도 살고 이릏게 시상이 생겠구나 살었어.

▣ 나는 우리오빠 잃고 혼자된 올케가 아무 곳이라도 시집보내려고 애를 쓰더구먼. 그래서 시집보내기만 해봐라. 그런데 자식을 낳으니까 우리 큰아들이 어찌나 예쁘던지, 남편이 싫어도 살고 좋아도 살고 세상은 이렇게 생겼구나 하고 살았어.

또 내가직짜라 저금나가꼬 이:시어마니가: 돌아본쩍또 아나등마. 내가 그래도다: 돌:봐줬쩨:, 시:숭모:. 한동네서 살:계:. 큰동서는서울로가불고. 내가 장:남노르대써. 시아바니도라게:서도: 삼년:상을내가 다:모시고. 꺼멍치매암번도: 아니버봤네.

　내가 직자라176) 저금 나가꼬 이 시어마니가 돌아본쩍도 안 하등마. 내가 그래도 다 돌봐줬제, 시숙모. 한동네서 살계.177) 큰동서는 서울로 가불고. 내가 장남노릇 했어. 시아바니 돌아게서도 삼년상을 내가 다 모시고. 꺼멍치매 한 번도 안 입어봤네.

▣ 우리가 차남이라, 분가를 했는데 시어머니는 뒤돌아보지도 안더구먼. 그래도 내가 다 돌봐드렸어. 시숙모님도 같은 동네에서 살기에. 큰동서는 서울로 가버리고. 내가 장남노릇 했어. 시아버님 돌아가셔서도 삼년상을 내가 다 모시고. 검은 치마 한번 입어보지를 못했네.

금당 어:메 한:장아건네:, 환:장허거써.
　어메 한장하겠네, 환장허겠어.
▣ 오메 환장하겠네, 환장하겠어.

상천 내가: 씨엄씨항:갑 닥치길래 멩기베떠서: 다드미해:서: 점:부 함:보개드리고 항:갑짠치 다:해드리고:. 직짜가:. 내가 장:남노른따해:써. 내가그래도 소:기 얌마

---

176) '직자'는 작은 아들을 이른다.
177) '살계'는 '살-+-기+-에'로 분석된다.

니 실거웅께핸쩨:.

내가 씨엄씨 한갑 닥치길래 멩기베 떠서 다드미해서 전부 한복 해드리고 한갑잔치 다 해드리고. 직자가. 내가 장남노릇 다 했어. 내가 그래도 속이 앤만히 실거웅께[178] 했제.

▷ 내가 시어머니 환갑 닥쳐서 명주 베 떠가지고 다듬이질해서 한복 해드리고 환갑잔치 해드리고. 차남이. 그래도 속이 웬만히 슬거우니까 했지.

금당 그러제. 욥빠쏘.

그러제. 욕봤소.

▷ 그러지 수고했소.

조 검은 치매을 안 입어 보았다는 말은.

상천 시아바니 도라개게서 거믄 치:매함번도 아니버써. 하:얀치매 풀: 빠#짱아니 해:서:. 그때 통치매읻짜나잉.

시아바니 돌아개게서 검은 치매 한 번도 안 입었어. 하얀치매 풀 빠짱하니 해서. 그때 통치매 있잔아잉.

▷ 시아버님 돌아가셔서 검은 치마를 입어보지 못했어. 흰 치마 풀 빳빳하게 먹여서 그때 통치마 있잖아.

조 시아버지가 돌아가셨는데 왜 검은 치마를 안 입어봤을까요?

금당 옌:나레는: 옌나레늠보기라고이부믄:, 하:야노슬이버써.

옛날에는 복이라고 입우믄, 하얀 옷을 입었어.

▷ 옛날에는 복 입으면 흰 상복을 입었어.

---

178) 어간 '실겁-'로 '슬겁-'의 방언형이다.

상천 저네: 도라가시믄 삼년상을모시거든 영오를, 영오를:삼년상 꼭:빱차라노코: 고가고, 아이고아이고곡 다믄시:번시:저리라도 해:야대. 그래야복탄다고:. 삼시 시:때밥차라노코 해:써.

전에 돌아가시믄 삼년상을 모시거든 영올을, 영올을 삼년상 꼭 밥 차라놓고 곡하고, 아이고 아이고 곡 다믄179) 시번 시절이라도 해야 대. 그래야 복 탄다고. 삼시 시때 밥차라 놓고 했어.

▶ 예전에는 돌아가시면 삼년상을 모셨거든. 영혼을, 삼년상 차려놓고 곡하고. 삼세번 절이라도 해야 돼. 그래야 복 탄다고. 삼시 세 때 밥 차려 놓고 했어.

워:따, 우리시어마니보소:. 내가 저금나가가꼬도: 꼬:옥 새:부기믄니러나서 초아래보르미믄 장에가서 믇:싸다가: 노코:. 해:물 색따릉거사다가 노코: 바배드리므 나난디. 혹시나 하고마난 나레 장, 양간날도읻쩨잉:.

웠다, 우리시어마니보소. 내가 저금 나가갖고도 꼬옥 새북이믄 일어나서 초라래 보름이믄 장에 가서 믓 사다가 놓고. 해물 색다른 거 사다가 놓고 밥해 드리믄 안 한디. 혹시나 하고만안 날에 장, 안 간 날도 있제잉.

▶ 아따 우리 시어머니 보소. 내가 분가했어도 새벽이면 일어나 초하루 보름이면 장에 가서 해물 색다른 것 사다 밥 차려드리고 하는데, 혹여 많은 날 중 시장을 보지 못한 날도 있지.

앙:가바바:. 함:박 쩌:따띵게따 여긋따던제따므:대따 아조 얼:처겁써:. 개서: '내가당신찌비 어더머그로와따어째따.' 대:번 도라서서 아불마으미꿀:떡까터. 막 띵게나.

안 가 바바. 함박 쩟다 띵겠다 여긋다 던졌다 믓했다 아조 얼척없어.

---

179) 전남방언은 조사 '-라도'가 붙은 명사 앞에 쓰여 '그 이상은 아니지만' '그 정도는'과 같은 부사 '다만' 이 '다믄'으로 나타난다. 문헌을 참고하면 '다믄'에서 소급된 것으로 중앙어와 다른 변화를 겪었다고 보아야 한다.

개서 '내가 당신집이 얻어 먹으로 왔다 어쨌다.' 대번 돌아서서 아불 마음이 꿀떡 같어. 막 떵게나.

▷ 가지 않아 봐봐. 함지박을 저기다 던졌다 여기다 던졌다 아주 어처구니없어. 그래서 '내가 당신 집에 얻어먹으러 왔소 어쨌소.' 하고 단번에 돌아서서 오고 싶은 마음이 꿀떡 같아. 막 던져봐.

금당 아이, 도라가신냥바니 믄: 잡쑤냐: 그르코마래야지. 옌:날량반들 이애를할쭐도 몰라.

아이, 돌아가신 양반이 믓 잡쑤냐 그릏고 말해야지. 옛날 양반들 이해를 할 줄도 몰라.

▷ 아니, 돌아가신 양반이 뭘 잡수냐, 그렇게 말해야지. 옛날 어른들은 이해 할 줄 몰라.

상천 아니 옌:날량반도 유:페달라. 옌:날량반 속 슬건냥반슬겁쩨:. 그란디, 팜나므단 오그러파고. 그래가꼬 거시기 함:박쩌빵녀둥아믄 돌아서서 와부꺼께네. 에:라 내가 저냥반니:애하냐: 내:성:시미다그라고는 또밥차라노코.

아니 옛날양반도 유페 달라. 옛날양반 속 슬건 양반 슬겁제. 그란디, 팜나 믓한 오그러파고. 그래갖고 거시기 함박 쩍박 여둥하믄 돌아서서 와불꺼께네. 에라 내가 저 양반 이해하냐 내 성심이다 그라고는 또 밥 차라 놓고.

▷ 옛날 분이라도 어폐가 달라. 옛날 분들 슬건 분은 슬겁지. 그런데 밤낮 함지박 쪽박 (던지기) 시작하면 돌아서서 와버릴 테니까. '에라, 내가 저 양반 위해하나 내 성심이다.' 그러고는 다시 밥 차려 놓고.

샛거리 내먹던 시절

◯

조 그때는 돈을 벌기가 힘들었잖아요?

상천 힘:드러. 그란디: 노무놈마떠서: 놈마떠서싱구고:, 내기마뜨고:, 싱구기마뜨고 해:서 또 가으레 꼽쌔꺼리바꼬 새꺼리나서또…… 나늠: 머글꺼슨냐그므로머꼬, 그래써:.(R) 살림도 쩍: 째지게핻쩨.

　힘들어. 그란디 놈우 논 마떠서[180] 논 마떠서 싱구고, 내기 마뜨고, 싱구기 마뜨고 해서 또 가을에 꼽샛거리 받고 샛거리 나서 또…… 나는 먹을 것은 야금으로 먹고, 그랬어. 살림도 쩍 째지게 했제.[181]

▷ 힘들어. 그런데 남의 논 맡아 심고, 내기 맡아 심고해서 또 가을에는 곱장리 받고, 장리 놔서 또……나는 먹을 것은 야금으로 먹고 그랬어. 살림을 찢어지게 했지.

조 내기 마뜬다는 말은 무슨 뜻인가요?

상천 저네는 노느을:, 풀라믐매:야:. 지끄믄냐그로해먹쩨마는 저네는, 소니로 점:부 조물조물해서매:. 하난노늘 기어 댕김스로. 강께 남자가: 다:마떠서해:써. 돈

---

180) 어간 '마트-'는 '마뜨-'와 공존하여 쓰인다.
181) '샛거리'는 표준국어대사전을 참고하면 '곁두리'의 충남방언으로 나온다. 그러나 본문에서 의미하는 '샛거리'는 돈이나 곡식을 꾸어주고, 그 이자로 가져 간 곡식의 곱을 받는 행위를 이른다. 이를테면 쌀 1가마를 꾸어 주고 가을에 쌀 2가마를 받는 것으로, '곱샛거리[꼽쌔거리]'는 곱 이자에 해당된다. 이후 장리가 생겨나 곡식의 절반인 1.5가마로 줄어들었다.

바꼬. 그래서 새:꺼리노코.

전에는 논으을, 풀라믄 매야. 지금은 약으로 해 먹제마는 전에는, 손이로 전부 조물조물해서 매. 한한[182] 논을 기어 댕김스로. 강께 남자가 다 마떠서 했어. 돈 받고. 그래서 샛거리 놓고.

▣ 옛날에는 논에 풀나면 매야. 지금은 농약으로 벌어먹지만 과거에는, 손으로 손놀림해서 매. 그 많고 많은 논을 기어 다니면서. 그러니까 남자들이 다 맡아서 했어, 돈을 받고. 그렇게 해서 (번 돈으로) 장리 놓고.

조 샛거리는 뭐에요?

상천 새꺼리는:, 노무꺼슬당거다머거. 오래, 올뽀메내가머글꺼덥써:?(R) 그라믄: 노무직까서: 저: 가으레주꺼싱께(R) 이:자지러서주꺼싱께(R) '나락 싸랑가마니주쇼:.' 그거시여. 그걸 새꺼리. 그르케 새꺼리 내:머꼬 그래.

샛거리는, 놈우 것을 당거다[183] 먹어. 올해, 올 봄에 내가 먹을 것 없어? 그라믄 놈우 집 가서 저 가을에 줄것잉께 이자 질어서 줄것잉께 '나락 쌀 한 가마니 주쇼.' 그것이여.[184] 그것 샛거리. 그릏게 샛거리 내 먹고 그래.

▣ 샛거리는, 남의 것을 당겨다 먹는 것. 봄에 먹을 것이 없어? 그러면 (쌀 한 가마니 빌려 먹고) 가을에 그 이자로 쌀 두 가마니를 주는 것이어.

---

182) 중세국어에서 '하'는 '多'의 의미의 형용사와 부사로 쓰였다. '하다(많다), 하도(많기도), 하나한(하고 많은, 많고 많은)' 등과 같이 활용되기도 하였다. 본문에 쓰인 '한한[하난]'은 '많고 많은'의 의미로 쓰였다.

183) '당거다(당그-+-어다)의 어간 '당그-'는 '당기-'의 방언형이다. 그 외 '땅그-'가 더 있다. 본문에서는 곡식을 수확하기 저 미리 빌려다 먹는 표현으로 '당거다(당그-)'라고 하였다.

184) 보리가 누렇게 익어갈 무렵이 되면, 채 수확도 하기 전에 묵은 곡식이 떨어져버려 힘든 시기를 보내야 했다. 이 시기를 비유하여 힘든 고개 즉 보릿고개라고 하였다.

조 그런데 그렇게 작게 드시고 어떻게 일은 하셨어요?

상천 으:따그랑:께 오지카다우? 앙:끄또엄는지봐서, 자서고:남매나서 다:갈치고:
또: 놈밭, 논 스무마지기사고: 그랄때게오직하거써?(R) 이: 삭시니안나머.

  으따 그랑께 오직하다우? 암긋도 업는 집 와서, 자석 오남매 나서 다
갈치고 또 논밭, 논 스무 마지기 사고 그랄 땍에 오직 하겄어? 이 삭신
이185) 안남어.

▸ 그러니까 오직하겠소? 가난한 집으로 시집와서, 자식 오남매 낳아 다
갈치고, 논밭 장만할 때 오직 했겠소? 삭신이 안남아.

인자그래도: 절뭄마스로: 히므니써. 절:뭉께. 다:절무믄: 해:. 그라고도 논디: 이
쓰믄 놀:러가야쓰고:, 노래도내가다:불러부러야쓰고, 일:도내가다 해부러야쓰고,
욕씨미: 그래써, 내가. 그래따가요러코 허리가꼬구라져 하하하.

  인자 그래도 젊운 맛으로 힘은 있어. 젊웅께. 다 젊우믄 해. 그라고도
논디 있으믄 놀러가야 쓰고, 노래도 내가 다 불러불어야 쓰고, 일도 내
가 다 해불어야 쓰고, 욕심이 그랬어, 내가. 그랬다가 요롷고 허리가
꼬구라져 하하하.

▸ 그래도 젊으니까 힘은 있어. 젊으면 다 해. 그리고도 노는데 있으면 놀
러가야 되고, 노래도 내가 다 불러야 되고, 일도 내가 해야 되고, 욕심
이 그랬어, 내가. 그랬다가 이렇게 허리가 구부러져서 하하하.

조 그렇게 해서 논밭을 장만하신 거예요?

상천 그람:, 시지봐가꼬내가 다::시가일러쩨:. 그랑께 믄:자차기업:씅께. 자차기
업:써써내가.

  그람, 시집와갖고 내가 다 시가 일렀제. 그랑께 믄 자착이 없응께. 자
착이 없었어 내가.

---

185) '삭신'은 몸의 근육이나 뼈마디를 이른다.

▣ 그럼, 내가 시집와서 시가를 다 일으켰지. 그러니까 자착이 없으니까. 내가 자착이 없었어.

조 자착은 무슨 뜻인가요?

상천 자착! 아나푸고잘사런따. 애기덜또 모챙이떼마이로잘큰께 아나푸고잘살고. 자착! 안 아푸고 잘 살었다. 애기덜도 모챙이 떼마이로[186] 잘 큰께 안 아푸고 잘 살고.

▣ 자착! 아프지 않고 잘 살았다. 애들은 숭어새끼들처럼 잘 크고, 건강하게 잘 살았다.

조 슬하에 몇이나 두셨어요?

상천 오남매. 그리고 우리아그더리: 병오늘모르고사라써. 부스럼딱지도 안나고:, 우리애기들이 모챙이때마이로 잘커써(R). 머스마들 니:시:. 그리고 끄트로따란나라:써. 맨:: 아들만닌:나타. 나:가그래써.

오남매. 그리고 우리 아그덜이 병온을 모르고 살았어. 부스럼 딱지도 안 나고, 우리애기들이 모챙이떼마이로 잘 컸어(R). 머스마들 넛이. 그리고 끝으로 딸 하나 났어. 맨 아들만 닛 낳다. 나가 그랬어.

▣ 오남매. 그리고 우리 애들은 병치레도 하지 않았어. 부스럼 딱지 하나 없이 깨끗하게 숭어새끼떼들처럼 건강하게 잘 컸어. 아들 넷이. 그리고 끝으로 딸 하나를 났어. 맨 아들만 넷 낳다. 내가 그랬어.

조 지금 연세는 어떻게 되세요.

---

186) '모챙이'는 '모쟁이'의 방언형이다. '숭어새끼'를 말한다. 숭어새끼들이 떼를 지어 다니는 활기찬 모습을 자라나는 아이들에 비유한 것이다. 또한 조사 '-마이로'는 '-처럼'의 방언형이다.

상천 마:이무거부러쏘. 팔씹:한나.187)

마이 묵어부렀소. 팔십한나.

▣ 많이 먹어버렸소. 팔십 하나.

---

187) 전남방언 화자들은 십 단위가 넘어가면 특히 나이를 셀 때 '팔십 한나'와 같이 한자와
    고유어를 섞어 쓰는 특징이 있다.

오빠를 잃다

◯

상천 우리지비는: 우리오빠가 공무원해놓께 날:리를랄리를 무지#하게제께부러써.
ㅋ:나큰합쑤왕가튼 장:앙 다:깨불고.

우리집이는 우리오빠가 공무원 해놓께 난리를 난리를 무지하게 쩪에불
었어. 큰아큰 합수왕[188] 같은 장앙 다 깨불고.

▶ 우리 집은 오빠가 공무원을 했다는 이유로 난리를, 난리를 무지하게
겪었어. 똥통 같이 큰 장항아리를 다 깨버리고.

조 왜요?

상천 징:용보낻따고. 일보느로 보:내도 아:낸는디: 보내따고억찌로 막: 우리집처
드로써: 다:뿌서불고그래써.

징용보냈다고. 일본으로 보내도 안했는디 보냈다고 억지로 막 우리집
쳐들와서 다 뿌서불고 그랬어.

▶ 일본으로 징용 보냈다고. 보내도 안했는데 보냈다고 우리 집 쳐들어와
서 다 부시고 그랬어.

그래도그때는 사런는디 잉공때: 목쑴바처부러써. 잉공때도 재게마으민줄 알고:
그: 셩님보고 나: 아무집, 아무지비로수뭉께: 유격때드로믄 말:애서잔, 쪼차주라

---

188) '합수'는 '똥'의 방언형이다. 과거에는 분뇨를 받기위해 화장실 바닥에 항아리를 묻었
다. 즉 '합수앙'은 분뇨를 받는 항아리이다. 그 외 본문에서 '장앙, 물앙' 등이 나오는
데 각각 '장항아리, 물항아리'를 가리킨다.

고 보내불라가고.

　그래도 그때는 살았는디 인공때 목숨 바쳐불었어. 인공때도 재게[189] 마음인줄 알고 그 성님보고 나 아무집, 아무집이로 숨웅께 유격대들 오믄 말해서 잔, 쫓아주라고 보내불라가고.

▣ 그때는 살았는데 그만 인공 때 목숨 바쳐버렸어. 자기의 마음과 같은 줄 알고 형님보고 아무 집에 숨어 있을 테니까 유격대들 오면 좀 쫓아 달라고.

그랑께는 곡:짜하고: 머리가틀리거등. 거시기: 큰성니마고. 그래가꼬 거 큰성니미 모라너:써, 양:파네 밤:팽이가댜:부러써. 그래가꼬 우리오빠 목씸바쳐부러써. 큰성니미 잉공때는: 융기도억:꼬 사:성이달라분당께.

　그랑께는 곡자하고 머리가 틀리거등. 거시기 큰성님하고. 그래갖고 거 큰성님이 몰아넜어, 양판에 밤팽이가 댜불었어. 그래갖고 우리오빠 목심 바쳐불었어. 큰성님이 인공때는 윤기도[190] 업고 사성이 달라 분당께.

▣ 그런데 큰형님은 사상이 틀리거든. 그래가지고 큰형님이 밀고해서 양쪽 전쟁에 의해 우리오빠 목숨을 바쳐버렸어. 큰형님이 인공 때는 윤기도 없고 사상이 달라버린다니까.

조 그럼 한 형제가 머리 쓰는 게 달랐다는 거네요. 어머니 상심이 너무 크셨겠이요.

상춘 잉::. 그라제:. 보통고생아너고도라개게써.

　잉. 그라제. 보통 고생 안 허고 돌아개겠어.

▣ 그러지. 보통 고생하고 돌아가신게 아니어.

---

189) ‘재게’는 3인칭 대명사 ‘자기’의 방언형이다.

190) ‘윤기’(倫紀)는 ‘사람으로서 마땅히 지켜야 할 도리’ 또는 ‘규율, 기강’ 등을 이른다. 여기서는 부모와 자식 간, 형제와 형제 즉 핏줄에 대한 윤리 외에 정·사랑 등의 의미로 쓰였다.

그냥바니: 우리아부지가: 상:체해:가꼬 우리아부지큼마누#래게서:(R) 아들한나
나:노코 주거써, 우리크너머니가:.

그 양반이 우리아부지가 상체 해갖고 우리아부지 큰마누래게서, 아들
한나 나 놓고 죽었어, 우리큰어머니가.

▣ 그 양반이 우리아버지가 상처해가지고, 우리아버지 첫 부인한테서, 아
들 하나 낳아 낳고 죽었어, 우리큰어머니가.

거그서아드란나나옹거시 사:성이달러부러. 그래가꼬 우리오빠를자버먹떼:. 그:래
가꼬: 지게써. 글 그:모냥은 신체도모:착꼬. 화:따: 잉공때 누느로는 몹:보거씁띠
다. 아:무리사:성이다르다고 그라까모르께:.

거그서 아들 한나 나온 것이 사성이 달러붙어. 그래갖고 우리오빠를
잡어먹데. 그래갖고 직엤어. 긋 그 모양은 신체도191) 못 찾고. 화따
인공때 눈으로는 못 보겠습디다. 아무리 사성이 다르다고 그라까 모르
것데.

▣ 거기서 아들 하나 낳은 것이 사상이 달라버려. 그래 가지고 우리오빠
를 잡아먹데. 그래서 죽었어. 그 화상은 시체도 못 찾고. 아따 인공 때
눈으로는 못 보겠습디다. 아무리 사상이 다르다고 그럴까 모르겠데.

조 그러니까 이복오빠에 의해 친오빠를 잃어버리신 거네요.

상춘 예: 잉공때. 그라고우리 친정내르미: 천재내르미거덩. 그:리 그리:제게함뭉그
리 팍팍팍터저나와. 그래가꼬 재게가: 재게가 아주 딱 아러 불드랑께:. 나는담:명
하다고:. 내:머리에서 공부가 어::떠케그리터저나옹께:. 나는담:명하다: 항:시그
래써. 그라드니 잉공때 딱 가세:. 우리오빠는 여웅이어써:(R), 여웅.

예 인공 때. 그라고 우리 친정 내름이 천재 내름이거덩. 글이 글이 제
게 한문 글이 팍팍팍 터져 나와. 그래갖고 재게가 재게가 아주 딱 알어
불드랑께. 나는 단명하다고. 내 머리에서 공부가 어떻게 글이 터져 나

---

191) '신체'는 '시체'의 방언형으로 음절말 위치에서 ㄴ-첨가가 되었다.

옹께. 나는 단명하다 단명하다고 항시 그랬어. 그라드니 인공 때 딱 가세. 우리오빠는 여웅이었어, 여웅.

▶ 예, 인공 때. 그리고 우리 친정이 천재 내림이거든. 자기 (머릿속에서) 한문 글이 (저절로) 터져 나와. 자신 머리에서 글이 터져 나오니까 자기 자신에 대해 알아버리더라니까. 나는 단명하다고 항상 그랬어. 그러더니 인공 때 가셔. 우리오빠는 영웅이었어, 영웅.

그랑께 아그때 늑또아내서 날:리를: 메:뻰제꺼써? 그랑께: 일쩨시대날:리: 잉공 날:리: 그래서: 목씸까장다:바처불고.

그랑께 아그때 늑도 안해서 난리를 멧 번 젞었어? 그랑께 일제시대 난리 인공 난리 그래서 목심까장 다 바쳐불고.

▶ 그러니까 아이 때 늙지도 않아 난리를 몇 번 겪었어? 왜정 난리, 인공 난리 그래서 (우리오빠) 목숨까지 바쳐버리고.

6 박물관이 된 민간신앙

사주가 좋아서

○

상천 나보고보기따해:써. 아조 이저불도아나네. 우리 동네 복껄려가따고: 법싸가: 법싸가오길래: 살:건능가:하고바:써.

나보고 복 있다 했어. 아조 잊어불도 안 하네. 우리동네 복걸려 갔다고 법사가 법사가 오길래 살겄는가 하고 봤어.

▸ 나보고 복 있다 했어. 잊어버리지도 않네. 우리 동네 상(喪)을 당한 (사람이 있어서) 법사가 오기에 살겠는가 하고 (사주를) 봤어.

개:뜨니 무루불처. 첨:바따고 이런사:주 나보고. 이른냥반사주첨:바따가요. 가:드니: 내가사:주종께: 지끔: 내아들 두:를내가살가써. 딱, 처누니나바랄자성내가. 아들두:를살과땅께. 딱쭈굴라간놈.

개뜨니 무릅울 처. 첨 바따고 이런 사주 나보고. 이른 냥반 사주 첨 봤다가요. 가드니 내가 사주 종께 지끔 내 아들 둘을 내가 살갔어. 딱, 천운이나 바랄자석 내가. 아들 둘을 살과당께. 딱 죽울라간 놈.

▸ 그랬더니 무릎을 쳐. 이런 사주는 처음 봤다고. 이런 사주 처음 봤다고 하요. 그러더니 내 사주가 좋으니까 내가 아들 둘을 살렸어. 천운(天運)에나 맡길 자식, 죽어갈 아들 둘을 살렸다니까.

조 어떻게 살리셨어요.

상천 내가: 비러써. 내:이부로. 우리조상님네: 부처님네 항우동시매서: 내새끼살과주라고. 내새끼:살가주쇼. 으:째서: 내새끼살군다고: 우리새끼들 그:르케도와준

다가더니 으:째눔포라게쏘:? 으:째눔보라게쏘:? 내새끼어서 서른니살머근 귀남자 자손 으:차던지유재광이:유재광이 살과쥬쇼아고. 그::르코비럳뜨니 내:꾸메땅나 타나부러.

내가 빌었어. 내 입우로. 우리조상님네 부처님네 항우동심해서 내 새 끼 살과주라고. 내 새끼 살가주쇼. 으째서 내 새끼 살군다고 우리새끼 들 그릏게 도와준다가더니 으째 눈폴아겠소? 으째 눈볼아겠소?192) 내 새끼 어서 서른 니살 먹은 귀남자 자손 으차던지 유재광이 유재광이 살과주쇼 하고. 그릏고 빌었드니 내 꿈에 딱 나타나 불어.

▶ 내가 입으로 빌었어. 우리 조상님 부처님 항우동심해서 내 새끼 살려 주라고. "내 새끼 살려주시오. 우리새끼들 도와준다고 하더니 왜 한눈 팔았소? 어째 한눈팔았소? 내 새끼 서른네 살 먹은 귀남자 자손 유재 광이 어떻게 해서든 살려주시오." 하고 빌었더니 내 꿈에 딱 나타나.

조 꿈에 누가 나타나요.

상천 우:리조상니미. 시지봉께 우리크너머니도: 불군치매때 도라게게뜽마:. 그냥 바니 나를태와다주고:. 애기를 태와다주고: 그래따고.

우리조상님이. 시집옹께 우리큰어머니도 붉운치매 때 돌아게겠등마. 그 양반이 나를 태와다 주고. 애기를 태와 주고 그랬다고.

▶ 우리조상님이. 시집을 오니까 우리 큰어머니가 붉은 치마 때 돌아가셨 더구먼. 그 양반이 나를 태워다 주고 (우리) 애기들도 태워다 주고 그 랬다고.

---

192) 두 번째 '볼아'는 '폴아'의 잘못된 발음이다. '폴아'는 어간 '폴-'의 활용형으로 표준어 '팔다'의 방언형이다.

붉은 치매1 - 작은아들 살리다

○

조 불군치매는 뭔가요?

상천 잉? 불군치매? 어허: 하하하:. 불군치매도몰라라:? 거시기: 저네: 큰내기
막 시지봐서: 은:마모:쌀고 돌아가신냥반보고 불군치매때도라게따개. 그때 불군치
매를: 익꼬 거시:집또오고해:짜나아:. 그랑께불군치매때도라게:따고: 그마리어
어:.

잉? 붉운치매? 어허 하하하. 붉운치매도 몰라라? 거시기 전에 큰애기
막 시집와서 은마 못 살고 돌아가신 양반보고 붉운치매 때 돌아겠다
개. 그때 붉운치매를 입고 거 시집도 오고했잔아아. 그랑께 붉운치매
때 돌아겠다고 그 말이어어.

▷ 붉은 치마? 어허 하하하. 붉은 치마도 몰라요? 처녀가 막 시집와서 얼
마 못 살고 돌아가신 양반 보고 붉은 치마 때 돌아가셨다고 해. 붉은
치마를 입고 시집도 오고했잖아. 그러니까 붉은 치마 때 돌아가셨다
그 말이어.

아조절머서:. 아, 자녀간한:나도안나코:. 불군치메때도라게게써. 그래가꼬 우리여
그 시:직크너머니가: 불군치메때: 그래가꼬: 그: 본:디마당 어:서무러보믄: 우:리
새〔ʃ〕끼덜 점:부그냥바니태와다줘따게.

아조 젊어서. 아, 자녀간 하나도 안 낳고. 붉운치매 때 돌아게겠어. 그
래갖고 우리 여그 시집 큰어머니가 붉운치메 때 그래갖고 그 본디 마
당 어서 물어 보믄 우리새끼덜 전부 그 양반이 태와다 줬다개.

▣ 아주 젊어서, 자식도 낳지 않고. 우리 시집 큰어머니가 붉은 치마 때 (돌아가셨는데 점쟁이한테 가서) 물어보면 우리 자식들 그 분이 태워 다 줬다고 해.

그라더니: 우리 두:째 사:고나서도 "크너머니, 크너머니: 우리도와준다가더니 으: 째서눔폴라게쏘::?. 으:째눔폴라게쏘:?"아고 내:이비아주 그냥 사:당부리영거부 러써. 어야, 곧:께생겐능께.

　　그라더니 우리 둘째 사고 나서도 "큰어머니, 큰어머니 우리 도와준다 가더니 으째서 눈폴아겠소? 으째 눈폴아겠소?"하고 내 입이 아주 그냥 사당불이 영거부러써. 어야, 곧 죽게 생겼능께.

▣ 그러더니 우리 둘째 사고 나서도 "큰어머니 우리 도와준다고 하더니 왜 한눈팔았소? 왜 한눈팔았소?"하고 내 입에 사당불이 엉겨 붙었어. 여 보게, 우리아들이 곧 죽게 생겼잖은가.

그래뜨니 거시기 내꾸메, 화:, 꾸메:, 아조천우니나바랄자서글 나는 시어멉시잠장 께는 꾸메 우리집써 부엌빵에서 바배먹꼬 콤방에드러강께는 우리짐냥반 등거리서 "어:허: 이:여자가 항:시나안테 엉거부틍당께여:.(R) 어:허:." "므:시으째라우." "이여자가등거리엉거부터." "그래:! 안::나갈래::!"아고 꾸메도 그::러코 악쎌수가 업:써써. "안:나갈래."아고 "이녀난나갈래."아고 그라고해:뜨니.

　　그랬드니 거시기 내 꿈에, 화, 꿈에, 아조 천운이나 바랄 자석을 나는 시엄 없이 잠장께는 꿈에 우리집서 부엌방에서 밥해먹고 큰방에 들어 강께는 우리집 양반 등거리서 "어허 이 여자가 항시 나한테 엉거 붙응 당께여. 어허." "믓이 으째라우." "이 여자가 등거리 엉거 붙어." "그래! 안 나갈래!"하고 꿈에도 그렇고 악 썰 수가 없었어. "안 나갈래."하고 "이년 안 나갈래."하고 그라고 했드니.

▣ 그랬더니 내 꿈에, 화- 꿈에, (무심결에) 잠이 들었는데, 우리 집 부엌 방에서 밥을 해먹고 큰방에 들어가니까 우리 집 양반이 등을 (가리키 며) "어허 이 여자가 항시 나한테 엉겨 붙는 다니까." "무엇이 어째요."

"이 여자가 등에 엉겨 붙어." "그래! 안 나갈래!" 하고 꿈이라도 그렇게 악을 쓰지 않을 수 없었어. "이년 안 나갈래."하고 했더니.

꼭 요만한거시: 나빠당뇨마나고. 배:추색 배:추색 여그창거익꼬 그 귀:싱가틍거시: 엉거부터서. 그래가꼬 내가악쓩께는 우리셀파게 이:리핵 도라보고 헤:딱나가네, 꾸메:.

꼭 요만한 것이 나빠닥193) 요만하고. 배추색 배추색 여그 찬거 입고 그 귀신같은 것이 엉거 붙어서. 그래갖고 나도 내가 악 쓩께는 우리 셀팍에 이리 핵 돌아보고 헤딱 나가네, 꿈에.

▷ 꼭 요만한 것이 연두색 발밑 찬 것 입고 그 귀신같은 것이 엉겨 붙어서. 그래가지고 내가 악을 쓰니까 우리 대문 앞에서 (한번) 홱 돌아보더니 후딱 나가네, 꿈에.

그라드니우리아드리: 팍:파긴자조아저. 인자사러나:. 아야:! 보오자를나를불러. 생저네암부른사라믈. "유재광이보오자분:." "예::!"아고강께는: 유재광이가 히:망이쓩께: 볻찜싸:라고.

그라드니 우리아들이 팍팍 인자 좋아져. 인자 살어나. 아야! 보호자를 나를 불러. 생전에 안 부른 사람을. "유재광이 보호자 분." "예!" 하고 강께는 유재광이가 히망 있응께 봇짐 싸라고.

▷ 우리아들이 팍팍 좋아져. (어느 날) "유재광이 보호자분." 하고 불러. 평상시에는 부르지도 않더니. "예!" 하고 가니까 유재광이가 희망 있으니까 (다른 병동으로) 옮기라고.

그라드니 칠:칭 중안자실로간다고. 칠:칭이로 그리가더니: 거그서는 하:래는이게 단 이게단 이게단 팍~팍 팍~팍쪼아저부러. 거그서이빨따끄고인자. 그야꼬 온:: 병온 크나큰병오니울려부러써. 유재광이조아저따고.

그라드니 칠칭 중한자실로 간다고. 칠칭이로 그리가더니 거그서는 하

---

193) '나빠닥'은 '낯'의 방언형이다. 지역에 따라 '나쁘닥'으로 나타나기도 한다.

래는 이게단 이게단 이게단 팍~팍 팍~팍 좋아져 불어. 거그서 이빨
따끄고 인자. 그야꼬 온 병온 크나큰 병온이 울려불었어. 유재광이 좋
아졌다고.

▷ 칠층으로 가더니 하루는 이 계단 이 계단 팍팍 좋아져. 거기서 이도 딲
고. 그래서 온 병원이 울려버렸어. 유재광이 좋아졌다고.

그래가꼬: 살과따니까::. 거그서는내돈디리고점::부 비:개도다시사고:. 모::도
다시사. 갸꼬사:날리니라고욥뽀고: 아주그르케: 나 그때보터무서써. 우수미절로
나와. 막 휘:체에끄고 칸:마다도라댕기고 자:랑알라고. 우래기이러코 살려따고
내야가.

그래갖고 살꽜다니까. 거그서는 내 돈 디리고 전부 비개도 다시 사고.
모도 다시 사. 걍고 사 날리니라고 욕보고 아주 그릏게 나 그때보텀 웃
었어. 웃음이 절로 나와. 막 휠체에 끗고 칸마다 돌아댕기고 자랑할라
고. 울 애기 이렇고 살렸다고 내야가.

▷ 그래가지고 살렸다니까. 거기서는 내 돈 드려서 베개 등 모든 것을 다
시 사. 그래서 사 나르느라고 욕보고. 나 그때부터 웃었어. 웃음이 저
절로 나와. 휠체어 끌고 칸마다 돌아다니며 자랑하고. 내가 우리아들
이렇게 살렸다고.

개서: 누늘 그래서베레써. 으:떠께어떠께우러부러떤지:. 지끔도나도모르게 눔:무
리나와. 그때베레서, 워::매: 그때마를워:찌께한다우:.

개서 눈을 그래서 베렜어. 으떠께 어떠께 울어불었던지. 지끔도 나도
모르게 여그다 눈이 이릏고 눈물이 나와. 그때 베레서, 워매 그때 말을
워찌께한다우.

▷ 그래서 눈을 버렸어. 어떻게 울어버렸던지. 지금도 나도 모르게 눈물
이 나와. 그때 버려서. 아따, 그때 말을 어떻게 한 대요.

☒ 조금 전에 사당불이라고 하셨는데 사당불은 무슨 불인가요?

상천 마:리사당부리. 마̆:리: 이르케줄줄주리나:믄 사:당뿔영거따그래. 그:저네 우리하는쓰는마:리어 하하하. 완저니: 벨걷따:물:레 하하하.

말이 사당불이. 말이 이릏게 줄줄줄이 나믄 사당불 영겄다 그래. 그전에 우리 하는 쓰는 말이어 하하하. 완전히 벨것 다 물네 하하하.

▸ 말이 줄줄 나오면 사당파리가 엉겄다 그래. 그 전에 우리가 썼던 말이어. 별것 다 묻네 하하하.

붉은 치매2-큰아들 살리다

상천 우리 크나들보쇼 우리크나들:. 얼처겁써. 우리크나드리야그헐라믄. 아이네푸
때: 즈그아부지 아푸자:, 쩌그서울 온자렵뻥오네가 아:미라 온자렵뻥오니로 간는
디:. 온자렵뻥오네를 나:레날마다댕기네크나드리:.

> 우리큰아들 보쇼 우리큰아들. 얼척없어. 우리큰아들 이야그 헐라믄. 아
> 인에푸 때 즈그 아부지 아푸자, 쩌그 서울 온자력 병온에가 암이라 온
> 자력 병온이로 갔는디. 온자력 봉온에를 날에 날마다 댕기네 큰아들
> 이.

> 우리큰아들 보시오. 어처구니없어. IMF 때 저희 아버지가 암으로 아
> 프게 되어 서울 원자력병원에 있는데. 병원에를 날이면 날마다 다니네,
> 큰아들이.

그래서 "아:야, 이:가틈무선시:상에 으:채서너는 무싱날도 무싱날 인지
믄: 펭:일라린지 모:르고 이라고허냐:. 내가인는디 ᅳ다라그러코 와싼
냐:." "아:니라: 나를:꺼끌랍띠오." 그리고하데.

> 그래서 "아야, 이 같은 무선 시상에 으채서 너는 무식날도 무식날인지
> 믄 펭일날인지 모르고 이라고 허냐. 내가 있는디 므다라 그렇고 와 쌌
> 냐." "아니라 나를 꺾을랍디오." 그리고 하데.

> 그래서 "아야, 이 같은 세상 왜 너는 평일이 평일 인지 모르고 자꾸 오
> 냐." "(설마) 자르기야 하겠소."

그라더니 아이사까 딱짤라부러. 와:매: 어쩌꺼시오:. 그래가꼬 우리크나드리또 짤

려부러서:, 칭구드리인자: "므달래:? 너늠므달래? 우리가살구마:." 차는생각또아
내는디 칭구드리차럴사주더라개:.

그라더니 아이사까 딱 짤라부러. 와메 어쩔 것이오. 그래가꼬 우리큰
아들이 또 짤려불어서, 친구들이 인자 "뭇할래? 너는 뭇할래? 우리가
살구마." 차는 생각도 안했는디 친구들이 차럴 사주더라개.

▶ 아니나 다를까 잘렸네. 어떻게 할 것이오. 그렇게 해서 우리큰아들이
잘렸는데, 친구들이 "너는 뭐 할래?" 하면서 차를 사주더라고 해.

"이놈: 꼬서라:." 그래가꼬 그:차를끄꼬댕긴디:. 아:니 짐푸고: 시노박꼬인는디,
이:시보톤차가 짐 짠::뜩씬화물차가 우리아들차를미러부러써. 눙꾸녕곤노미.

"이놈 끗어라." 그래갖고 차를 끗고194) 댕긴다. 아니 짐 푸고 신호 받
고 있는디, 이십 오톤 차가 짐 잔뜩 실은 화물차가 우리아들 차를 밀어
불었어. 눈구녁 곤 놈이.

▶ "이 차 끌어라." 차를 끌고 다니는데. 아니 짐 퍼 놓고 신호 기다리고
있는데, 이십 오톤 차가 짐 가득 실은 화물차가 우리아들 차를 들이 받
았어. 눈깔 곤 놈이.

그:소게서 우리솔려따리 사지늘찌건는디. 이: 바쿠배께업:써. 으:더로 다:젇따머
불고, 차는. 그 오:통차 크나큰차가 젇따머불고엄:는디: 거그서내새끼가 사러나와
써. 머리도안다첟쩨:, 허리도안다첟쩨:, 물팍또안다첟쩨:, 우여만데는안다첟쩨. 그
래가꼬 앰:발만 한나가 능까레부러써.

그 속에서 우리 손녀딸이 사진을 찍었는디. 이 바쿠밲에 없어. 으더로
다 젓 담어불고, 차는. 그 오톤 차 크나큰 차가 젓 담어불고 업는디 거
그서 내새끼가 살어나왔어. 머리도 안 다쳤제, 허리도 안 다쳤제, 물팍
도 안 다쳤제, 우염안데는195) 안 다쳤제. 그래갖고 앤발만 한나가 능

---

194) 연이어서 나오는 '끗어라, 끗고'의 대상은 바퀴달린 자동차를 가리키기 때문에 표준어
    '끌다'에 대응한다. 영암에서는 어간 '끗-'이 어간 '끌-'의 의미까지 대신하고 있다.
195) '우염'은 '위험'의 방언형이다.

까레불었어.

▷ 그 속에서 우리 손녀딸이 사진을 찍었는데. 다 젓 담아버리고 바퀴밖에 안 남았어. 그 큰 오톤 차로 깔린 데서 내 새끼가 살아나왔어. 머리도 안 다쳤지, 허리도 안 다쳤지, 무릎도 안 다쳤지. 중요한데는 안 다쳤어. 왼발 하나만 뭉그러져버렸어.

그래가꼬: 그:병온추게서: 아::무래도: 염찡남시 절딴하::자: 하자드니 "나는: 쩔룩빠리가 대드라도: 내발절딴하지마:라." 그라고해:써. 개:뜨니 보니니승나개줘부러써. 으::찌꼬 보대끼고보끄고 이그 생멩이우여머다고. 염찡에: 염찡이: 생멩이우여머다고. 그랑께는 걍 허라개부러써. 절딴하라고……. 그래가꼬 지금 장:애댜:쩨. 개:도 인자 으:조기종께잉. 꼭 신:사멋쨍이가터.

　　그래갖고 그 병온 축에서 아무래도 염징남시 절단하자 하자드니 "절룩발이가 대드라도 내 발 절단하지 마라." 그라고 했어. 갰드니 본인이 승낙 해줘불었어. 으찌꼬 보대끼고 보끄고 이그 생멩이 우염어다고. 염징에 염징이 생멩이 우험하다고. 그랑께는 걍 허락해불었어. 절단하라고……. 그래갖고 지금 장애 댔제. 개도 인자 으족이 종께잉. 꼭 신사 멋쨍이 같아.

▷ 병원 측에서는 아무래도 염증 때문에 절단하자고 하고, (아들은) "절름발이가 되더라도 내 발 절단하지 마라." 했어. 그랬는데 본인이 승낙 해줘버렸어. 어떻게나 (통증에) 시달리고 또 염증에 생명이 위험하다고 하니까 허락했어. 그래가지고 지금 장애인이 되었어. 그래도 의족이 좋으니까. 꼭 신사 같아.

우리크너머니가:. 불군치매도라가싱크너머니가 그러코내새끼들살과써. 갸꼬아들두:를, 그라나므니러고살:도아내. 가치 주거부러야제. 으:치게 사:꺼시오?
　　우리큰어머니가. 붉운치매 돌아가신 큰어머니가 그렇고 내 새끼들 살괏어. 걍고 아들 둘을, 그라남은 이러고 살도 안 해. 같이 죽어불어야제. 으치게 살 것이오?

▣ 붉은 치마 때 돌아가신 큰어머니가 그렇게 내 자식들을 살렸어. 그렇지 않으면 내가 살 이유가 없어. 같이 죽어야지. (자식 잃고) 어떻게 살 것이오?

붉은 치매3 — 큰어머니

○

조 그러면 그 큰어머니 제사는 누가 모시나요?

상천 우:리 시수기: 그거또또 이야그나오네. 우리시수기 크나드라니오:? 옌:나레
나시지봉께. 여그가치살:고인뜸마, 시어마니아고큰동서아고. 또 세아제는: 쩌:그
서울로가불고. …… 큰동서가인자또 내가살:다가 또 서방님따라간다고갑띠다. 가
더니 지:사랑인자 거시기 다: 크나드리모:세써, 처:메는. 그라드니: 메누리를어드
드니: 교우를 교우가어쩨 지:사도몰라부러.

　우리시숙이 그것도 또 이야그 나오네. 우리시숙이 큰아들 아니오? 옌
날에 나 시집옹께. 여그 같이 살고 있등마, 시어마니하고 큰동서하고.
또 세아제는 쩌그 서울로 가불고 …… 큰동서가 인자 또 내가 살다가
또 서방님 따라간다고 갑디다. 가더니 지사랑 인자 거시기 다 큰아들
이 모셨어, 첨에는. 그라드니 메누리를 어드드니 교우를 교우가 어쩨
지사도 몰라불어.

▶ 그것도 이야기로 나오네. 우리시숙님이 큰아들 아니오? 나 시집오니까
(시숙님은 서울로 가버리고) 시어머니하고 큰동서가 살고 있더라고.
(그러다) 시동생도 서울로 가버리고 …… 큰동서도 서방님 따라간다고
갑디다. 처음에는 제사를 큰아들이 모셨어. 그런데 기독교인 며느리를
얻더니 제사도 몰라버려.

조 시숙님은요.

상천 느께도라개게써. 도라가신지 음:마안댜. 나이 마이잡싸서도라개게써.

늦게 돌아개겠어. 돌아가신지 은마 안댜. 나이 마이 잡싸서 돌아개
겠어.

▷ 늦게 돌아가셨어. 돌아가신지 얼마 안 돼. 나이 많이 드셔서 돌아가
셨어.

그래가꼬여그:자그나부지가 꼬::옥 지:산나레는 가서 "질부가세:. 장보러가세." 그
라고 억:찌로 장에봐:다가 지:사는지:내써. 그라다가: 자그나부지가인자 느러지고
안댕깅께는 안지내부러.

그래갖고 여그 작은아부지가 꼬옥 지삿날에는 가서 "질부 가세. 장 보
러 가세." 그라고 억지로 장에 봐다가 지사는 지내. 그라다가 작은아부
지가 인자 늘어지고 안 댕깅께는 안 지내불어.

▷ 작은아버지가 제삿날에는 가서 "질부 가세. 장 보러 가세." 그러고 장
을 보아다 제사를 지냈어. 그러다가 작은아버지도 (참석하지 못하면
서) 안 지내버려.

인자또우리 서울 세아제가: 어머이 지:사지내러강께는 치:산날: 즈그두:리 삼겝쌀
망구어먹꼬 믄: 냉::냉하드라개:. 지:산날 인디:, 그란다:하고. 내:중에는 아싸리
마:라드라가요. "자그나부지:, 지:사지내러오지말쇼. 우리아예안지내부요:."

우리 서울 세아제가 어머이 지사 지내러 강께는 지삿날 즈그 둘이 삼
겝살만 구어 먹고 믄 냉냉 하드라개. 지삿날인디, 그란다 하고. 내중에
는 앗사리 말 하드라가요. "작은아부지, 지사 지내러 오지 말쇼. 우리
아예 안 지내부요."

▷ 또 서울 시동생이 어머니 제사 지내러 가니까 제삿날 저희 둘이 삼겹
살만 구워 먹고 싸늘하더라고 해. 그러더니 나중에는 솔직하게 "작은아
버지 제사 지내러 오지 마시오. 우리 제사 안 지냅니다."

그라고교우미더가꼬 직꾸서기문다처부러써. 따란나나코안나떵마, 크나드리다가꼬.

그래가꼬 앙꾸또아니제:. 문다처부러써.

  그라고 교우 믿어갖고 집구석이 문 다처196) 불었어. 딸 한나 낳고
안 낳았던마, 큰아들이 댜 갖고. 그래갖고 암굿도 아니제. 문 다쳐 불
었어.

▶ 그렇게 교회 믿더니 집안이 문 닫혀버렸어. 큰아들이 되어가지고 딸
하나 낳고 안 낳았더구먼. 큰 아들이 돼가지고.

그래가꼬느닌자우리크나드리사:고나써, 요:는. 그래가꼬 저망께는 아이사까 내배
고푸믄: 새끼들 멀, 내배고푸믄 생강나더냐가고, 귀:시니. 귀시니그른소리하네:.
나그래서: 반드시 지사안지내게 그수가나꾸나:.

  그래갖고는 인자 우리큰아들이 사고 났어, 요는. 그래갖고 점 항께는
아이사까 내 배 고푸믄 새끼들 멋, 내 배 고푸믄 생각 나더냐가고, 귀
신이. 귀신이 그른 소리 하네. 나 그래서 반드시 지사 안 지내게 그 수
가 났구나.

▶ 그래가지고 우리큰아들이 사고가 났어. 점을 하니까 내 배 고프면 생
각나더냐고, 귀신이 그런 소리를 하네. 내가 그래서 제사를 반드시 지
내지 않기에 사단이 났구나.

우리집냥바니 함버는 딱:: 아푸네, 까늑까늑. "나:가 으:째 까:득까:득:드가퍼싼네.
아, 함번 워:디가서무러봐:." 우리집냥바니. "나는 그런 지꺼리아난디. 가믄 쌀: 당
가노코가야쓴디." 그라고는 인자 암:봐써.

  우리 집 양반이 한번은 딱 아푸네, 까늑까늑. "나가 으째 까득까득 아
퍼쌌네. 아, 한번 워디 가서 물어봐." 우리집양반이. "나는 그런 짓거리
안한다. 가믄 쌀 당가놓고 가야쓴디." 그라고는 인자 안 봤어.

▶ 우리 집 양반이 한번은 아프네. "내가 어째 시름시름 아프네. (점쟁이
에게) 한번 물어 봐." 우리 집 양반이. "나는 가게 되면 쌀 담가놓고 가

---

196) '어간 '다치-' 어간 '닫-'의 피동사 '닫히-'의 방언형이다. 전남방언에서는 어간 '받-
이 쓰일 자리에도 '다치-'(<다티-)가 쓰인다.

야 하는데." 그리고는 (점을) 안 봤어.

그라고는 장에가서 놀:고옹께는, "내가 주껀는디인자사께드론다." 해:서. 아: 진짜 아푸기는아풍갑따. 영아믈 또 나가 영암당고란테가가꼬: 봉께는, 딱 크너머니가나오마:.

그라고는 장에 가서 놀고 옹께는, "내가 죽겄는디 인자사 께드론다." 해서. 아 진짜 아푸기는 아픈갑다. 영암을 또 나가 영암 당골한테 가가꼬 봉께는, 딱 큰어머니가 나오마.

▷ 그리고는 장에 가서 놀다 오니까 "내가 죽겠는데 이제야 기어들어온다." 해서, 정말로 아프기는 아픈가보다. 영암 무당한테 가서 물으니까 큰어머니가 나오더구먼.

크너머니가:. "지비안테 무러더머글라고 그랑고만:. 무러더머글라고." "그래~라:" 나 지:사지낸쭐도모르는디 잡껏. 인자지:산날멥쌀뜨고, 쩌그 산소에가서 인사디리고: '오늘쩌녁: 어머니나링께: 가서 진지잡쑥께가입씨다.'가고 산:사람마이로 이:이야글하고오라가네:. 거그 멥쌀그륵떠가꼬. 그래서 잠붜:노코 멥쌀그륵 떠가꼬가서 잠붜:노코 이야가고 또 그:대로 그질로모:시고와써.

큰어머니가. "집이한테 물 얻어먹을라고 그랑고만. 물 얻어먹을라고." "그래~라" 나 지사 지낸줄도 모르는디 잡것. 인자 지삿날 멥쌀 뜨고, 쩌그 산소에 가서 인사 드리고 '오늘저녁 어머니날잉께 가서 진지 잡숙게 가입시다.'가고 산 사람마이로 이 이약을 하고 오라가네. 거그 멥쌀그륵 떠갖. 그래서 잔 붜놓고 멥쌀 그륵 떠갖고 가서 잔 붜놓고 이약하고 또 그대로 그 질로 모시고 왔어.

▷ 큰어머니가 "댁에 물 얻어먹으려고 그러는구먼." "그래요." 나는 제사 지내는 법도 모르는데 잡것. 제삿날 멥쌀 뜨고, 산소에 가서 인사드리면서 '오늘 저녁 어버이날이니까 (우리 집에) 가서 진지 잡수게 가십시다.' 그러고 산 사람마냥 이 이야기를 하고 오라고 하네. 그래서 멥쌀 그릇 떠서 잔 부어놓고 이야기하고 그 길로 모시고 왔어.

그래가꼬 그날저니게: 나도 암:도모르게 나혼자 조구새끼사고 노무새시:가지껄 하
고 딱 나:뜨니 우리크너머니가와써. 내꾸메: "하이고느저따. 당:삼바꾸로 도라오니
라고느저따." 그러고 토:지에딱 끄러앙그네.

> 그래가꼬 그날 저녁에 나도 암도 모르게 나 혼자 조구새끼 사고 노무
> 새 시가지 것 하고 딱 났더니 우리큰어머니가 왔어. 내 꿈에 "하이고
> 늦었다. 당산밖우로 돌아오니라고 늦었다." 그러고 토지에 딱 끌어 앙
> 그네.

▣ 그날 저녁 아무도 모르게 조기사고 나물 세 가지 (차려) 놓았더니, 내
   꿈에 우리큰어머니가 왔어. "늦었다. 당산나무 밖으로 돌아오느라고 늦
   었다." 그리고는 토방에 앉네.

여가니삐. 저네이:삐따개. 아야, 그럴:쑤도이따이. 신소강꼴봐쏘:. 그래가꼬: 내가
그:디로보투므닌자 지:사를 으::찌고걸:게 해:서 동네싸라마주 절쭈그렁까장해서
치롤초다쌘날 여르미라:, 우상가그로다:가꼬 나와서 동:네배기아고머꼬항께는 그
러코 조:아.

> 여간 이삐. 전에 이뻤다개. 아야, 그럴 수도 있다이. 신속한 꼴 봤소.
> 그래갖고 내가 그 디로보틈은 인자 지사를 으찌고 걸게 해서 동넷사람
> 아주 절주 그런까장 해서 칠올 초닷샛날 여름이라, 우산각으로197) 다
> 갖고 나와서 동네배기하고 먹고 항께는 그렇고 좋아.

▣ 여간 예뻐. 전에 예뻤다고 해. 아니, 그럴 수도 있다오. 신통한 경험했
   소. 그래서 내가 그 뒤부터는 제사를 걸게 식혜까지 해서 칠월 초닷샛
   날 여름이라, 우산각으로 가지고 나와 동네잔치하고 했더니 좋아.

조 동네배기요?

상천 동네배기가머시냐고? 동:네싸람드로라개서 다::중거시 동:네배기여. 하하
하. 영::나겁시: 꼭: 얻쩌니게항거가터:. (R)

---

197) '우산각'은 지붕이 원뿔로 된 정자를 이르는 옛말이다.

동네배기가 멋이냐고? 동네사람들 오라개서 다 준 것이 동네배기여.
하하하. 영락없이 꼭 엊저녁에 한 것 같어.

▷ 동네사람들 오라고 해서 (음식) 나눠먹는 것이 동네배기여. 하하하. 영락없이 꼭 엊저녁에 한 것 같아.

조 신통하네요.

상천 신소개. 여::칸신소개. 그라고또 우리재:광이 거 샤:고날띠게도: 내가 거시기 천앙사 일:보고는: 그날저니게 꿍꿍께는: 우리크너머니가: 택:씨아네서 나오고 무늘 탁 다치더니 "아이고, 유재광이 추쥑씨케쥘따:. 추쥑씨켄따." 아아: 내꾸메 그 말드꼬 추직씨케쥘딴소리가 나뿐소리는아닌디. 조:코만 그디로는 사:고가업써.

신속해. 옇간 신속해. 그라고 또 우리 재광이 거 사고 날 떡에도 내가 거시기 천항사[198] 일 보고는 그날 저녁에 꿈 꿍께는 우리큰머니가 택시 안에서 나오고 문을 탁 다치더니 "아이고, 유재광이 추쥑시케쥈다. 추쥑시켰다." 아아 내 꿈에 그 말 듣고 추직시케쥈단 소리가 나뿐 소리는 아닌디. 좋고만 그 디로는 사고가 없어.

▷ 여간 신통해. 그리고 우리 (둘째아들) 사고 날 때도 천황사 (천도 재 올린) 날 저녁 꿈에, 큰어머니가 택시에서 내려 문을 닫더니 "유재광이 취직시켜줬다. 취직시켰다." 그러더니 그 뒤로는 사고가 없어.

---

198) 천황사는 월출산 사자봉 아래에 자리 잡은 대한 불교법화종 사찰이다. 신라 말에서 고려 초에 창건되었을 것으로 추정된다. 현재는 화재로 소실되고, 돌로 된 석조(石槽)만이 남아 있다.

영혼을 모시다

○

상천 즈가부지도라가시고: 내가 욥:뿔로공을디린다고 아래빵에다가 영오를모:셔써.

즉아부지[199] 돌아가시고 내가 욕불로 공을 디린다고 아랫방에다가 영올을 모셨어.

▷ 저희아버지 돌아가시고 내가 일부러 공을 드리려고 아랫방에다 영혼을 모셨어.

조 영올(영혼)이요?

상천 영온. 지방부치고 밥차라노코: 해써. 내가그때농사를 혼자 질:라고. "농사는 짇:…… 끄:니마당은 모:다요:. 초아래 보름만 할라우!" 그라고 내가맘:맘먹꼬는: 이써뜨니. 주궁귀:시니, 막쭈군디에 한사날바블안차라 사밀가느난차라나떠니.

영혼. 지방 붙이고 밥차라놓고 했어. 내가 그때 농사를 혼자 질라고. "농사는 짓…… 끄니마당은 못하요. 초하래 보름만 할라우!" 그라고 내가 맘만 먹고는 있었드니. 죽운 귀신이, 막 죽운 디에 한 사날 밥을 안 차라 삼일간은 안차라 났더니.

▷ 영혼. 위패 모셔 밥을 차려놓고 했어. 그때 내가 농사를 혼자 지으려고 "농사 (짓는 동안은) 끼니마다 못해요. 초하루 보름만 차려드리겠소!" 그렇게 마음만 먹고 있었더니, 죽은 귀신이 막 죽은 뒤 한 사나흘 밥을 차려놓지 못했더니.

---

199) 삼인칭 대명사 '저희'는 전남방언에서 '즈그~즉'으로 나타나고 있다.

내:꾸메: 우리동네 박:뻥두라간사람보고: "어야, 벵두: 나: 구게다바반술주소:."
귀:시니 내꾸미 그랑당께:.

내 꿈에 우리동네 박벵두라간 사람보고 "어야, 벵두 나 국에다 밥 한술
주소." 귀신이 내꿈이 그랑당께.

▸ 내 꿈에 우리 동네 박병두라고 하는 사람보고 "여보게, 병두 나 국에다
밥 한술 주소." 귀신이, 내 꿈속에서 그러더라니까.

그래서 바블 안차라놈께그라구나:. 그라고그나라치게: 이러나서 꿍꾼나라치게 이
러나서 밥 해:가꼬 인자 짤자란조구익낄래 조구국:꼬 몸소지하고 밥차라나:써. 밥
차:라노코는 내가: 산:사람마이로이야글다해쩨.

그래서 밥을 안차라놈께 그라구나. 그라고 그날 아칙에 일어나서 꿈
꾼 날 아칙에 일어나서 밥 해갖고 인자 짤자란 조구 있길래 조구 굽고
몸 소지하고 밥차라났어. 밥 차라놓고는 내가 산사람마이로 이약을 다
했제.

▸ 밥을 차려놓지 않아서 그러는구나. 그러고는 꿈을 꾼 날 아침에 일어
나서 자디잔 조기 있기에 구워 목욕재계하고 밥 차려 놓았어.. 그리고
는 살아있는 사람에게 하듯이 이야기를 했지.

"내가 끄:니마당 바븜모:차라놈께: 농사지꼬 이:를헐싸라미라 으:찌게 바블 차라
노컸소:. 그랑께 초하래보루미믄 차라놀쭝아쇼잉:. 그라:고 끄니마당 나: 몯:차라
노쏘." 그라고 마개:뜨니 인자그디로는잠:자매.

"내가 끄니마당 밥은 못 차라놈께 농사짓고 일을 헐 사람이라 으찌게
밥을 차라놓겄소. 그랑께 초하래 보름이믄 차라놀 쭝 아쇼잉. 그라고
끄니마당 나 못차라 놓소." 그라고 막 했드니 인자 그 디로는 잠잠해.

▸ "내가 농사짓고 일을 하는 사람이라 (바쁠 때는) 매 끼니마다는 차려놓
지 못하겠소. 초하루 보름에만 차려놓는 줄 아시오." 그렇게 했더니 그
뒤로는 잠잠해.

인자그래가꼬초아래보룸닥치믄 내가 천수경을 꼭::천수경일꼬. 또천수경내가일마
근 일꼬또 테:푸또 하래내:틀고 트러서나:두고 그라고해:뜨니. 새:끼들또: 조:케
해:주라고 공을그::르코디리고 우리유재광이 아드럽:씅께 아들태와다주라가고:,
나: 잠몯짱께 자물 잘자게. 자미아주 그르:고퍼부서인자 그:디로:. 우리유재광이
아들딱! 태와다주고.

> 인자 그래갖고 초하래 보룸 닥치믄 내가 천수경을 꼭 천수경 읽고. 또
> 천수경 내가 일막은 읽고 또 테푸 또 하래 내 틀고 틀어서 나두고 그
> 라고 했드니. 새끼들도 좋게 해주라고 공을 그릏고 디리고 우리유재광
> 이 아들 없응께 아들 태와다 주라가고, 나 잠 못 장께 잠울 잘 자게.
> 잠이 아주 그르고 퍼 붓어 인자 그디로. 우리유재광이 아들딱! 태와다
> 주고.

▷ 초하루 보름이면 내가 천수경 1막은 읽고 (나머지는) 테이프를 하루
   종일 틀어서 놓아두고, 자식들도 좋게 해주라고 공을 드리고, 유재광
   이 아들 없으니까 점지해 달라고 하고, 나 잠 못 이루니까 잘 자게. 그
   뒤로 잠이 (비 오듯) 퍼부어. 유재광이 아들 점지해주고.

아:니 그랜는디:: 시::상에 입따라지게내가 공을 디레서해:뜨니. 아:니 즈그 두:
리가서 애기가생깅께는 병옹가서 봐:써. 따리라가드라개:. 그래가꼬 뺄:라믄나안
테저:나나하꺼다니어:. 저나나도따언:제씨어머글라고:. 딱, 빼:불고추석쎄러완
네:. 으::찌께:: 부애나고 짜나고 아깍꼬: 그:종거설. 아드리어. 내:꾸메: 뿌사리
럴: 딱: 딱 거 쎄멤빠닥 방 거 마당에다매나!

> 아니 그랬는디 시상에 입 다라지게 내가 공을 디레서 헸드니. 아니 즈
> 그 둘이 가서 애기가 생깅께는 병온 가서 봤어. 딸이라가드라개. 그래
> 갖고 뺄라믄 나한테 전하나 할 것 아니어. 전하 나돘다 언제 씨어 먹을
> 라고. 딱, 빼불고 추석 쎄러왔네. 으찌께 부애나고 짠하고 아깝고 그
> 종거설. 아들이어. 내 꿈에 뿌사리럴 딱 딱 거 쎄멘 바닥 방 거 마당에
> 다 매나!

▷ 세상에 입이 달토록 공을 드려놓았더니. 애기가 생기니까 병원에 가서

봤어. 딸이라고 하드라고 해. 지우려면 나한테 전화나 할 것 아니야. 전화 놔두었다 언제 써 먹으려고. (저희 둘이 가서) 딱 지워버리고 추석 쇠러왔네. 어찌나 부아가 치밀고 짠하고 아깝고 그 좋은 것을. 아들이어. 내 꿈에 황소를 마당가 시멘트 바닥에 매놔!

그라믄생가글 이:채를 생가개보쇼. 아:드를말뚭빡쩨:. 따를말뚭박꺼쏘? 그거슨 딱 나타나:. 아, 그랜는디 딱 빼:불고완땅께. 태와다중거또: 빼부러. 따리라고. 두:반데서너반데강께는 따리라가요?

그라믄 생각을 이채를 생각해보쇼. 아들을 말뚝박제. 딸을 말뚝 박겄소? 그것은 딱 나타나. 아, 그랬는디 딱 빼불고 왔당께. 태와다 준 것도 빼부러. 딸이라고. 두반데 서너반데 강께는 딸이라가요?

▶ 이치를 생각해보시오. 아들을 말뚝 박지, 딸을 말뚝 박겠소? 그것은 자명해. 그런데 지워버리고 왔다니까. 지해 준 것도 지워버려, 서너 곳 가니까 딸이라고.

아:니: 내꾸미 딱 아드리어. 아들. 틀#리멉써. 갠:는디 이:지앙을부레부러써.

아니 내 꿈이 딱 아들이어. 아들. 틀림없어. 갰는디 이 지앙을 부레불었어.

▶ 내 꿈이 아들이어. 그랬는데 이 재앙을 부려버렸어.

왕성극락 보내다

○

상천 우리영:감도 앙:성긍납뽀내부러써.

　우리영감도 앙성극락 보내불었어.

▷ 우리영감도 왕성극락 보내버렸어.

조 어떻게 왕생극락 보냈다는 건가요.

상천 주그먼: 앙:성긍낙까드라간다고: 종고데: 종고데앙:성긍낙까시쇼: 아고. 그러:코 내가비러뜨니, 앙:성긍낙뽀내부써. 나, 나 꾸메: 날라가불더랑께. 내:꾸메에 본디서. 오::매: 날라가분다고. "오:매앙성긍낭하쏘:. 유응녈씨앙:성긍낭하쇼:." 꾸메도 그러코알:쑤가업써. 그래뜨니: 마당으로 사:라미우리마당에가 사:라미사라미 콩노물배기대끼 배게뜨니: 또이:뻰청년드른 토:지로주:루라니앙거꼬.

　죽으면 앙성극락 가드라간다고 존 곳에²⁰⁰⁾ 존 곳에 앙성극락 가시쇼 하고. 그렇고 내가 빌었드니, 앙성극락 보내봤어. 나, 나 꿈에 날라가 불더랑께. 내 꿈에 본디서. 오매 날라가분다고. "오매 앙성극락 하쇼. 유흥렬씨 앙성극락 하쇼." 꿈에도 그렇고 할 수가 없어. 그랬드니 마당으로 사람이 우리마당에가 사람이 사람이 콩노물 백이대끼 백엤드니 또 이뻔²⁰¹⁾ 청년들은 토지로 주루라니 앙겄고.

▷ 죽으면 왕성극락 가드라고 한다고, '좋은 곳으로 왕성극락 가시오.' 하

---

200) '곧'은 '곳'(處)의 방언형이다. 제보자는 표준어와 다르게 옛 형태를 그대로 간직하고
　　있다.
201) '이뻔'은 '예쁜'의 방언형이다.

고 빌었더니, 왕성극락 보내드렸어. 내 꿈속에서 날아가더라니까. "유홍렬씨 왕성극락 하시오." 꿈이라도 그렇게 할 수가 없어. 그랬더니 우리마당으로 사람이 콩나물 박히듯이 박혔더니, 젊은 청년들은 토방으로 주르르 앉아있고.

조 꿈에서요.

상천 잉:꿈쏘게서. 그라더니 나보고: "저냥바니 메쌀잡싸쏘?" 그래서 "예수나곱:, 야다레주검능께인자아고비어:." 그래뜨니 "그라고우리는 일: 볼::꺼시업써라우." 그라고 내 자초청장 그러코말: 해:뜨니 오::매 그 하난사람드리 앙:성긍낙까라강께는 "그:래야제, 그래야제, 그래야제."하고 솜뼈글다:치네, 꾸메. 꾸메 그아난사람드리.

잉 꿈속에서. 그라더니 나보고 "저 양반이 멧 살 잡샀소?" 그래서 "예순 아곱, 야달에 죽엉능께 인자 아곱이어." 그랬드니 "그라고 우리는 일 볼 것이 없어라우." 그라고 내 자초청장 그렇고 말 했드니 오매 그 한한 사람들이 앙성긍락 가라강께는 "그래야제, 그래야제, 그래야제."하고 손뼉을 다 치네, 꿈에. 꿈에 그 한한 사람들이.

▸ 응 꿈속에서. 그러더니 나보고 "저 양반이 몇 살 잡수셨소?" 그래서 "예순 아홉, 여덟에 죽었으니까 이제 아홉이어." 그랬더니 "그리고 우리는 일 볼 게 없어요." 그러면서 자초지종을 말 했더니 그 많은 사람들이 "그래야지, 그래야지."하고 손뼉을 치네, 꿈에.

그래가꼬앙:상을날려부러써. 날라가불더랑께. 내꾸메 나, 내가붐:멩이 봐써, 날라가부러. 갸꼬 꾸메 절:때암베. 아그덜꾸메도암베고. 딱 앙:성긍낙뽀내부러써. 나:제노만테마랑께는 거가 앙:성긍나기라가요.

그래갖고 앙상을 날려불었어. 날라가불더랑께. 내 꿈에 나, 내가 분멩이 봤어, 날라가불어. 갖고 꿈에 절대 안 베. 아그덜 꿈에도 안 베고. 딱 앙성긍낙 보내불었어. 낮에 놈한테 말 항께는 거가 앙성긍낙이라가요.

▶ 그래가지고 왕성극락 보내드렸어. 내가 내 꿈에서 분명히 보았어. (그 뒤로는) 꿈에 안 보여. 아이들 꿈에도 안 보이고. 낮에 남들한테 말하니까 거기가 왕성극락이라고 하요.

조 그럼 지사는 어디에서 지내나요?

상천 지:사: 크나드리 지:사가저가써. 지:사온다고 펭풍사고 자리사고 머 상 큰: 지:쌍사고.

지사 큰아들이 지사 가져갔어. 지사 온다고 펭풍사고 자리사고 머 상 큰 짓상 사고.

▶ 제사, 큰아들이 가져갔어. 제사 모신다고 병풍사고 자리사고 큰 제사 상 사고.

진이 먹고 모른이 싸고, 산 좋고 물 좋은 대로

◯

조 들에서 음식 먹을 때 조금씩 떼서 던지는 것 있죠.

상천 내:전줘. 해:씨따까러::. 진:님먹꼬 모리닙싸:고, 질머지고:, 산조코물존대로 헐:씽물러나렏따:. 그러치아니아믄: 큰:칼로 목찌르고: 자긍칼로배질러서…….
　내전 줘. 해씨따까러. 진입 먹고 모린입 싸고, 짊어지고, 산 좋고 물 존대로 헐씬 물러나렜다. 그렇지 아니하믄 큰칼로 목 찌르고 작은칼로 배 질러서…….
▷ 고수레 줘. 해씨따까러. 진입 먹고 마른입 싸고, 짊어지고, 산 좋고 물 좋은 곳으로 썩 물러나라. 그렇지 않으면 큰칼로 목 찌르고 작은칼로 배 찔러서…….

평동 오:매: 싸살해야…….
　오매 싸살해야…….
▷ 오매 살살해야…….

상천 하하하 해:씨 그라고어찌고해. 몰라:. 저네 어:른들 하는 소리 득꼬그래:.
　하하하 해씨 그라고 어찌고 해. 몰라. 전에 어른들 하는 소리 듣고 그래.
▷ 하하하 해씨 그러고 하는데 (자세한 것은 몰라) 예전에 어른들 하는 소리 듣고 그래.

조 진입과 모른닙은?

상천 진:니는 바로: 국빱, 굽빱찐:니먹꼬 진:니먹꼬 모르니:싸고:. 모르니는 마릉
그: 음:시기어. 점:보텀 막 내:전주고: 이: 내:전도: 까:늑::까느가퍼서: 그 저네:
병:온도억:꼬 아:푸믄: 내:저늘주어바:여:차로. 거 밥 밥 시:가지바배:가꼬:. 시:
가지밥 해가꼬머리우게나:따가: 이:내:저늘줘:.

　　진 이는202) 바로 국밥, 국밥 진 이 먹고 모른 이 싸고. 모른 이는 마른
　　그 음식이어. 전보텀 막 내전주고 이 내전도 까늑까늑 아퍼서 그 전에
　　병온도 업고 아푸믄 내전을 주어바 여차로. 거 밥 시 가지 밥 해갖고.
　　시 가지 밥 해갖고 머리 욱에 낳다가 이 내전을 줘.

　▣ 질은 이는 국밥, 국밥은 지니까 먹고, 마른 이는 마른 음식이니까 싸
　　고. 예전부터 자꾸 아프고 하면 병원도 없고 하니까 내전을 줘 봐. 밥
　　과 세 가지 반찬 해가지고 머리맡에 놓았다가 내전을 줘.

조 어디 욱에요?

상천 머리. 시:가지바불딱 해: 상:곱빠불. 갸꼬: 머리우게접시 시:접시를떠가꼬:
머리우게나:따가: 그: 거시기 쩌:그시:거름쩌리다가: 거 저네늠버레써:. 거:짐성
이먹꺼덩:. 그래가꼬 내붐스로 그런소리를해:. 해:씨따까라하고.

　　머리. 시 가지 밥울 딱 해 삼곡밥울 갖고 머리 욱에 접시 시 접시를 떠
　　갖고 머리 욱에 낳다가 그 거시기 쩌그 시거름쩔이다가 거 전에는 버
　　렀어. 거 짐성이 먹거덩. 그래갖고 내붐스로 그런 소리를 해. 해씨따까
　　라 하고.

　▣ 머리. 세 가지 잡곡밥과 (나물) 세 접시 해서 머리맡에 놓았다가 삼거
　　리에 버리면서 '해씨따까' 해.

---

202) '진'은 '질-+-은'에 의해 형성된 결과로, 여기에 대명사 '이'가 결합하여 ㄴ-첨가가
　　적용되었다. 뒤에 오는 '모른 이'는 같은 환경인데도 음성형에서 ㄴ-첨가가 적용되지
　　않았다.

조 해씨다까는 무슨 뜻일까요?

상천 헐::씽물러나란다 그마리어. 이놈먹꼬는 산조코물존대로 진:님먹꼬 모르니싸고. 헐:씬산조코물존대로 헐:씸물러나롇따:. 그러치아니아믄: 큼:칼로목찌르고:자긍칼로배질러서. 항:강 무레다떨처 내레불랑께:아고 쎄:쎄 해부러.

헐씽 물러나란다 그 말이어. 이놈 먹고는 산 좋고 물 존대로 진잇 먹고 모른이 싸고. 헐씬 산 좋고 물 존대로 헐씬 물러나롇다. 그렇지 아니하믄 큰칼로 목 찌르고 작은칼로 배 질러서. 한강 물에 다 떨처 내레불랑께 하고 쎄쎄 해불어.

▸ 썩 물러나라는 말이어. 이것 먹고 산 좋고 물 좋은 곳으로 썩 물러나라. 그렇지 않으면 큰칼로 목 찌르고 작은칼로 배 찔러서, 한강 물에 다 떨어뜨려 버릴 테니까 하고 쎄쎄 해버려.

조 그러니까 잡귀를 물리치는 방법이죠.

상천 이잉. 이르트믄 작끼쪼차: 쪼치는 내:전. 저네:여:차로 내:전주믄 신소강꼴바:.

이잉. 이르트믄 잡기 쪼차 쪼치는203) 내전. 전에 여차로 내전주믄 신속한 꼴 바.

▸ 응. 이를테면 잡귀 쫓는 내전. 예전에는 내전주면 신통하게 낫기도 했어.

조 상:곡밥은 무슨 밥인가요?

상천 상:곱빱? 쌀:보리또저: 믄:쭈시라도: 오:새기라도너:코그라믄 상:곱바비돼아.

삼곡밥? 쌀보리 또 저 믄 쭈시라도 오색이라도 넣고 그라믄 삼곡밥이

---

203) 어간 '쫓-'에 모음 '으'가 덧붙어 '쪼츠->쪼치-'로 재구조화 되었다.

돼아.

▷ 잡곡밥? 쌀보리, 수수라도 넣으면 잡곡밥이 돼.

조 시거름쩔은 어디를 말하는가요?

상천 시:거름:. 시거름쩔. 시:거름찌르날:자나:?
시거름. 시거름질. 시거름 질은 알잔아?

▷ 세 걸음은 세 갈래 길. 세 걸음 길은 알잖아?

조 세 걸음 길이요?

상천 아:니.(R) 시:거름, 그거시:거르미아:니어. 지리 이르코깔라지자나. 그라믄
여그서또오는 지리이써? 그:라믄시:거름찌리어. 그라고:이러쿠 이러쿠 이러쿠 이
러쿠 대는 지른 니:거름찌리고.
아니. 시 걸음, 그것이 걸음이 아니어. 질이 이릏곳 갈라지잖아. 그라
믄 여그서 또 오는 질이 있어? 그라믄 시걸음질이어. 그라고 이렇구
이렇구 이렇구 이렇구 대는 질은 니걸음질이고.

▷ 아니. 세 걸음이 아니고, 길이 갈라지잖아. 여기서 또 오는 길이 있어.
그러면 삼거리길이어. 그리고 이렇게 네 갈래는 네거리길이고.

조 아 세 갈래의 길을 말하는 군요.

상천 이잉. 시:반데로가능기:리이써:. 또니반데로가능기른: 니:길그래.
이잉. 시반데로 가는 길이 있어. 또 니반데로 가는 길은 니길 그래.

▷ 응. 세 갈래로 가는 길이 있어. 또 네 갈래로 가는 길은 네거리길.

아푸믄 하늘이 없어

○

조 누가 아프거나 하면.

강진 잔:밥. 잠밤미게써. 무:조꺼나푸믄잠밤미게써, 옌:나레는.
　잔밥.204) 잔밥 믹엤어. 무조껀 아푸믄 잔밥 믹엤어, 옛날에는.
▶ 예전에는 무조건 아프면 잔밥 먹였어.

조 잔밥과 내전은 다른가요?

상천 내:저는 머리에다가: 믇 밥 세:가지두어따가: 밤쭝에가따 버리능거시 내:저
니고. 잠바븐또 바가제다쌀:다머가꼬 꼬:꽁눌러머이라항거이잠바비고. 거시기 싸:
를:, 쌀쏙끄륵 식:때인짜나. 식:때에다가 보로꽉:짜:가꼬: 이르코꼬꿀로작꼬 한:
나:둘:일곱쎋:. 그르코해:.
　내전은 머리에다가 믓 밥 세 가지 두었다가 밤중에 갖다버리는 것이
　내전이고. 잔 밥은 또 바가제다 쌀 담어갖고 꼬꼭 눌러 머이라 한 거이
　잔 밥이고. 거시기 쌀을, 쌀속 그륵 식대205) 있잔아. 식대에다가 보로
　꽉 짜갖고 이릏고 꼬꿀로 잡고 한나 둘 일곱 셋. 그릏고 해.
▶ 내전은 윗목에 잡곡밥 세 가지 나물을 차려놓았다가 밤중에 갖다버리
　는 것이 내전이고. 잔 밥은 바가지에 쌀 담아가지고 (아픈 곳을) 누르

---

204) '잔밥'은 환자의 아픈 곳에 붙어 있는 잡귀를 쫓기 위한 방법의 하나이다. 집안에서
　어떤 사람이 아프면 곡식을 한 되쯤 담아 보자기에 싸서 환자의 아픈 곳을 문질러 주
　었다고 한다.
205) '식대'는 중발보다 더 작은 종발로 쌀 뜨는 계량컵 정도를 뜻한다.

면서 주문을 외는 것이 잔 밥이고. 잔 밥은 종발이 있잖아. 그 식대에 (쌀을 담아) 보로 묶어가지고 거꾸로 잡고 숫자를 세.

강진 간:디 그걷또 이:상 소니 술렁술렁해:저. 소니 미끄러저가꼬그랑거가터:. 그거이난중에 실렁실렁해지는이:치가므잉가모르겉떼:.

간디 그것도 이상 손이 술렁술렁해져. 손이 미끄러져갖고 그란 거 같어. 그거이 난중에 실렁실렁해지는 이치가 므인가 모르겠데.

▣ 그런데 그것도 (오래 있으면) 손끝에서 헐렁헐렁해져. 손끈에서 미끄러져가지고 그런 것 같은데. 그것이 나중에 헐렁헐렁해지는 이치가 무엇인지 모르겠데.

조 그게 무슨 말일까요.

상천 식:때에다가: 싸:를딱따머가꼬 보재기에다 싼:다.

식대에다가 쌀을 딱 담어갖고 보재기에다 싼다.

▣ 종발에 쌀을 담아가지고 보자기에 싸요.

조 식때는 뭔가요.

상천 쌀:또게다가: 식:때 바가지: 종:가리: 요마낭거:. 그라믄 글로: 으:디 여그나아푸고: 으:디아푸믄: 어:른드른 그노물딱: 보재기로 꽈:악:꺼꿀로뭉꺼서:여그다가:.

쌀독에다가 식대 바가지 종가리 요만한 거. 그라믄 글로 으디 여그나 아푸고 으디 아푸믄 어른들은 그놈울 딱 보재기로 꽈악 꺼꿀로 묶어서 여그다가:.

▣ 쌀독에 식대, 바가지나 종발 요만한 것. 아프고 그러면 어른들은 그것을 보자기로 싸서.

아픈 자리에 눌러주면서.

상천 한:나:둘:셋: 일곱까장시어가꼬는 또:일곱쎗: 또:일곱쎗: 시:버늘 일곱뻔세:
대가꼬 해:씨따까르::. 해:씨따가르: 진:니먹꼬 모르니싸고 이고지고 산조코물존
대로 헬:쌍물러나렏따. 그러치아니아이믕큰:칼로목찔르고 자긍칼로 배질러서: 대:천
한:바다로 띠어불렏따:그라고 헐:씽물러나렏따:아고 또:일곱쎄에:쎄에:그케애:.
아니 저네어:른들드러보고그래펭야.

　한나 둘 셋 일곱까장 시어갖고는 또 일곱 셋 또 일곱 셋 시번을 일곱
　번 셋 해갖고 해씨따까르. 해씨따가르 진 이 먹고 모른 이 싸고 이고지
　고 산 좋고 물 존대로 헬쌍 물러나렸다. 그렇지 아니하믄 큰 칼로 목
　찔르고 작은칼로 배 질러서 대천 한바다로 띠어 불렸다 그라고 헐씽
　물러나렸다 하고 또 일곱 쎄에 쎄에 굻게 해. 아니 전에 어른들 들어보
　고 그래 펭야.

▷ 하나 둘 셋 일곱까지 세 번을 (반복해서) 세 가지고 '해씨따까르'. 진
　이 먹고 마른 이 싸서 이고지고 산 좋고 물 좋은 곳으로 썩 물러나라.
　그렇지 아니하면 큰칼로 목 찌르고 작은칼로 베 찔러서 대천 한바다로
　던져버린다. 평야 전에 어른들 하는 것 들어보고 그래.

그람또: 소:란사라미써써어:. 병오는 억:꼬 성가싱께 그런 헏:찌시라도 해
보제. 하하하. 그란:디: 사:람마다 내가 아나푸믄: 그런사:무리엄는디:. 내가아퍼
바바: 엄:는사:무리절로나오능거시어. 점:부 지금도그래. 그랑께:목싸가: 구다고
주거, 주굴때는. 아푸문하느리업:써.

　그람 또 소란사람 있어. 병온은 없고 성가싱께 아풍께 그런 헛짓이라
　도 해보제. 하하하. 그란디 사람마다 내가 안 아푸믄 그런 사물이 없는
　디. 내가 아퍼바바 없는 사물이 절로 나오는 것이어. 전부 지금도 그
　래. 그랑께 목사가 굿하고 죽어, 죽울 때는. 아푸문 하늘이 없어.

▷ 그럼 수월한 사람도 있어. (몸은 아픈데) 병원은 없고 성가시니까 헛
　짓이라도 해보지. 그런데 내가 아프지 않으면 그런 생각도 없는데, 아

프니까 저절로 그런 생각이 나. 그러니까 목사도 죽을 때는 굿하고 죽
어. 아프면 하느님도 없어.

전주 멀: 미드:시오:?(F)
　멋 믿으시오?
▣ 뭣 믿으시오?

상천 므이다꺼나, 아니 ̆그집쫑교: 종교늠불교여. ̆시아바니가: 저레댕기고해:농께:
그라고 딱: 초파이레도라개게라우.(R) ̆초파이레도라개게가꼬: 앙:개가 딱:쩌가꼬
그냥반 종고드로가부러써. 앙:개가 따:뿍쩌부러써. 그냥반도라가신디:에. ̆새부게
도라개겐는디: 그:르케 종고드로가신다 해:써.
　므이 닸거나, 아니 그집 종교는 불교여. 시아바니가 절에 댕기고 해농
께 그라고 딱 초파일에 돌아개게라우. 초파일에 돌아개게갖고 안개가
딱 쩌갖고 그 양반 존 곧으로 가불었어. 안개가 땁북 쩌불었어. 그 양
반 돌아가신 디에. 새북에 돌아개겠는디 그릏게 존 곧으로 가신다 했
어.
▣ 무엇이 되었거나, 그 집 종교는 불교여. 시아버지가 절에 다니고 하더
니 초파일에 돌아가셨어요. 초파일에 돌아가셨는데, 돌아가신 뒤에 안
개가 가득 쪘어. 새벽에 돌아가셨는데 좋은 곳으로 가신다 했어.

초:파이레도라개겐능께:, 산:날로도라가싱께: 지:냉께 초:이랜나리 기:여.
　초파일에 돌아개겠능께, 산 날로 돌아가싱께 지냉께 초이랫날이 기여.
▣ 초파일에 돌아가셨으니까, 산 날로 돌아가신 날로 (제사를) 지내니까
칠일이 맞아.

조 네 맞아요. 그런데 사물은 뭐에요?

강진 그:런생각. 그런생가기사무리어.

그런 생각. 그런 생각이 사물이어.
▣ 그런 생각이 사물이어.

하래거리

○

조 몸이 추워지는 병이 있죠.

상천 한속. 저네: 저네하래거리가이써. 저네:그럼병이이써써. 그걸 아난#사:라미 업써써. 그란데:인자느나내.
　한속.206) 전에 전에 하래거리가 있어.207) 전에 그런 병이 있었어. 그 것 안한 사람이 없었어. 그란데 인자는 안해.
▷ 한속. 예전에는 하루거리라고 있었어. 그것 하지 않은 사람이 없었어.

강진 대:차그거덥써지길자래써.
　대차 그것 없어지길 잘했어.
▷ 대차 그것 없어지기를 잘했어.

상천 그랑께잉. 축꼬한속나고 징애쩨:. 이러트믄 추아기하래거리여.
　그랑께잉. 춥고 한속 나고 징했제. 이러트믄 추악이 하래거리여.
▷ 그러니까. 춥고 한속 나고 징했지. 이를테면 추악이 하루거리여.

강진 그란디: 그거이 두:가지드라고. 해꼬테만한사라믹꼬잉. 하래날마다한사라믹 꼬그래.

─────────────

206) '한속'은 추울 때 몸에 돋는 소름을 이른다.
207) '하래거리'는 하루씩 걸러서 앓는 학질을 이른다. 참고로 영암에서는 '하루'를 '하래' 라고 한다.

288 영암 지역의 언어와 문화

그란디 그거이 두 가지 드라고. 해 끝에만 한 사람 있고잉. 하래 날마
다 한 사람 있고 그래.

▷ 그런데 해 끝에 하는 사람 있고, 하루 날마다 하는 사람 있고 그러더라
고.

상천 아:따:, 해끄테만한사라믐메느리쟁이……저네 우리어머니메느리가: 아니누
가아푸믄: 귀:뚝짝꼬앙거쓰라개. 갸꼬: 싱:경을하덩마. 믓 재비를하데. 재비하믄:
재페.

아따, 해 끝에만 한 사람은 메느리쟁이…… 전에 우리 어머니 메느리
가 아니 누가 아푸믄 귀뚝 잡고 앉었으라개. 걋고 신경을 하덩마. 믓
잽이를 하데. 잽이 하믄 재페.

▷ 아따, 해 끝에만 하는 사람은 며느리장이…… 전에 우리 어머니 며느
리나 누가 아프면 굴뚝을 잡고 앉아있으라고 해. 그래가지고 주문을
외우면 잡혀.

조 재비만 하믄 재페요?

상천 재비가: 이러트믄 해끄테믄 마:당아푸믄: 그이메느리재비라고하등마:. 그래
가꼬 저네우리어머니한:디봉께: 거귀:뚝작꼬앙거쓰라가드라고:.(F) 그래가꼬 부
사게서: 막: 거시기싱:경을해. 그르코재비하드라고. 거기이름항거시메느리재비어:
이러트믄 이잉이르미. 그으하나마나가짜네재피드라고.

잽이가 이러트믄 해 끝에믄 마당 아푸믄 그이 메느리잽이라고 하등마.
그래갖고 전에 우리어머니 한디봉께 거 귀뚝잡고 앉었으라가드라고.
그래갖고 부삭에서 막 거시기 신경을 해. 그릏고 잽이 하드라고. 거기
이름 한 것이 메느리잽이어 이러트믄 이잉 이름. 그으 하나마나 같
잔애 재피드라고.

▷ 잽이가 이를테면 해 끝마다 아프면 며느리장이라고 하더구먼. 예전에
우리 어머니 하는데 보니까 굴뚝을 잡고 앉아 있으라고 해. 그래가지

고 아궁이에 (대고) 주문을 외워. 그렇게 잡이를 하드라고. 이를테면
이름이. 그게 하나마나한 것 같아도 잡히더라고.

강진 날마다아푸믕그거또징아등마.

　날마다 아푸믄 그것도 징하등마.

▣ 날마다 아프면 그것도 징하더구먼.

조 얼굴에 좁쌀처럼 나는 병은 뭔가요?

상천 호녁:. 애기들호녁. 호녁또이꼬 오녁또이꼬 벨걷다이써잉.

　호녁. 애기들 호녁. 호녁도 있고 오녁도 있고 벨것 다 있어잉.

▣ 홍역. 오녁도 있고 별 것 다 있어.

조 오녁은 뭐에요?

강진 더 굴:거. 호녀긍가:늘디가늘고. 째:까네. 호녀기질:자라.

　더 굵어. 호녁은 가늘디 가늘고. 째까내. 호녁이 질 자라.

▣ 더 굵어. 홍역은 가늘고 조그마해. 홍역이 제일 가늘어.

상천 그런돌개도이써. 돌아댕김병.

　그런 돌개도 있어. 돌아댕긴 병.

▣ 그런 돌림병도 있어. 돌아다니는 병.

디들강의 유래

◯

조 보를 막아서 생긴 물을 뭐라고 하나요?

강진 봄무리제. 큼::그보마글때는 사:람주거간다등마:.

봇물이제. 큰 그 보 막을 때는 사람 죽어간다등마.

▶ 봇물이지. 큰 보를 막을 때는 사람도 죽는다고 하더구먼.

상천 큼::보마글때는:, 사라멈:는사람메칠미게서: 거근따너:코보를마거야안터진다개::. 저네는 쩌그저영산포다리도그래쩨.

큰 보 막을 때는, 사람 업는 사람 메칠 믹에서 거긋다 넣고 보를 막어야 안 터진다개. 전에는 쩌그 저 영산포 다리도 그랬제.

▶ 큰 보 막을 때는 가난한 사람 (사서) 며칠 먹인 다음 거기다 넣고 보를 막아야 터지지 않는다고 해. 영산포 다리도 그랬지.

강진 어:디여?

어디여?

▶ 어디여?

상천 아이, 영산포간디 재:사네 거가 어:디여. 애:기가:: 우리어머니가그런뉴:시간소리를자래. 거그: 보를:마그믄터저불고::마그믄터저불고: 그래서는……함버는: 이 거:지가트내: 어매, 어매아고자서가고간디: 디들깡! 잉: 디들깡!

아이, 영산포 간디 재산에 거가 어디여. 우리어머니가 그런 유식한 소

리를 잘해. 거그 보를 막으믄 터저불고 막으믄 터저불고 그래서는······
한번은 이 거지같은 애 어매, 어매하고 자석하고 간디 디들강!208) 잉
디들강!

▷ 아니, 영산포 가는 길. 우리 어머니가 유식한 소리를 잘해. 거기 보를
막은 터지고 해서······ 한번은 어미하고 자식이 가는데 응 드들강!

애기:이르미디들깡. 디들깡아디들깡아으::디가나이::리와야:이리와야. 그:라고애
기이르믈부루더라개.(R) 개서: 인자거그 거그싸람더리: 아:: 저거슨돈:주고살리
리다. 디들깡이대:차디들깡이따기꼬마. 그래가꼬 그노물사서너:가꼬디들깡이어.
  애기 이름이 디들강. 디들강아 디들강아 으디 가냐 이리와야 이리와
야. 그라고 애기 이름을 부루더라개. 개서 인자 거그 거긋 사람덜이 아
저것은 돈주고 살 일이다. 디들강이 대차 디들강이 딱 있고마. 그래갖
고 그놈울 사서 너갖고 디들강이어.

▷ 애기 이름이 드들강인데, (자꾸 보 막는 쪽으로 가니까) 드들강아 이
리와야 하면서 애기 이름을 부르더라고 해. 그래서 사람들은 (예사롭
지 않다 생각하고 아이를) 돈 주고 사서 넣었다고 해서 (보 이름이) 드
들강이어.

조 디들깡보 막으려고 애기를 재물로 바친거네요.

상천 애:기를 강:그놈 돈:주고애:미돈:주고사가꼬: 거근따너:. 다리마글라고. 보
를마거. 그래가꼬 디들깡이그르코 인자앙꺼지고: 안터지고: 조아. 늘:터저쌍께그
래서너:따개. 그때게는: 기:시니시:매가꼬. 그루코기:시니 거:터불고터불고하제:,
엔:나레는:.
  애기를 걍 그놈 돈 주고 애미 돈주고 사갖고 거긋다 너. 다리 막을라
고. 보를 막어. 그래갖고 디들강이 그룽고 인자 안 꺼지고 안 터지고
좋아. 늘 터져쌍께 그래서 넜다개. 그땍에는 기신이 심해갖고. 그룽고

---

208) '디들강'은 '드들강'의 변이형이다. 전남 나주 남평에 있다.

기신이 거 터불고 터불고 하제, 옛날에는.

▣ 애기를 어미에게 돈 주고 사가지고 보 막을 때 넣어. 그때부터 보가 터지지 않았는데, (그러기 전에는) 늘 보가 터져서 넣었다고 해. 그때는 귀신이 성해가지고 귀신이 자꾸 터버리고 하지.

조 산사람을요.

상천 그람: 옌:나레능그래:. 산:사라믈려서:너:. 너:코한디가깍:찹땅께:. 강:께 그:애기를사서너:써. 강께 거그애기드러가따서 이르미디들깡이어.

그람 옛날에는그래. 산 사람을 여서 너.209) 넣고 한디가 깍찼당께. 강께 그 애기를 사서 넜어. 강께 거그 애기 들어갔다서 이름이 디들강이어.

▣ 옛날에는 산 사람을 넣어 (보 막은 곳이) 많았다니까. 그래서 아이가 들어갔다고 해서 이름이 드들강이어.

옌:나레는: 아조밥또몸:먹꼬엄:는사라미천:지라: 그루코다해:. 자서걸: 생기믄나코항께. 애기는 마이나:코 항께그랄쑤이써. 지끄믄: 참말로금땡인디:.

옛날에는 아조 밥도 못 먹고 없는 사람이 천지라 그롷고 다 해. 자석얼 생기믄 낳고 항께. 애기는 만이 낳고 항께 그랄 수 있어. 지끔은 참말로 금땡인디.

▣ 옛날에는 밥도 제대로 먹지 못하고 사는 사람들이 천지여서 그렇게 해. 자식은 생기면 낳고 하니까 그럴 수도 있어. 지금은 금덩이이지만.

---

209) '여서'는 '옇-'으로 분석된다. '옇-'는 '넣-'의 방언형이다. 그런데 본문의 제보자는 방언형과 표준어를 동시에 사용하였다.

찾아보기

조사

주격조사
-이/가
　집이가, 담뱉찝이가 97, 231

목적격조사
-을/를~얼/럴
　섭울, 입울 36, 21
　짓얼, 자석얼 36, 293
　메주럴, 보리럴 74, 84

관형격조사
-의
　집이 237
　집에, 속땀에 172, 178
　놈우 32, 222, 250

여격조사
에게
　마늘께, 사람께 202, 228
　마누#래게 250
-한테
　미:기안테, 새비안테, 붕:어안테 170

처격조사
-에
　집이 21, 22, 47
-에가
　바우에가, 기에가, 병온에가, 마당에가
　202, 206, 262, 276

여가, 거가 53, 120, 183, 212, 277
-에서
　기게:서, 동네서 22, 239
-에다(+가)
　집이다 131
　바구리다, 옴박찌다, 올게미다 29, 45,
　81
　바가제다 83, 283
　상기에다, 조박찌에다가, 항아리에다가
　41, 46, 62

도구격 조사
-으로(+는)
　밖우로, 밥우로, 입우로 78, 81, 206,
　270
　장에로 30
　칠:청이로, 병온이로, 집이로 130, 259,
　262
　밥이로, 근이로, 대접이로, 북이로 26,
　28, 30, 31
　눈으로는 250
-으로(+에다가)
　옴배기로에다가 45

공동격조사
-와/과
　양판이랑, 술이랑 55, 112
-하고
　누룩아고, 물아고 59

ㄴ ...

나르다
　날리고 47
나무하다
　나무매는 298
나물
　노무새, 노물 270, 276
나중
　나코만나, 나코벤나제 39, 150
나직하다
　깨:작아니, 쩨:작아니 82, 83
낟가리
　나락베늘, 장작베늘 131
날다
　날라가게 96
남
　놈우 32, 222
남다
　남어 81, 228, 244
낫다(愈)
　낫어 188, 212
낮
　나빠닥 258
낳-
　난:놈이, 나타 180, 246
　노고 180
내려가다
　내레가, 내레간디서 211, 219, 221
　내리가따 176
내려오다
　내롸서, 내론디 206, 221
내리다
　내레가꼬 27
내림
　내름이 250
넋
　넉씬이 225

넓다
　널분디 238
　널루와야, 널룬, 널루와 51
　너룬다, 너룹뜨마, 너루와, 너룩낀
　56, 152, 154
넓히다
　널핌스로 152
　널렜어 154
넣다
　여:서, 여믄, 여서 18, 25, 293
　너:, 너:서, 너:코, 너치 43, 68, 74, 80
　느:고 94
넣어주다
　디레주고 16
네(四)
　니:갈래 29
노랗다
　노::라니 60
노르스름하다
　놀:짝은애가꼬, 노르스름함서 19, 21
녹이다
　노킨다우 202
놀리다
　놀레서 20
누구
　뉘애기, 누:애기 220
누에
　뉘에, 눼: 15, 19
눕다
　노:겠어, 노겠어, 노:서 39, 205
　눠겠어 39
늘이다
　늘일라고, 늘에저 103
늘컹하다
　늘크덩아니 68

저자 이진숙

- 전남대학교 대학원 문학석사
- 전남대학교 대학원 문학박사
- 전남대학교 강사

저서 및 논문

- 『전남 진도의 언어와 문화』(2012)
- 「고흥지역어와 진도지역어의 모음체계 연구」(2012)
- 「담양 지역어의 특징적인 음운현상」(2014)
- 「전남 함평지역어의 공시 형태론」(2014)
- 「전남방언의 부사형어미 '-어/아X'의 교체양상과 언어지리학적 고찰」(2015)

영암 지역의 언어와 문화

초판 1쇄 인쇄 2016년 1월 21일
초판 1쇄 발행 2016년 1월 28일

저 자 이진숙
펴낸이 이대현
편 집 권분옥
디자인 이홍주

펴낸곳 도서출판 역락
주소 서울시 서초구 동광로 46길 6-6 문창빌딩 2층
전화 02-3409-2058, 2060
팩스 02-3409-2059
등록 1999년 4월 19일 제303-2002-000014호
이메일 youkrack@hanmail.net
역락블로그 http://blog.naver.com/youkrack3888

값 22,000원
ISBN 979-11-5686-283-3 93710

* 파본은 교환해 드립니다.

이 도서의 국립중앙도서관 출판예정도서목록(CIP)은 서지정보유통지원시스템 홈페이지(http://seoji.nl.go.kr)와 국가자료공동목록시스템(http://www.nl.go.kr/kolisnet)에서 이용하실 수 있습니다.(CIP제어번호: CIP2016000983)